4차 산업혁명시대의

IT/IS 운영전략

4차 산업혁명시대의 IT/IS 운영전략

초판1쇄 발행 2020년 1월 31일
초판2쇄 발행 2022년 3월 4일

지은이 최무진
펴낸이 신일희
펴낸곳 계명대학교출판부
42601 대구광역시 달서구 달구벌대로 1095
전화 053) 580-6233 팩스 053) 580-6235
http://www.kmupress.com
등록 1970.9.1.[신고번호 제347-1998-1호]
ISBN 979-11-6516-029-6 93320
값 22,000원

이 도서의 국립중앙도서관 출판예정도서목록(CIP)은 서지정보유통지원시스템 홈페이지(http://seoji.nl.go.kr)와 국가자료종합목록 구축시스템(http://kolis-net.nl.go.kr)에서 이용하실 수 있습니다. (CIP제어번호 : CIP2020001983)

4차 산업혁명시대의

IT/IS 운영전략

Operational Management of IT/IS
in the Age of 4th Industrial Revolution

최무진 지음

계명대학교 출판부

머리말

기업의 정보시스템 분야를 저자는 편의상 시스템의 '개발'과 '운영'으로 나눈다. 전자는 사용자들의 문제와 필요를 분석한 후, 이것을 해결하기 위한 시스템을 설계하고 코딩(개발)하는 일이다. 후자는 이렇게 구축된 시스템을 매일 문제없이 가동하고, 문제가 발생하기 전에 유지·보수하며, 필요시 업그레이드 하는 일이다. 저자는 전자인 '개발'만큼이나 후자인 '운영'도 중요하다는 생각에서 이 주제로 과목을 만들었고 20년 이상을 강의해 왔다.

오늘날 정보시스템 분야에서 일을 하거나 연구를 한다는 것은 보람도 크지만 짜증도 적지 않다. 정보기술(IT)은 하루가 다르게 분화하고 변하고 복잡해지고 있어 전문가들조차 따라잡고 업데이트하기가 쉽지 않다. 그러나 누군가는 이 정보시스템을 매일 성공적으로 돌려야 하고, 미래에 필요한 시스템을 계획해야 한다. 따라서 이 책은 IT/IS정보기술과 정보시스템를 관리하는 일이 매우 중요하다는 것을 전제로 하였다. 일반적으로 IT정보기술는 IS정보시스템를 포함하는 포괄적인 개념이지만 여기에서는 구분하였다. IT는 IS가 제대로 작동되고 운영되는 데 필요한 다양한 인프라와 4차 산업혁명 근간 기술까지 포함한다. 예를 들어 평범한 재고관리시스템에 RFID전자태그기술, IoT사물인터넷, 센서기술, 드론을 접목함으로써 보다 스마트한 물류관리시스템을 만들 수 있다. 이 기술들은 비록 정보시스템은 아니지만 시스템을 보다 스마트하고 완벽하게 만드는 기술적 요소들이다. 결론적으로 많은 IT들이 IS와 연계되지 않는다면 그 효용가치가 반감할 것이다.

기업들은 스스로의 상태를 확인하기 위해 데이터를 수집하고 가공한 결과를 경영자에게 실시간으로 공급한다. 기업들이 경영에 필요한 데이터를 수집하고 가공하고 공유하는 과정은 일반 사람들에게는 블랙박스처럼 보이지만, 이것을 구축하고 관리하고 유지·보수하는 정보전문가들에게는 가시적인 중대한 과업이다. 이 과업을 성공적으로 수행하기 위해서는 탁월한 리더십, 계획능력, 전략적 사고, 최신 기술에 대한 이해가 필요하다.

이 책은 기업의 경영목표와 전략에 부합하도록 IT/IS를 계획하고 상시 운영하는 데 필요한 제반 전문지식을 학부학생들이 이해할 수 있는 수준으로 쉽게 서술하였다. 1장 「IT/IS 관리의 중요성」은 IT/IS를 잘 관리하는 일이 얼마나 중요한지에 중점을 두었다. 이를 위해서 기업의 경영 및 기술 환경이 어떻게 변화해 왔는지 그리고 IT와 사용자 사이의 갭을 줄이기 위해 IS부서가 어떤 역할을 해야 하는지를 서술하였다. 2장 「정보경영 최고책임자CIO의 역할과 변화」는 CIO의 역할을 조명하면서 IS부서가 전통적으로는 어떠한 역할을 수행하였으며, 앞으로는 어떤 역할을 더 강조해야 하는지를 짚어 보았다. 3장 「정보관리조직의 이해」는 기업이 효과적인 정보관리를 위해 정보자원(하드웨어, 소프트웨어, 데이터, IT인력, 인프라 등)을 배치하고 분배하는 정보관리조직에 대해서 서술하였으며, 특히 정보자원의 중앙집중 vs. 분산전략과 사용자 지원이라는 이슈를 집중적으로 다루었다. 이론이 피부에 와닿도록 미국 MeadWestvaco사현 WestRock의 사례를 시대별로 설명하였다. 4장 「정보시스템의 운영」은 정보시스템 관리자가 관심을 가져야 할 정보시스템 운영의 개념과 범위, 성과측정, 각종 문제들, 새로운 동향 등을 설명한 후 이어서 네트워크로 개방된 정보시스템의 보안문제 그리고 지속적인 비즈니스를 가능하게 하는 여러 가지 조직적, 기술적 재해복구방안들을 소개하였다. 5장 「IT 아웃소싱」은 정보관리부문의 세계적인 추세라 할 수 있는 IT 아웃소싱 문제를 심도 있게 다루었다. 아웃소싱을 하는 이유, 역사와 유형, 아웃소싱 관리전략과 역량 등의 소주제들을 쉽게 설명하였다. 6장 「분산시스템: 아키텍처와 유형」에서는 오늘날 정보처리의 기본 방식인 분산처리의 이론과 실제를 다루었다. 분산시스템의 속성, 분산결정을 돕는 조직적, 기술적 틀framework, 분산시스템의 유형 등의 소주제를 깊이 있게 다루었다. 7장 「정보시스템 계획」에서는 미래시스템 계획의 중요성을 전제로, 현대적 전략수립 방법인 '감지와 대응sense & respond'방법을 설명하였으며, 미래의 정보서비스 수요를 예측하여 중장기 정보시스템 계획을 수립할 때 활용할 수 있는 8가지 기법들을 상세히 소개하였다. 이론과 기법들의 이해를 돕기 위해 실질적인 사례들을 많이 삽입하였다. 8장「팽창하는 컴퓨팅의 세계와 4차 산업혁명」에서는 오늘날 정보화사회에 큰 영향을 미친 핵심 IT인 인터넷, 모바일 및 무선컴퓨팅, 풍부한 미디어 콘텐츠라는 세(3) 주제를 깊이 있게 탐구하며 이러한 기술적 발전이 정보관리자에게 어떠한 의미를 갖는지를 생각하는 내용으로 구성하였다.

이 책은 경영정보학, 경영학, 컴퓨터공학을 전공하는 3-4학년 학생들을 대상으로 하는 MIS 또는 IT 관련 전공필수 또는 전공선택 과목의 교재로 쓸 수 있을 높은 수준의 최신 이론과 사례를 제공하고 있으며, 대학원생에게도 필요한 IT/IS의 운영전략을 이해하는 데 요구되는 기초적 이론서로도 부족하지 않다고 생각한다. 아울러 IT/IS의 계획과 운영이라는 책임을 공유하고 있는 IT부서 실무자와 현업 경영자들에게도 필요한 최신 이론과 사례들이 구비되어 있다. 급속하게 변하는 정보시스템 분야의 책을 쓴다는 것이 시간 낭비가 아닐까 하는 우려로 출판을 지체하다 계명대학교의 배려로 출간하게 되어 학교에 깊은 감사를 드린다.

성서 캠퍼스 의양관에서 저자

목차
Contents

제1장 IT/IS 관리의 중요성

제1장 IT/IS 관리의 중요성

패키지형 ERP를 도입하든 자체 개발을 하든 정보시스템이 일단 구축된 다음에는 운영과 관리가 이어진다. 아무리 잘 구축된 시스템이라 하더라도 경영 및 기술적 환경변화에 맞게 유지·보수를 하지 않아 최적의 상태를 유지하지 않으면 시스템이 궁극에는 기업의 경영목표의 달성과 전략수행을 제대로 지원할 수 없게 된다.

따라서 이 장에서는 IT/IS정보기술과 정보시스템를 잘 관리하는 일이 얼마나 중요한지를 짚어보고자 한다. 여기서 정보기술은 정보시스템을 포함하는 좀 더 포괄적인 개념으로 사용하였다. IT정보기술는 IS정보시스템가 제대로 작동하고 운영되는 데 필요한 다양한 인프라 기술과 4차 산업혁명의 근간 기술들이 포함된다. 예를 들어 재고관리시스템에 RFID전자태그기술, IoT사물인터넷, 센서기술을 도입함으로써 보다 첨단화할 수 있다. 이 기술들은 정보시스템은 아니지만 정보시스템을 보다 스마트하고 효율적으로 만드는 도구적 기술들이다. 따라서 대부분의 정보기술IT은 정보시스템IS과 함께하지 않는다면 그 효용가치가 떨어질 수밖에 없다.

IT 특히 네트워크 및 컴퓨터 기술이 활용되는 분야는 너무나 다양하여 일일이 열거하기 힘들 정도다. 군사, 우주탐사, 자연과학, 공학, 의학, 교육, 엔터테인먼트 등 다양하지만 IT가 가장 활발하게 이용되는 분야는 단연 경영분야일 것이다. 기업의 전자상거래시스템, 거래데이터처리, 재고관리, 설계, 생산(서비스)계획, 재무·회계정보의 생성, 고객관리, 인사관리, 물류 및 운송관리 등 오늘날 거대 기업이 24시간 중단 없는 고객서비스와 신속한 의사결정은 모두 IT/IS의 도움 없이는 불가능하다.

그러나 조직이 IT를 관리하는 과정은 점점 복잡해질 뿐만 아니라 더 중요해지고 있다. IT/IS 경영에 영향을 미칠 것으로 예상되는 3가지 주요 추세는 다음과 같다.

(1) IT/IS 관리의 책임과 주도권이 정보시스템 중역으로부터 여러 다른 부서의 중역

들과 파트너십이 요구되는 협업적 상황으로 이동하고 있다.

(2) IT부서의 역할이 애플리케이션 개발에서 시스템 통합과 인프라 개발로 이동하고 있다.

(3) 아웃소싱이 IT부서가 활용하는 핵심 대안이 되고 있다. 따라서 IT부서의 책임은 아웃소싱 벤더와의 계약과 관계를 관리하는 쪽으로 이동하고 있다.

오늘날 정보를 관리하는 일은 성공적인 비즈니스를 위해 매우 중요한 기술이다. 따라서 정보를 관리하고 활용하는 데 필요한 기본 지식을 갖추지 못한 경영자는 오늘의 기업 환경에서 생존하기 어렵다.

젊은 층은 물론 많은 사람들이 스마트폰과 같은 개인적 IS를 잘 활용하여 앱APP을 구매하고 정보를 찾아 저장하고 공유할 수 있다. 그렇지만 이러한 경험들이 기업의 IT/IS관리에 필요한 충분한 통찰력과 지식을 제공할 수 있다고 생각하는가? 학생이나 경영자들이 흔히 자신의 개인적인 모바일 기기 이용 경험이 기업의 IT/IS를 관리하는 데 충분하다고 생각하는 것은 매우 위험한 발상이다. 그러한 경험이 흥미로운 앱을 찾거나 다양한 기술을 다른 목적으로 활용하거나 네트워킹 속도의 변화에 대해서 민감할 수 있게는 하나 기업환경에서는 이 모든 것들이 전사적 차원에서 준비되어야 하는 특성이 있다. 즉 많은 직원들을 대상으로 전사적으로 서비스가 제공되어야 하므로 적절한 가이드라인에 따라 때로는 거버넌스governance 규칙을 염두에 두고 계획되고 집행되어야 한다. 조직차원에서 보안, 개인정보보호, 각종 위험, 아키텍처 이슈가 다루어져야 하고 누군가가 그것을 책임지고 관리를 해야 한다. DB가 도입되던 초기에도 이와 비슷한 실수가 있었다. PC버전의 DB를 사용해본 사람들이 전사적 DB도 별것 아니라고 생각했지만 현실은 달랐다. 다양한 사용자를 위한 DB의 통합은 또 다른 차원의 아키텍처와 기술skill을 요구했기 때문이었다.

1.1 환경의 변화

지난 40년간 우리는 급격한 정보화시대를 겪어왔다. 정보가 넘쳐나는 환경 속에서 기업의 운영에 필요한 기술의 성장과 힘은 급격하게 변해왔다. IT/IS는 기존의 정보작업을 더 신속하고 효율적으로 수행하는데 사용되었는데, 이제 그 역할이 확장되면서 조직의 구조, 작업 방식, 비즈니스 실무, 기업, 산업 그리고 글로벌 경제에까지 변화를 줄 정도로 광범위한 영향력을 행사하고 있다.

이에 먼저 조직의 업무환경의 변화를 외부와 내부의 환경으로 나누어 설명하고 이어서 새로운 업무환경의 특징, 기술적 환경변화를 살펴보고자 한다.

1) 외부의 사업환경

(1) 신디지털경제

신디지털경제의 축은 인터넷이라 할 수 있다. 신경제는 Business-to-Customer(B2C)에서 시작해서 Business-to-Business(B2B) 영역으로 계속 확대되고 있다. B2C는 전통적인 소매와 도매 활동이 인터넷으로 옮겨져 사이버상에서 이루어지는 것으로 단연 Amazon.com이 스타기업이라 할 수 있다. 구매자와 판매자가 모이는 시장(e-마켓플레이스)이 인터넷에서 B2B형식으로 열려 협상과 거래를 할 수 있다. 이러한 신경제는 과거의 오프라인을 중심으로 했던 구경제old economy에 적용하던 법칙을 그래도 적용할 수가 없다.

(2) 글로벌화

전 세계가 단일시장이 되어가고 있다. 영국계 식품회사가 미국, 프랑스, 한국의 식품회사를 사들인다. 휴대폰을 생산할 때 들어가는 부품을 글로벌 소싱을 통해 국가와 상관없이 가격경쟁력이 가장 좋은 수백 개의 업체들로 공급받고 있다.

인터넷을 이용하여 기업들은 글로벌 스케일로 하루 24시간 주 7일 내내 중단 없이 활동할 수 있다. 글로벌화로 기업들은 순식간에 예기치 않았던 경쟁자를 만날 수 있다. 중소기업이라 하더라도 가격 및 기술경쟁력을 갖추었다면 세계시장에 쉽게 진출할 수 있다. 노르웨이 패스트푸드 업체가 미국으로부터 핫도그에 들어가는 칠리소스를 바로 주문할 수도 있고, 유럽의 소비자가 미국의 인터넷 서점으로부터 책을 직접 구매할 수도 있다.

(3) 기업환경생태(ecosystem)

근자에 얘기되는 새로운 경영용어로 기업환경생태ecosystem라는 말이 있다. 이는 기업을 둘러싼 거미줄과 같은 수많은 관계망을 말한다. 구글, 애플, 삼성전자, 샤오미와 그들에게 주요 부품이나 서비스를 제공하는 기업들은 모바일세계라는 ecosystem을 지배하는 중심 기업들이라 할 수 있다. 이들이 모바일 기업환경생태ecosystem에서는 막강한 영향력을 행사하지만 사회적관계망서비스(SNS) ecosystem으로 가면 그 영향력이 보잘 것 없어진다.

신개념의 ecosystem에서는 과거 산업시대에 적용되던 기계적 규칙이 아닌 생물학적 규칙이 적용된다. 기업들 사이의 관계가 끊임없이 변하기 때문에 기업은 유기체적인 유연성을 가지지 않으면 생존하기 힘들어진다.

(4) 아이디어 경제

아이디어, 지적 자산, 지식과 같은 무형의 자산이 자꾸 희소해지며 기업이 더욱 필요로 하는 중요한 자산이 되어가고 있다. 따라서 기업에게 있어 재능talent을 관리하는 일이 재무관리보다 더 중요해지고 있다. 재능 있는 인재가 부족하여 아이디어가 고갈되면 신제품 출시가 느려지고 그러다 보면 기업의 경쟁력이 떨어지기 마련이다. 삼성의 이건희 회장이 사장단 회의에서 사장의 가장 중요한 업무 중에 하나가 최고급 인재를 확보하는 일이라고 하였다. 사장 급여의 다섯 배를 주더라도 전 세계에서 최고급 인재를 유치할 것을 지시한 것은 바로 이 아이디어 경제에서 살아남기 위한 일류기업의 몸부림이라 할 수 있다.

(5) 규제철폐

금융, 통신, 유통 분야의 규제철폐는 기업이 이러한 분야에 보다 쉽게 진입할 수 있도록 돕는다. 우리나라가 인터넷 및 통신강국이 될 수 있었던 것은 일찍이 통신 분야에 경쟁체제를 도입했기 때문이었다. 한국통신현 KT이 독과점하고 있던 통신사업에 사기업들이 참여할 수 있도록 규제를 풀면서 서비스와 가격경쟁을 촉발하였고 그로 인해 전 세계에서 가장 높은 초고속인터넷 보급률을 달성할 수 있었으며, 모바일 무선 통신의 메카로 자리 잡을 수 있었던 것이다.

규제철폐로 인해 기업들은 다른 업종에 쉽게 진출할 수 있게 되며, 그로 인해 업종의 구분이 점점 모호해진다. 금융부문에서 은행이 보험과 연금상품을 팔게 되고 보험회사가 각종 투자상품을 팔게 된다. 소위 방카슈랑스의 출현은 금융업종의 경계선 허물기의 시작으로 보아야 할 것이다. 오늘날 우리나라는 각종 규제로 인해 일부 선진 국가에서는 활성화되고 있는 공유경제자동차, 거주 및 사무 공간 등가 뒤처지고 있다.

(6) 빨라지는 비즈니스 사이클

산업 사이클은 물론 그에 따른 제품과 기술의 수명주기가 점점 단축된다. 일단 시장에 출시된 제품이 시장에서 생존하는 기간이 점차 짧아지는 것이다. 그러다 보니 기업은 끊임없이 새로운 모델을 출시하여 고객이 자신의 브랜드에서 떠나지 않도록 계속 붙잡아 두어야 한다. 따라서 기업들은 IT를 활용하여 신제품을 개발하여 시장에 출시하는 시간을 계속 줄여나가지 않으면 점차 경쟁력을 잃게 된다.

2) 내부의 조직환경

(1) 인재 전쟁(talent war)

인터넷과 신디지털경제e-Economy로 인하여 기업은 엄청난 혁신을 요구하고 있으나 이를 주도할 수 있는 IT인력이 턱없이 부족한 현실이다. 미국, 일본 등 선진국들은 AI, 빅데이터, 모바일 애플리케이션 분야에 충분한 IT인력을 충원할 수 없어 고급 IT인력을 확보하는 데 전쟁을 치르고 있다. 이러다 보니 각 나라와 도시는 그들의 교육 시스템과 인프라 그리고 인재 관리자세를 재검토하지 않을 수 없을 뿐만 아니라 기업들도 과거와는 다르게 IT 인력을 관리해야 할 때가 되었다.

(2) Demand-pull 시스템

1990년대 들어서면서 고객이 직접 기업의 정보시스템의 접근하여 구매하고 정보를 얻고 거래를 처리하는 소비자 컴퓨팅consumer computing이 비약적으로 발전하였다. 대표적인 사례가 ATM현금자동인출기이다. 고객은 특수 제작된 단말기를 이용하여 자기 계정의 잔고를 확인할 수 있으며, 다른 계좌에 송금은 물론 각종 공과금을 지불할 수 있다. 이 모든 일들은 사실 과거 은행 창구의 텔러가 하였던 일인데 이제 고객이 맡아 직접 처리하는 것이다.

인터넷과 웹 애플리케이션홈페이지, 포털, 앱 등을 통하여 고객은 기업의 정보서비스를 한층 더 쉽게 접할 수 있게 되었다. 이로 인해 서비스 및 생산 시스템이 과거의 supply-push에서 demand-pull로 변하고 있다. 산업시대에 기업들은 소비자들이 원하는 것을 최대한 찾아 이것을 생산하는 데 필요한 시스템을 구축하고, 그런 다음 상품이 나오면 최종소비자들에게 그냥 밀어내듯 공급하면 그만이었다. 그러나 인터넷을 통해 고객과 판매자가 1:1 접촉이 매우 쉬워졌기 때문에 판매자(생산자)는 고객에게 서비스 또는 제품의 구성요소들만 제공하면 고객이 직접 자기에게 맞는 서비스나 제품을 선택하여 구매하는 demand-pull이 가능하게 되었다. 따라서 고객은 공급망supply chain을 통해 자신이 필요한 수요를 끌어내어 자신만의 개인화된 서비스personalization를 받을 수 있는 것이다.

(3) 팀기반 작업

팀을 만들어 프로젝트에 임하는 일이 점점 더 많아지고 있다. 보스의 권위와 명령체계를 쫓아 일을 하기보다 수평적 협업조직인 팀을 구성하여 일이나 프로젝트를 수행하는 추세가 늘어나고 있는 것이다. 과업 중심적인 팀은 필요에 따라 쉽게 만들어졌다가 팀의 목적이 달성되고 나면 또 해체된다. 팀들은 여러 부서에서 차출된 사람들로 구성되고, 또 개인은 여러 프로젝트 팀에 소속되어 동시에 여러 프로젝트를 수행한다. 많은 사람들의 협업을 돕기 위해 회의와 공동작업을 지원하는 그룹웨어와 같은 IT/IS의 지원이 필요하다.

(4) 유비쿼터스 업무환경

정보노동자는 모바일 기기스마트폰, 랩탑, 태블릿PC 등를 보유함으로써 언제 어디서나 업무를 수행할 수 있다. 신경제의 핵심인 컴퓨터는 이제 더 이상 정보처리기로서의 역할보다는 멀리 떨어져 있는 사람들의 커뮤니케이션을 지원하는 일에 더 사용되고 있다. 이 커뮤니케이션 기술은 이제 정보노동자들이 소형 모바일 기기를 가지고 어디에 가든지 언제라도 일을 할 수 있도록 돕고 있다. 따라서 직원들은 자신의 집에서 재택근무도 할 수 있으며, 본사에서 떨어진 어떠한 장소에서도 스마트하게 일을 처리할 수 있다.

(5) 아웃소싱

기업은 경쟁력 확보를 위해 자신이 직접 수행할 기능과 다른 기업에게 아웃소싱해야 할 기능을 구분할 수 있어야 한다. 이 아웃소싱은 서비스 공급을 위한 단순 계약에서부터 전략적 제휴에 이르기까지 매우 다양하다. 기업들은 아웃소싱하청 전략을 잘 구사함으로써 희소한 자원의 선택과 집중을 하고 날렵한 조직을 유지하며 원가절감을 할 수 있다. 그러나 우리나라의 경우 지나친 아웃소싱으로 인해 임금격차가 벌어지는 폐단을 낳기도 한다.

(6) 계층적 조직의 종말

전통적인 계층적 조직이란 비슷한 업무를 수행하는 사람들을 한 부서에 묶고 감독자한 사람을 세워 감시 통제하도록 하는 조직구조이다. 감독자는 업무를 직원들에게 분배해 주고, 문제가 생기면 해결하고, 필요할 때 훈육하고 보상하는 책임을 맡는다. 그렇지만 이러한 조직구조는 오늘날 공장과 사무실에서는 더 이상 맞지 않다. 공장의 조립라인이든 보험회사에서든 자발적 관리 그룹self-managed group은 그룹 멤버들이 스스로를 관리하며, 결근율도 낮으며, 높은 생산성과 높은 품질의 작업을 보장하며, 계층적 조직보다 훨씬 더 동기부여가 잘 되는 조직구조의 하나이다.

계층적 조직이 사라지는 가장 큰 이유는 최근의 변화무쌍한 환경이 계층적 조직으로 사업을 가능하게 하였던 많은 전제들에게 도전장을 던지기 때문이다. 계층적 조직은 상명하복식의 명령체계여서 최고경영층과 하위 직원 간에 오가는 의사소통이 매우 느려 급변하게 변하는 환경에 신속하게 대응하기가 어렵다. IT/IS를 잘 이용하면 팀을 기반으로 하는 조직이 매우 신속하게 의사소통할 수 있도록 하여 변화에 민첩하게 대응할 수 있도록 해준다.

1.2 새로운 업무환경의 목적들

새로운 업무환경에서 조직이 지향해야 하는 것은 다음 4가지로 요약될 수 있다.

- 글로벌 스케일로 지식을 활용한다.
- 복잡성을 감내할 수 있는 조직을 만들어야 한다.
- 전자적으로 일한다.
- 연속적, 비연속적 변화에 대처해야 한다.

1) 글로벌 스케일로 지식을 활용해야

개인의 두뇌가 보관하고 있는 모든 암묵적 지식과 경험이 앞으로 기업의 주요 자산이 될 것이다. 알고는 있지만 명확하게 설명할 수 없는 지식을 암묵지라 한다. 이러한 지식을 글로벌 스케일로 활용하는 기업이 성공할 것이며, 이를 가능토록 하기 위해서는 지식기반 전략knowledge-based strategy이 필요하다. 지식 즉 지적자본이 의미를 갖기 위해서는 그것을 통해 어떠한 가치를 제공하고 그것을 누구에게 공급할 것인가에 대한 확고한 기업의 원칙과 전략이 있어야 한다.

지식기반전략은 지식을 관리하는 것에 머물지 않고 경험 속에 갇혀 있는 직원들의 지식을 꺼내도록 독려하는 것이다. 비록 많은 회사들이 직원들의 명료지explicit knowledge를 공유하도록 하는 시스템들은 있지만, 묵혀있는 암묵지를 꺼내도록 하는 시스템은 부재하다. 따라서 지식을 공유하고자 하는 기업문화를 형성하고 암묵적 지식을 공유하고 나눌 수 있는 IT의 지원이 매우 중요하다. 이메일, 그룹웨어, SNS가 이런 것들을 가능하게 하는 기술적 도구는 될 수 있지만 무엇보다 중요한 것은 바로 이런 일에 주저하지 않고 참여하게 만드는 개방적, 협업문화라 할 수 있다. 공유문화 속에 있는 직원들은 비공식적인 업무네트worknet를 만들어 구체적인 과업을 성취하기 위해 지식을 집단적으로 모아 활용한다. 예를 들어 카카오톡에서 쉽게 이러한 네트워크를 만들어 활용할 수 있다.

오늘날은 발달된 인터넷을 통해 글로벌 차원으로 지식(아이디어, 해결방안, 디자인 등)을 모을 수 있는데, 이를 집단지성collective intelligence이라 한다. 대표적인 십난시성의 산물이 인터넷백과사전, 위키피디아Wikipedia이다. 글로벌 제조업체인 3M이나 P&G도 내부 직원이 아닌 외부사람들로부터 아이디어를 얻어 신제품개발이나 품질개선에 적극 활용하고 있다.

2) 복잡성을 감내할 수 있는 조직을 만들어야

복잡성을 이겨낼 수 있는 조직을 만들어야 하는 이유는 세계가 너무나도 서로 촘촘하게 연결되어 있기 때문에 단순한 몇 개의 솔루션으로 문제를 해결할 수 없기 때문이다. 기업의 결정은 환경 측면, 인적자원 측면, 경제적, 윤리적 측면에서 큰 영향력을 지니며 모든 문제는 상호 연계되어 있어 시스템적으로 움직인다. 예를 들어 커피체인점이 아무리 원산지에서 좋은 커피원료를 조달하여 좋은 품질의 커피를 판매하더라도 원산지의 커피농민에게 저임금의 노동착취를 한다고 '착한소비운동단체'가 주장하면 그 이미지가 일순간에 추락할 수 있다.

오늘날 흔히 시장점유율을 높이기 위해서는 보완적인 지식을 지닌 전략적 파트너와 제휴를 해야 하는데, 글로벌 시장에서 전략적 제휴는 이러한 복잡성을 더욱 가중시킬 수 있다.

3) 전자적으로 일한다

시장market이나 사무실office의 개념이 모두 변하고 있다. 인터넷을 이용하여 전자적으로 업무를 보기 때문에 물리적 사무공간의 개념은 점점 퇴색하고 있다. 이는 새로운 조직 원칙, 급여체제, 사무실구조 등을 요구하며 기업이 다른 조직(예: 고객, 협력업체)과 협력하는 방식을 바꾸고 있다. 수많은 새로운 IT가 출현하고 있지만 이를 기업의 경영혁신을 위해 적절하게 활용하지 않으면 소용이 없다. 3D 프린터는 제품의 설계와 테스트 그리고 생산 사이클을 줄이는 데, 드론은 감시, 배달, 운송의 효율성을 높이는 데 적용할 수 있어야 한다.

4) 연속적/비연속적 변화에 대처해야

끝으로 기업이 생존하기 위해서는 계속적인 혁신이 필요하다. 변화란 두 가지 형태를 띠게 된다. 연속적 혁신이란 TQMTotal Quality Management으로 표방되는 지속적 품질관리운동을 말하며, 비연속적 혁신이란 비즈니스 리엔지니어링과 같은 간헐적으로 발생하는 혁신프로그램을 말한다. 제품과 생산 프로세스는 문제가 없고 단지 효율성을 높일 필요가 있다면 지속적인 조정활동이 필요할 것이다. 그러나 만일 작업하는 방식을 완전히 바꾸어야 한다면 비연속적 변화가 필요할 것이다. IT/IS는 이러한 변화를 가능하게 하는 중요한 전략적 도구들이다.

1.3 기술 환경의 변화

IT/IS의 중요성과 시스템 간 통합의 필연성은 기술발전으로 인해 계속 증대되어 왔다. 이러한 촉매제인 정보기술 환경은 어떻게 변해 왔는지 그 경향을 알 필요가 있다. 미래에 필요한 시스템을 계획하기 위해서는 첨단 기술의 동향을 잘 파악하고 있어야 하기 때문이다.

1) 하드웨어의 경향

50-60년대의 데이터 프로세싱 관리자의 주요 관심사는 기계의 효율성을 높이고 새로운 기술적 발전을 계속 따라잡는 일이었다. 작업들을 모아서 처리하는 배치 프로세싱batch processing이 주를 이루었고 실시간 처리real-time가 가능한 온라인 시스템은 이후에 출현하였다. 당시 하드웨어들은 중앙에 집중되어 있어서 마치 데이터센터가 쇼룸과 같았다.

70년대 중반에는 데이터 프로세싱 권한이 중앙에서 벗어나기 시작하였다. 데이터처리를 많이 해야 하는 일부 부서설계부서, 회계부서 등가 자신의 예산을 확보하여 미니급 컴퓨터나 소프트웨어를 구매하기 시작한 것이다. 80년대에 들어서 PC가 출현하면서 이러한 추세는 더 한층 가속도가 붙게 되었다.

이제 이러한 추세는 확고하게 자리를 잡았다. 데스크톱, 노트북 컴퓨터는 점점 작아지고 옛날의 대형 기종보다도 처리속도가 더 빨라지고 있다. 클라이언트-서버C-S환경에서 수많은 정보기기들이 하나의 작업을 처리하기 위해 네트워크를 통하여 협력하고 있다. 이제 클라이언트 기계가 PC에서 PDA, 휴대폰으로 확대되고 있다.

모바일 및 휴대기기의 발전을 주도하고 있는 주체들은 이동통신사SKT, KT, LG U+ 등와 클라이언트 기기를 생산하는 제조업체들삼성전자, LG전자 등이다. 하드웨어클라이언트 기기는 점점 작아지고 더 강력해지고 있으며, 무선기기들은 언제나 어디서나 일을 하는 직원들을 위한 표준기기가 되고 있다.

오늘날 고립된 하드웨어는 거의 없다. 대부분의 하드웨어에는 프로세서가 장착되어 있어 센서sensor를 통하여 입력된 데이터를 처리하고, 사물인터넷IoT으로 연결되어 있어 다른 하드웨어와 통신할 수 있기 때문이다. 하드웨어의 스마트화는 계속될 것이다.

2) 소프트웨어의 경향

60년-70년대의 정보처리 책임자의 주요 관심사는 자기 회사 전산실 소속 프로그래머들의 생산성을 높이는 일이었다. 때때로 정보처리 책임자는 외부업체로부터 타임 쉐어링 time-sharing 서비스, 애플리케이션 패키지를 구매하는 일, 외부 프로그래밍 전문회사와 프로그램 계약을 수행하였다. 그렇지만 여전히 소프트웨어 산업의 발전은 미약했고 따라서 정보처리 책임자의 모든 신경은 애플리케이션의 자체개발에 있었다.

70년대 중반부터 두 가지 경향이 나타났다. 첫째는 소프트웨어를 구매하는 것이 자체개발의 대안으로 부상하기 시작하였다. 둘째, 정보처리 책임자들이 거래처리시스템 이외의 시스템에 관심을 보기 시작하였다. 의사결정을 지원하는 DSSDecision Support System, 보고서 생성 프로그램, DB조회 시스템 등의 출현으로 프로그래밍 업무가 전문 프로그래머가 아닌 최종사용자에게로 서서히 이전되기 시작하였다. 오늘날 많은 최종사용자들이 Visual Basic과 같은 도구를 이용하여 자기에게 필요한 PC용 프로그램을 만들기도 하며, DB언어인 SQL구조적질의어을 이용하여 DB를 조작하기 위한 프로그램을 짤 수도 있다.

1990년대 개방형시스템이 대두되기 시작하였다. 개방형시스템이란 특정 하드웨어 제조회사의 기계와 소프트웨어들만 활용하는 것이 아닌 다양한 컴퓨터 제조회사의 제품과 다양한 소프트웨어들을 기업정보처리를 위해 활용하는 개방된 아키텍처를 말한다.

1990년대 또 다른 경향은 전사적자원관리시스템Enterprise Resources Planning의 출현이다. ERP는 생산, 회계, 재무, 마케팅, 인사 기능 등 기업의 핵심기능들을 통합 연계 관리할 수 있는 모듈형 정보시스템을 말한다. 하드웨어처럼 소프트웨어도 네트워크 중심이 되면서 기존의 시스템을 폐기하기보다는 웹 프로그래밍을 이용한 프런트 인터페이스를 개발함으로써 시스템과 데이터에 대한 사용자의 접근성을 높이는 경향으로 발전하였다. 예를 들어, 기업포탈을 구축하여 직원은 포탈에서 제공하는 각종 소프트웨어를 활용하여 업무를 처리할 수 있다.

21세기에 들어서서 대량의 정형적, 비정형적 데이터를 학습하는 데 최적화된 인공신경망기술Artificial Neural Network과 데이터분석 알고리즘이 소프트웨어의 구축에 차지하는 비중은 더욱 증가하고 있다. 인공지능의 한 분야인 전문가시스템expert system은 회계, 재무관리, 생산관리의 비즈니스 소프트웨어의 역할을 크게 업그레이드하고 있으며, 스마트팩토리smart factory에 적용되어 제조시스템의 생산성과 유연성의 향상에도 크게 기여하고 있다.

3) 데이터 관리의 경향

60년대 초기에는 개별적 응용프로그램을 위한 파일 기법이 주를 이루었으며, 60년대 후반에 이르러 좀 더 보편적 파일 관리 시스템이 출현하였다. 이 보편적 파일 관리 시스템이 여러 애플리케이션을 동시에 지원하는 데이터베이스의 개념으로 발전하게 된다.

70년대에는 데이터베이스 관리 시스템DBMS으로 관심이 옮겨간다. 90년대에 들어서면서 관심의 초점은 정보의 분배distribution와 공유에 있었으며, 데이터자원에서 정보자원으로 이전되기 시작하였다. 이제 정보자원관리의 대상은 음성, 비디오, 그래픽, 애니메이션, 사진 등 보다 폭넓은 정보들이다. 따라서 정보의 출처가 내부에서 외부로 확대되기 시작하였다.

광범위한 자료를 관리하는 데는 새로운 기술들이 필요하다. 데이터웨어하우스data warehouse는 POS와 같은 거래처리시스템이 생성하는 엄청나게 많은 데이터를 구체적인 목적을 띤 정보로 가공하여 저장하기 위한 기술이다. 한편 데이터마이닝data mining은 데이터웨어하우스에 저장되어 있는 엄청난 정보를 이용하여 수많은 변수들의 관계를 탐색하는 일을 돕는 첨단통계기법을 말한다. 예를 들어 최근 특정 제품을 소비하는 소비층의 인구통계적 특성을 찾아낸다거나 최근 6개월간 연체를 한 고객의 특성을 분석하는 일을 이 데이터마이닝이 수행한다.

2000년대에 들어서서 데이터는 그 규모와 다양성에 있어 새로운 시대를 열고 있다. 엄청난 양의 데이터를 수집하고 저장할 수 있는 인프라의 구축으로 이제는 적은 양의 샘플 데이터가 아닌 데이터 전체를 분석할 수 있게 되었다. 따라서 이전에는 발견하기 힘들었던 변수 간의 그리고 각종 현상들의 상관관계correlation를 발견할 수 있어 기업들의 전략수립과 계획에 큰 도움이 되고 있다.

4) 네트워크와 통신(communication)의 경향

마지막 핵심 기술은 네트워크와 통신기술이며 이 기술은 현재도 엄청난 속도로 발전하고 있다. 커뮤니케이션은 정보시스템관리에 있어 여러 요소를 통합하는 기술적 요소라 할 수 있다. 커뮤니케이션을 기반으로 하는 IS는 기업을 협력업체와 고객을 상호 연결시켜 준다. 특히 1980년 초기에 지각변동을 일으켰던 조직 간 정보시스템interorganizational system은 효율적인 공급망관리SCM를 가능하게 하여 많은 기업들에게 전략적 우위를 제공해 주기도 하였다.

커뮤니케이션은 분산컴퓨팅의 핵심기술이다. 네트워크 인프라는 메인프레임 중심의 컴퓨팅에서 네트워크 중심의 컴퓨팅으로 이동하고 있다. 광역통신망WAN. Wide Area Network에 연결되어 있는 근거리통신망LAN. Local Area Network은 실제로 기업의 정보통신망을 음성전화 네트워크 수준의 연결성을 제공해준다.

컴퓨터를 기반으로 하는 기기들이 네트워크로 연결됨에 따라 업종(산업)의 구분이 불분명해지고 있으며 개인적, 업무적(직장) 생활의 구분이 불분명해지고 있다. PC와 TV겸용기기, 케이블 TV를 통한 인터넷 접속, 다양한 기능이 집합되고 있는 스마트폰 등, 사람이 어느 곳에 있든지 네트워크로 연결되는 곳에 있다면 정보작업을 할 수 있는 유비쿼터스 시대를 살고 있다.

[심층 사례] 10대 전략기술

세계적인 IT 컨설팅업체 가트너가 2016년에 발표한 10대 전략기술 중에 하나는 '디바이스 메쉬device mesh'이다. 1년 전만하더라도 컴퓨팅 에브리웨어computing everywhere가 1위였다. 1년 사이에 모바일 기기들이 많이 촘촘하게 연결됨에 따라 이제 기기끼리 더 융합하는 기술을 1위로 꼽은 것 같다.

2위는 앰비언트 사용자 경험ambient user experience이다. 이는 언제 어디서나 한결같이 중단 없는 경험을 말한다. 예전에 'N스크린'이란 용어가 있었는데 지하철에서는 스마트폰, 집에서는 PC, 침대에서는 태블릿PC로 장소가 바뀔 때마다 기기는 바뀌지만 서비스를 중단없이 제공하는 환경을 뜻하였다. 즉 사용하는 기기가 달라지더라도 사용자가 느끼는 감성과 느낌은 한결같아야 한다는 뜻이다.

3위 기술은 3D 프린팅 소재이다. 3D 프린팅 기술 그 자체는 과거 몇 년간 꾸준하게 주요 기술로 언급되었지만 이번에는 소재의 필요성이 부각되었다. 3D 프린팅이 널리 보급되면서 다양한 용도에 쓸 수 있는 소재의 개발이 더욱 필요해진 것이다. 현재 주로 사용되는 소재는 니켈 합금, 탄소섬유, 유리, 전도잉크, 제약 및 생물학적 소재들이다, 앞으로 항공, 자동차, 의료, 에너지, 국방 분야 등에서 3D 프린팅기술이 적용되기 시작하면 다양한 소재 개발이 필요해진다.

4위 기술은 사물정보information of everything이다. 2015년까지 사물인터넷으로 불렸지만 이것이 사물정보로 바뀐 것이다. 이는 사물과 프로세스 그리고 사람이 센서와 처리기로 연결되던 것을 넘어 정보의 생산, 가공, 전송, 활용으로 확대되는 개념이다. 예를 들어 디바이스 메쉬device mesh 환경에서 텍스트, 오디오, 비디오 데이터를 분석하고 의미와 맥락 속에서 파악된 정보와 지식을 전달하는 것이다.

5위 기술은 첨단 기계학습machine learning이다. 데이터의 폭발적인 증가, 데이터 다양성의 증가, 데이터 분석기술의 발전으로 사람의 개입 없이 컴퓨터가 스스로 학습하여 효율적으로 데이터를 처리하는 기술이다. AI바둑 프로그램인 알파고가 사용한 학습방법으로 유명해진 딥 러닝deep learning은 사람의 인지방식을 컴퓨터에게 가르치는 기계학습의 한 분야이다. 딥 러닝이나 심층신경망 기술 모두 첨단 기계학습 기술이다.

이 외에도 6위 기술은 지능형 기계, 7위 기술은 능동형 보안 아키텍처, 8위 기술은 첨단 시스템 아키텍처, 9위 기술은 메쉬 앱 및 서비스 아키텍처, 10위 기술은 사물인터넷 플랫폼을 전략기술로 들었다.

이러한 10대 전략기술을 기업이 잘 활용하기 위해서는 i) IT인프라가 확장성, 가용성, 안정성 측면에서 비즈니스(사업)와 잘 정렬align되어 있는지, ii) 사업영역에서 어떤 IT 신기술이 활용되고 있는지, iii) 새로운 IT투자가 기존 투자와 충돌하지 않는지, iv) 사업적 문제를 효율적으로 해결해 주는 기술인지, v) 자사의 IT인력이나 현업 직원이 소화하고 운영할 수 있는 기술인지 확인할 필요가 있다.

미래의 전략기술들은 대부분 기업들에게는 기술발전의 방향을 가르쳐주는 이정표에 지나지 않는다. 따라서 그 방향성을 잘 이해하면서 기존 IT전략을 충실하게 다져나가는 것도 매우 중요하다. 새로운 기술들은 가트너가 말한 '과장광고 곡선hype curve'즉 다섯 단계를 거쳐 현실에 정착이 되기도 한다. 따라서 기업들은 첨단기술을 유념하고 있다가 충분히 검증과정을 거친 뒤에 채택하더라도 늦지 않다 (이강태, 2017, 80).

1.4 정보시스템의 사명(Mission)

이렇게 조직의 환경과 기술적 환경이 급변하고 있는 시대에 우리는 IT/IS의 사명을 어떻게 정의할 것인가?

거래처리를 정보시스템의 주요 사명으로 생각하던 때는 사무 및 공문처리를 자동으로 처리하는 Paperwork Factory 수준이었다. 이 당시에 정보시스템의 목적은 컴퓨터 가동시간, 거래처리량, 주당 프로그래밍한 양코드라인 수으로 정의되었고 이들을 극대화하는 것이 주 목적이었다.

경영정보의 시대에 진입하면서 IT부서는 경영자들이 필요로 하는 정형적인 보고서 또는 예외적 보고서를 생성하여 제공하여 의사결정을 돕는 일이었다. 이때 정보시스템의 목적이라면 "필요한 정보를 필요로 하는 사람에게 필요한 시점에 제공하는 것"으로 정의할 수 있다.

오늘날의 환경에서는 IT/IS의 사명을 좀 더 광범위하게 바라볼 필요가 있는데, 다음과 같이 정의할 수 있다.

「 IT/IS를 활용하여 조직 내 사람들의 성과를 향상시키고 고객을 비롯한 외부구성원들의 만족을 극대화함으로써 전략적 목표를 성취하는 것이다. 」

이러한 새로운 사명은 세 가지 측면이 강조되고 있다.

첫째, IT/IS의 궁극적 목적은 조직의 성과 향상과 전략적 목표의 달성이다.

둘째, 성과향상을 위한 초점의 대상은 그 조직을 구성하고 있는 사람들과 협력하는 외부 구성원이다.

셋째, 이러한 성과 향상을 위한 자원은 정보통신기술과 정보시스템이다.

1) 정보기술-사용자 갭(gap) 모델

〈그림 1-1〉은 정보기술과 사용자들 사이에는 갭이 있으며 이 갭을 연결해 주는 행위가 바로 시스템개발이라고 표현하고 있다. 즉 시스템분석가가 시스템을 개발하고 운영하므로 이 둘 사이에 다리를 놓는다는 관계(과정)를 표현하고 있다. 정보시스템의 초기 단계에서는 이러한 과정이 시스템분석가 그룹에 의해서 주도되었다.

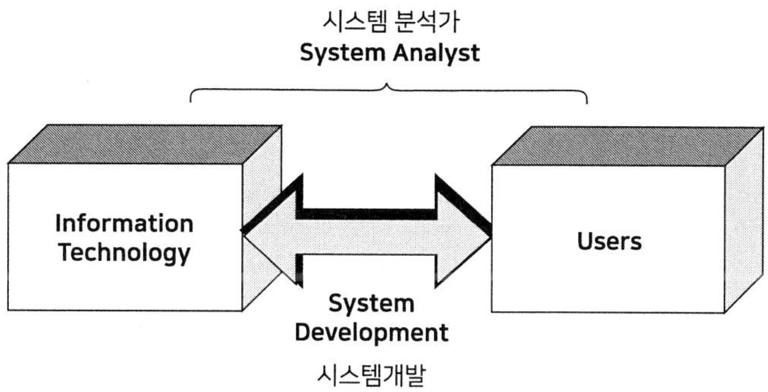

<그림 1-1> 기술사용의 단순모델

<그림 1-2>는 지난 40년간 정보처리분야에서 일어난 일을 간략하게 표현하고 있다. 기술은 더욱 복잡해지고 성능이 계속 향상되고 있으며 그 기술을 이용하는 일도 더욱 복잡해지고 있다. 아울러 사용자의 요구사항은 더욱 다양해지고 고급스러워지고 있다. 따라서 정보시스템은 하나의 시스템 상품(제품)이 되어가고 있고 사용자는 고객이 되고 있다. 사용자와 기술의 간격이 점점 늘어나고 있음을 상징하는 화살표는 이러한 시스템 상품을 정의하고, 개발하고, 전달하는 일이 점점 복잡해짐을 상징한다. 즉 새로운 애플리케이션에 필요한 각종 기술적 사항을 시스템분석가 혼자서 모두 이해하기는 불가능해지고 있다. 따라서 이렇게 넓어진 갭을 연결하기 위해서는 시스템 전문가들이 시스템설계자와 정보전문가로 분화하기 시작한 것이다. 이렇게 분화된 시스템설계자로는 UI/UXUser Interface/User Experience 설계자들도 포함된다. 사용자가 복잡한 시스템(예: 스마트폰, 스마트TV 등)을 보다 쉽게 사용할 수 있도록 편리하고 직관적인 인터페이스의 개발이 매우 중요하기 때문이다.

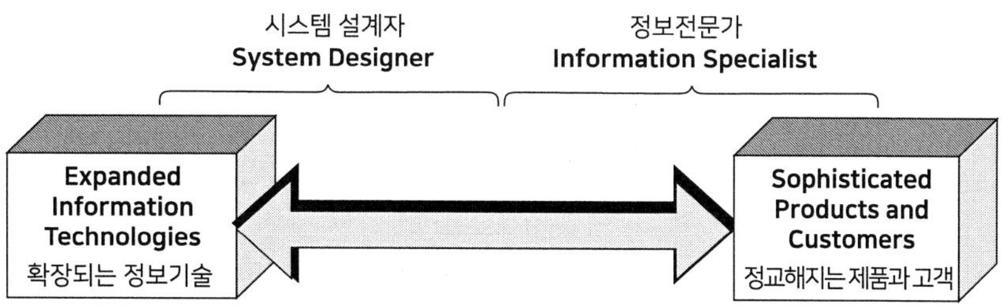

<그림 1-2> 정보기술-사용자 갭을 잇는 시스템 전문가

시스템전문가만이 이러한 갭을 연결하는 유일한 집단은 아니다. 정보기술들이 점차 정교해지면서 직원이나 고객이 직접 이용할 수 있을 정도가 되고 있다. 사용자들은 점점 전문가 수준으로 컴퓨터를 활용하고 있어 자신이 원하는 애플리케이션을 스스로 개발하기까지 한다. 〈그림 1-3〉은 이러한 경향을 표현하고 있다. 오늘날 웹 페이지개발웹 에디터, HTML 프로그래밍 등, 데이터 마이닝, 스프레드시트엑셀 등과 같은 일부 기술은 사용하기에 간편해서 직원들이 직접 다룰 정도다사용자 주도 시스템. 게다가 인터넷에서 고객이 사용하는 일부 웹 애플리케이션앱.App에 대한 결정이 IS부서가 아닌 부서 밖의 다수의 개인에 의해 이루어지는 경우도 많아 때로는 기업 목적을 저해하기도 한다. 그렇지만 기업의 근간이 되는 거래처리 시스템transaction processing system 등은 여전히 기업 내부 또는 외부의 시스템 전문가들이 개발하고 있다.

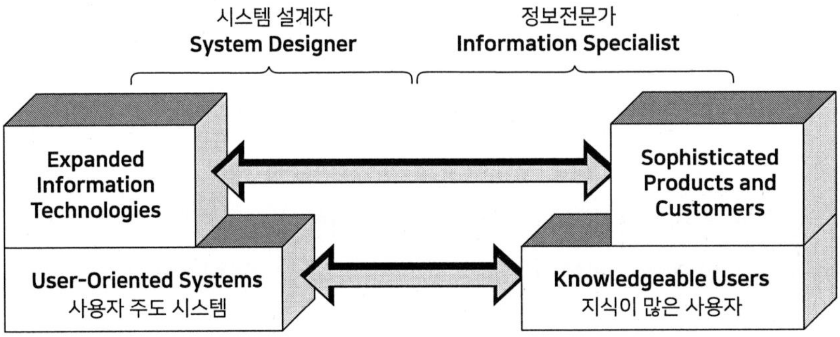

<그림 1-3> 정보기술-사용자 갭을 잇는 사용자들

제2장 정보경영 최고책임자(CIO)의 역할과 변화

제2장 정보경영 최고책임자(CIO)의 역할과 변화

경영(비즈니스)환경과 기술환경이 변화됨에 따라 정보경영을 책임지고 있는 CIOChief Information Officer와 IT부서의 역할은 변화를 거듭해 왔다.

2.1 IT/IS부서의 발전(진화)과정

IT/IS부서의 역할과 책임은 1950년대 처음으로 전산자료처리부서가 생겨난 후 끊임없이 진화해 왔다. 이러한 진화과정을 IT가 주는 이익의 관점에서 살펴볼 필요가 있다.

『전략적 선택Strategic Choice』의 저자, K. 프리모직, E. 프리모직 그리고 J. 로벤은 IT의 진화와 진화하는 과정에서 현실화된 IT의 이익을 표현하는 '혁신의 물결waves of innovation'이라는 흥미로운 모델을 제시한 바 있다. 이는 IT가 산업별로 기업별로 어떻게 활용되어 왔는지를 잘 보여준다. 〈그림 2-1〉을 보면 '혁신의 물결'은 1단계(비용절감), 2단계(투자대상의 IT), 3단계(제품과 서비스 혁신을 위한 IT이용), 4단계(중역의 의사결정 증진을 위해 IT활용), 5단계(고객접근을 위한 IT활용), 6단계(공급망 관리를 통한 파트너십 구축)로 구성된다. 기업의 현재의 위치는 해당 기업의 상황에 따라 각기 다를 것이다. 동일한 업종에서도 CEO의 역량에 따라 어떤 기업은 2단계(IT를 투자대상으로 인식)에 있을 수도 있고, 어떤 기업은 4단계(의사결정의 질적 증진을 위해 IT를 활용)에 있을 수도 있다.

1) 1단계: 비용절감

60년대에는 개인의 업무 생산성 향상을 위해 IT를 활용하였다. 주로 수작업으로 운영되는 프로세스를 자동화함으로써 행정 및 운영비용을 절감하는 것에 초점을 두는 단계였다. 거래처리시스템이나 회계정보시스템은 대량의 데이터를 신속하게 처리함을 지향하는 비용절감형 애플리케이션들이다.

2) 2단계: IT를 투자의 대상으로 인식

70년대에는 기업 자산을 더 효과적으로 활용하여 이윤증대를 위한 목적으로 IT를 활용하였다. IT에 투자할 때 이윤ROI의 회수여부 및 현금흐름cash flow의 증가를 우선적으로 고려하였다. 〈그림2-1〉에서 볼 수 있듯이 1, 2단계에서는 정보처리과정과 기업 자산을 보다 잘 관리해서 비용을 절감하는 측면에서 IT를 바라보았다.

3) 3단계: 제품과 서비스의 질을 높이기 위해 IT활용

80년대에는 전략적 우위를 창출하여 이윤을 생성하거나 새로운 비즈니스를 창출하기 위해 IT를 활용한 단계였다. 즉 완전히 새로운 사업을 창출하거나 시장점유율을 높이기 위해 IT가 활용된 단계였다. 따라서 마케팅, 유통, 고객서비스와 같은 외부지향적 기능의 확대를 위해 IT를 활용하였다. 패션의류회사가 신제품을 출시한 후, 매장에서 확보된 고객의 취향정보를 신속하게 제품의 디자인과 구성에 반영함으로써 매출을 극대화할 수 있는 즉시대응시스템Quick Response System이 한 예이다.

4) 4단계: 의사결정의 질적 증진을 위해 IT활용

80년대 후반부터 시작된 흐름인데, 조직의 근원적 구조를 변경하고 실시간 비즈니스 관리시스템의 창출을 위해 IT를 활용한 시기였다. 1, 2단계의 시스템은 조직의 내부를 지향하기 때문에 언제라도 구축될 수 있었지만, 3, 4단계의 시스템들은 업계의 리더가 표준을 설정한 후에야 개발이 가능한 것들이었다. 따라서 리더가 설정한 표준 시스템을 따르지 않으면 바로 경쟁력을 상실할 수 있는 그러한 시스템이다.

중역정보시스템EIS. executive information system, 데이터웨어하우스, 데이터마이닝과 OLAP 등을 통해 정보의 질적 향상이 이루어졌고, 중역과 직원들의 의사결정의 질적 향상에 크게 기여하였다.

5) 5단계: 고객 접근을 위해 IT활용

90년대에 시작된 흐름으로, 고객과 직접 커뮤니케이션을 하기 위해 IT를 활용하는 것을 말한다. 기업은 인터넷, 웹 프로그래밍 기술, 전자상거래 등을 활용하여 새로운 비즈니스를 창출함으로써 업종 내 경쟁적 관계를 바꾸면서 새로운 경쟁의 룰을 만들기도 한다. 대표적인 기업이 미국의 최대 인터넷 서점인 Amazon.com, 경매사이트인 ebay.com 등이다. 이러한 전자상거래 사이트의 출현은 업종 내 서열을 바꾸었을 뿐만 아니라, 전통적인 거래방식 대신 고객이 직접 참여하는 새로운 비즈니스 모델을 창출하였으며, 고객과의 관계에 있어서도 보다 즉각적이며 양방향의 커뮤니케이션이 가능한 전자채널을 구축하였다.

6) 6단계: 공급망관리(SCM) 등 협업시스템을 통한 파트너십 구축

디지털기기들의 강력한 상호운영성interoperability 덕분에 기업들은 다른 조직과 쉽게 정보와 비즈니스 프로세스를 공유할 수 있게 되었고 개별 조직의 경계를 넘어 공급망 구축과 전략적 제휴가 더없이 쉬워졌다. Expedia.com과 같은 온라인 여행사는 고객이 그들의 포탈사이트를 통해 항공기, 렌트카, 호텔 예약뿐만 아니라 여행패키지 및 식당까지 예약할 수 있도록 돕는다. 또 다른 예로는 2004년에 만들어진 EDSElectronic Data System 컨소시엄은 Cisco, Dell, EMC, MS, Sun, Xerox, Oracle 7개 기업으로 구성되어 대규모 프로젝트를 협력해서 성공적으로 수행하고 있다.

요약하면, 3, 4, 5, 6단계는 일반적으로 이윤을 창출하고 비즈니스를 계속 영속시키기 위해 IT를 활용하는 단계로 볼 수 있다. 지난 몇 년간 인터넷의 유비쿼티ubiquity적 특성과 표준 브라우즈의 보편화가 세계적 추세가 됨에 따라 대부분 대기업들이 5~6단계로 도약하고 있는 상황이다.

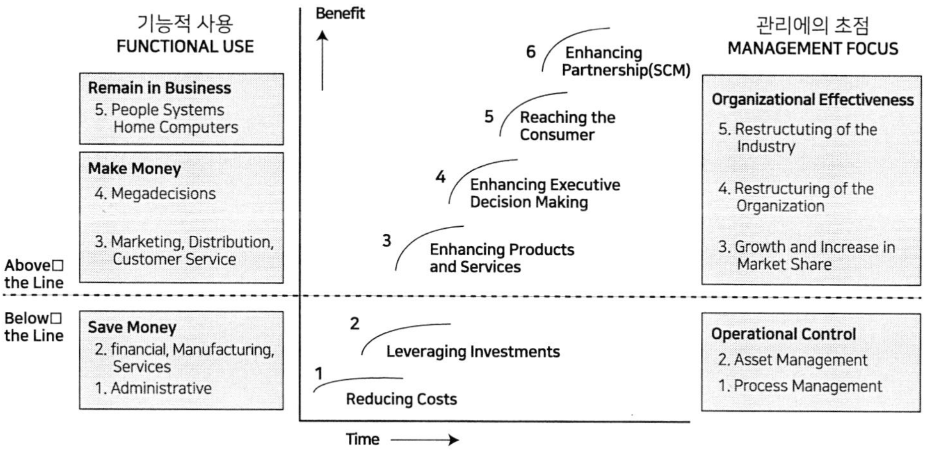

<그림 2-1> 혁신의 물결

2.2 줄어드는 IT부서의 전통적 책임

IT/IS의 중요성이 증대된다는 것은 정보시스템부서의 역할 역시 확대된다는 것을 의미한다. 비즈니스 및 기술환경이 변함에 따라 정보시스템부서에게 새로운 역할이 부여되는 한편 전통적인 역할들은 역으로 감소되거나 다른 외부업체가 맡는 경우가 늘어나고 있다. 전통적 IT부서의 책임은 다음과 같다.

- 데이터센터, 원격 시스템, 네트워크의 운영관리
- 기업의 데이터 관리
- 시스템 분석, 설계와 신규 시스템의 구축
- 시스템 계획
- 신규 시스템의 기회 포착
- 사용자 교육

기업에 따라서 정보시스템부서가 이러한 기능들을 여전히 수행하고 있지만, 한편으로는 다음과 같은 현상들이 정보부서의 전통적 책임을 감소시키고, 내부 사용자나 외부 업체들에게 그 책임을 넘기는 원인을 제공하기도 한다.

- *분산시스템*의 확산으로 소프트웨어 애플리케이션의 도입과 관리권한이 최종사용자(부서)에게로 전가되고 있다. 때때로 이러한 애플리케이션을 구매할 때 따라야 하는 가이드를 정보시스템부서가 정해 주는 경우도 있다. 예를 들어 오늘날 고객 관련 데이터의 양이 폭증하고 데이터 분석의 효용이 늘어남에 따라 마케팅기획팀이 빅데이터 애플리케이션 개발을 독자적으로 추진하는 경우도 많다.

- *고급 사용자*가 늘어남에 따라 사용자가 정보시스템 관련 책임을 더 맡게 되었다. 이러한 고급 사용자들은 기업의 주요 애플리케이션을 스스로 찾을 뿐만 아니라 이러한 시스템을 개발하는 다기능 팀을 이끌기도 한다.

- *응용 패키지와 개발도구*들이 날로 발전함에 따라 시스템 개발에 필요한 프로그래머와 분석가의 필요가 많이 줄어들었다. 정보시스템 부서는 구매한 시스템들을 통합하여 하나의 통합 시스템으로 작동하게 하는 역할을 담당하게 되었다. 대표적인 시스템이 ERP전사적자원관리인데 이러한 시스템을 도입한다는 것은 시스템을 개발한다기보다 시스템을 통합하는 일이다.

- *아웃소싱* 추세가 확산됨에 따라 개발에 대한 IT부서의 책임이 줄어들고 있다. 재정적, 관리적 측면을 고려해 볼 때 센터운영, 애플리케이션 유지보수, 네트워크관리, PC지원과 같은 일은 아웃소싱이 가장 비용 효과적인 전략이다. 사용자 교육도 아웃소싱하는 사례가 늘어나고 있다. ERP와 같은 신규시스템이 도입되면 관련 시스템에 대한 사용자교육도 계약에 반드시 포함된다.

2.3 새로운 역할들

IT부서는 일반적으로 〈그림 2-2〉와 같이 4개의 주요 기능을 수행한다. 일부는 전통적으로 수행해 오던 일들이고 일부는 그 비중이 점차 늘어나고 있는 기능들이다.

• 시스템 운영

–컴퓨터시스템PC, 모바일 기기, 서버, 클라우드 등과 네트워크의 운영

• 시스템 개발과 유지보수

–시스템의 개발, 유지보수, 신규 시스템의 개발과 기존 시스템의 업데이트

• 아키텍처의 개발

–전략을 설정하고 IT와 정보 아키텍처를 유지보수하며 시스템 운영에 필요한 프레임과 표준을 제공한다.

• 사업의 요구사항 파악

–비즈니스가 IT를 통해 받고자 하는 도움들을 분명하게 찾아낸다.

〈그림 2-2〉에는 이 4개의 기능이 그려져 있는데 세로축은 조직에 그 기능이 미치는 영향도(비용절감 목적에서 부가가치창출에 이르기까지)를 말하며, 가로축은 그 기능이 필요로 하는 전문적 지식의 정도(기술적 지식에서 비즈니스 전문지식에 이르기까지)를 말한다.

여기에서 시스템운영과 시스템개발은 비용과 효율에 관심을 두는 기술적 활동으로서 비즈니스에 있어 상대적으로 덜 중요하지만, 아키텍처의 개발과 비즈니스 요구사항 파악은 비즈니스 지향적인 활동으로서 비즈니스에 보다 더 중요하다. 많은 기업들이 이 네 가지 영역 중에 첫 번째, 두 번째 영역에만 지나치게 치중한 나머지 다른 2가지를 간과해온 경향이 있다.

특히 시스템운영과 시스템개발은 아웃소싱하기 쉬운 활동들이다. 기업이 시스템운영에서 비즈니스 요구사항 파악 기능을 강화하는 방향으로 이동하기 위해서는 요구되는 기술과 자질이 다르기 때문에 IT요원을 재교육해야 할 필요가 있다.

한편 아웃소싱 형태로 제공되는 외부서비스들은 메트릭스의 아래·왼쪽 영역에 해당되며, 이러한 기술적 영역은 외부서비스를 통해 쉽게 대체될 수 있다. 그리고 〈그림 2-2〉의 상단·우측 영역을 보면, 사업의 요구사항을 파악하는 고급 사용자들의 역량이 늘어나면 이러한 기능에 있어 IT부서의 역할이 축소될 소지가 있다. 이렇게 되다 보면 결국 IT부서는 양쪽에서 협공을 받아 그 역할이 계속 축소되어만 갈 것인가? 그렇지만은 않을 것이다. 앞으로는 IT부서는 아래와 같은 2가지 역할이 더욱 강화될 것으로 예상된다.

첫째, 아웃소싱 서비스가 활발한 관리와 자문 없이 조직의 모든 니즈를 충족시킬 것이

라고 기대하는 것은 무리다. 아웃소싱 업체는 단지 정형화된 일용품 같은 서비스를 제공할 뿐이다. 따라서 IT부서는 사용자들의 틈새 니즈needs를 계속 찾아내고, 다양한 외부업체들과의 계약적 관계를 개발하고 관리하는 역할 수행해야 한다.

둘째, IT부서의 또 다른 핵심적인 역할은 기업을 위한 전사적 IT아키텍처, 개발방법론의 표준, 품질관리와 같은 기본적인 일을 수행하는 것이다. IT아키텍처는 비즈니스를 지원할 정보기술의 틀을 제공할 것이며, 정보시스템부서의 가장 큰 도전적 과제가 될 것이다. 따라서 현업 부서와 사용자들의 요청에 일일이 응하기보다 사용자들이 스스로 문제를 해결할 수 있도록 고급사용자로 육성해야 한다. 현업부서가 사내 IT부서나 외부 아웃소싱업체에 수정이나 개발을 요청하는 방식은 시간이 너무 많이 걸리고 재작업이 많아 비효율적이기 때문이다.

셋째, IT부서는 아래 LG디스플레이 사례에서 보듯 변화와 혁신을 주도하는 부서가 되어야 한다. 앉아서 현업 부서가 도움을 요청할 때까지 기다리기보다는 현업 부서의 필요를 찾아내 새로운 IT를 적용하고, 신규 애플리케이션을 개발하고, 다른 부서들과의 통합과 협업을 코디하는 역할을 찾아야 한다. 변화가 필요한 비효율적인 프로세스를 찾아내고 여러 부서들의 협조를 받아 프로세스를 혁신해 가야 한다.

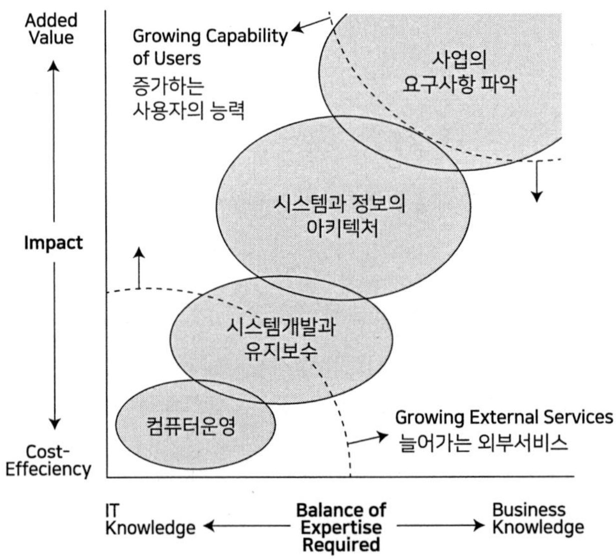

<그림 2-2> IT부서의 주요 기능들의 변화

[사례] IT부서의 새 역할과 책임: LG디스플레이의 업무혁신센터

2010년 7월, LG디스플레이의 IT부서에는 회사 전반의 혁신을 주도하는 업무혁신센터가 신설되었다. 업무혁신센터는 IT인프라를 기획·개발·운영하는 전통적인 IT부서 역할에 회사 전반의 혁신을 주도하는 기능이 더해진 곳이다. 정보화를 총괄하는 최고정보책임자CIO:Chief Information Officer와 혁신을 끌어내는 최고혁신책임자CIO:Chief Innovation Officer가 결합한 개념이다.

업무혁신센터장 현신균 전무는 "모든 기업은 '혁신'이 필요하다. 혁신을 이루기 위해 가장 유용한 도구는 '정보기술IT'이다."라는 신념을 가지고 있다. 컨설팅업계 출신인 현 전무는 '기업은 일관된 프로세스에 따라 운영되는 곳'이라는 전제 아래 모든 혁신을 시작한다. 기업이 갖고 있는 어떤 프로세스도 영원히 완벽할 수는 없는 만큼 항상 혁신이 필요하다는 논리다. 한 기업이 어떤 프로세스를 활용해 발전을 이뤘다고 해서 그 프로세스가 항상 정답이 될 수는 없다. 다양한 대내외 여건 변화에 맞춰 프로세스를 효율화하고 개선하려는 노력을 지속적으로 하지 않으면 금방 비효율의 늪에 떨어질 수 있다.

이 센터는 직원들이 혁신을 향해 매진할 수 있는 분위기를 조성하기도 한다. 거듭되는 혁신 속에 자칫 피로감을 느낄 수 있는 직원들을 위해 효과적인 혁신 방법을 찾아야 한다. 현 전무는 "센터는 현업에 혁신 아이디어와 프로세스 오류를 찾아 전하고, 실제 구체적인 그림을 그리는 것은 해당 업무를 가장 잘 알고 있는 현업이 맡는다"고 설명했다. 또 "이 과정에서 현업 부서가 어려움을 느끼면 센터 직원이 직접 찾아가 구체적인 방법론을 전하고 노하우를 설명하며 해결책을 찾는다"고 말했다.

여기서 가장 중요한 것은 혁신의 지향점을 명확하게 수립하고 공유하는 것이다. LG디스플레이는 혁신의 비전을 쉽게 전달하기 위해 △드림 오피스 △드림 팹fab △드림 마케팅의 3대 테마를 정했다. 이들 테마를 구현하는 수백 가지 세부 과제도 더욱 명확하게 하였다. 에두르지 않고 정확하게 과제를 적시해 직원들이 공감대를 느끼도록 했다. 직원들이 쉽게 이해하지 못하는 과제를 제시했다가 낭패를 겪는 일을 막기 위한 것이다.

가령 '드림오피스'는 업무 효율화라는 주제 아래 '불필요한 일 제거하기' '창의적인 일 만들기' 등의 세부 과제가 있다. 한마디로 업무 과정에서 필요하지 않은 부분을 찾아 없애고 이를 통해 남은 시간과 자원을 창의적인 일에 투입하는 것이다.

혁신을 추진하는 데 빼놓을 수 없는 것은 IT다. IT는 혁신을 이끌어내는 훌륭한 '툴tool'이다. 실제로 LG디스플레이는 혁신을 이루기 위해 다양한 IT프로젝트를 전개하고 있다. 회사는 드림오피스의 일환으로 모바일 오피스 도입을 준비하고 있다. '꿈의 사무환경 만들기' 과제다. 단말기any-device, 장소any-where, 시간any-time, 정보any-information 종류에 구애받지 않고 업무를 볼 수 있는 오픈 커뮤니케이션 환경의 모바일 오피스가 LG디스플레이의 지향점이다. 물론 이들 모두에는 보안이 필수 요건으로 적용된다. 이메일·일정·블로그·소셜네트워크서비스SNS 등을 기본적으로 지원하고, 결재·전사적자원관리ERP·프로젝트 관리 등도 주요 업무에 대해서는 모바일 오피스를 구현할 방침이다.

LG디스플레이는 모바일 오피스 사업 역시 혁신에 주안점을 두고 진행한다. 현 전무는 "다른 회사처럼 단순히 언제까지 전체 직원에게 스마트폰을 지급하겠다는 식이 아니라 실질적인 업무 효율화를 목적으로 순차적으로 사업을 추진한다"고 말했다. 현 전무는 "혁신을 위해 끊임없이 고민하고 실행하는 것만이 기업의 성장을 담보한다"며 "IT를 활용해 비즈니스 프로세스를 최적화하고 효율화하기 위해 지속적으로 노력하겠다"고 덧붙였다.

◇현신균 전무의 약력

LG디스플레이에 합류하기 전까지 액센츄어, IBM, 딜로이트컨설팅, AT커니 등에서 전략적 IT 컨설팅, 금융 컨설팅, IT·프로세스 혁신 컨설팅 등을 수행했다. 2004~2005년 KB국민은행에서 프로그램 및 프로젝트 매니지먼트 담당 부장으로 일했다.

[자료원] 전자신문, 현신균 LG디스플레이 업무혁신센터장, 2010. 9. 5.
http://www.etnews.com/201009030054

2.4 CIO(Chief Information Officer)의 책임

CIO는 조직의 IT/IS를 책임지는 사람이며 최고경영진의 기술적 멤버로서 기본적으로 다음과 같은 책임을 가진다.

- 각종 전자상거래 및 e-비즈니스, 스마트비즈니스를 위한 전자적 인프라의 구축 여부를 늘 확인한다.
- IS요원이 사업부문의 사용자와 좋은 파트너십을 유지하는지 늘 확인한다. 비즈니스를 위한 필요에 즉각적인 대응을 잘 해주는지를 늘 확인한다.

따라서 성공적인 IS중역, 즉 CIO는 다음과 같은 역할을 수행할 수 있어야 한다.

1) 사업(Business)을 이해해야 한다.

IS중역이 사업의 운영에 있어 중요한 역할을 담당하기 위해서는 사업 자체를 잘 이해하고 있어야 한다. 사업을 이해하기 위해서는 기업의 내부만 아는 것으로 충분하지 않으며, 급변하는 사업의 환경을 같이 이해해야만 한다. 이를 위해 CIO가 이용할 수 있는 7가지 접근방법이 있다.

- 프로젝트팀으로 하여금 시장을 연구토록 한다. 프로젝트팀이 연구할 대상은 현재의 산업 환경, 비즈니스 목적과 목표, 경쟁업체의 주요 실태, 관련 있는 정부규제, 기업의 입력자원, 출력물 그리고 자원들이다.

- 정보시스템부서는 전체 기업을 서비스하기보다는 사업단위line of business별로 서비스하는 일에 집중해야 한다. 이 사업단위란 공동의 고객, 제품 그리고 시장적 특성을 가진 비즈니스 활동을 수행하는 조직단위라 할 수 있다. 예를 들면, (주)LG생활건강은 샴푸, 치약, 칫솔을 생산하는 생필품 사업단위가 있는 한편 화장품을 생산하는 사업단위가 있다. 각각의 사업단위는 서비스하는 고객도 다르며, 제품과 시장적 성격도 다르다. 정보시스템부서는 상이한 사업단위를 독립적으로 서비스해야 효과적이다.

- 주례 브리핑weekly briefing을 스폰서한다. 각 부서의 책임자가 돌아가면서 IS요원에게 해당 부서의 상황을 브리핑하도록 한다. 예를 들면, 항공기 제작회사의 엔지니어는 비행기의 크기, 승객 정원, 비행 능력, 경쟁정도의 기대치, 산업의 변화, 5년 후 시장 예측과 같은 상업용 항공기 제작 비즈니스를 생각하는 데 필요한 기초적인 정보를 제공할 수 있다.

- 현업부서의 중역과 함께 IT컨퍼런스가 아닌 산업(업종)별 컨퍼런스에 같이 참석한다. 산업(업종) 컨퍼런스에 참가하는 일이 그 업종이 직면하고 있는 문제를 가장 빨리 파악할 수 있는 방법 중에 하나다.

- 산업 간행물industry publication을 읽는다. 특정 산업에 대한 폭넓은 정보를 얻기 위해서는 간행물인터넷 웹문서 등을 읽는 일이다. 예를 들면, 많은 업종의 협회가 간행하는 정기 또는 비정기 간행물이 있다. 이러한 간행물들이 그 업종의 특성, 주요 이슈, 미래에 대한 전망 등을 폭넓게 다루므로 유익하다.

- 비공식적인 청문회informal listening session를 연다. 문제가 발생했을 때 문제해결을 위한 회의를 청문회 방식으로 진행할 수 있다. 지나치게 공식적인 회의가 되면 개방적이고 창의적인 의견교환이 어려워질 수 있기 때문이다.

- 현업부서의 팀장과 좋은 관계를 구축한다. 프로세스의 혁신과 변화를 추구하려면 당사자인 현업부서와 소통이 잘되어야 하고 그러기 위해서는 좋은 관계를 맺는 것이 필연적이다.

2) IT부서에 대한 신뢰성을 구축한다.

IT부서에는 기본적으로 2개의 임무가 있다. 하나는 현재의 시스템을 잘 유지·보수하여 매일 문제없이 가동하는 것이며, 다른 하나는 미래에 필요한 시스템을 지속적으로 찾아 개발하는 일이다. 오늘날 대부분 정보시스템 조직은 하드웨어의 운영, 네트워크 지원telecommunication network support, 그리고 현재의 응용프로그램을 업그레이드하는 일에 힘을

다 쏟고 있다 해도 과언이 아니다. 오늘날 현명한 CIO들은 이러한 많은 지원 기능들을 외부 전문 업체에게 맡기고 자체 고급인력은 보다 부가가치가 높은 일에 투입함으로써 신뢰를 쌓는다.

3) IS요원의 기술적 능력을 향상시키고 사용자는 IT의 고급사용자로 육성해 가야 한다.

검증된 기술적 능력을 보유한 IS요원을 확보하지 못한다면 기업의 비즈니스 니즈에 부응할 수 없다. 아웃소싱을 통하여 유능한 IS요원 확보 문제를 다소 완화할 수 있지만 최신 지식과 기술을 보유하고 있는 IS요원의 확보는 여전히 큰 문제가 되고 있다.

한편 사용자가 IT를 비즈니스 목적으로 더 잘 활용할 수 있도록 교육해야 한다. IS부서는 현업의 중역들로 하여금 IT활용을 관리하는 일을 더 편하게 만들어줘야 하고 직원들이 IT를 편하게 활용할 수 있도록 돕고 교육해야 한다. 궁극적으로 사장을 포함한 모든 직원이 IT(준)전문가가 될 수 있도록 교육해야 한다. 현업 사용자가 IT부서에 시스템을 수정해 달라고 하기보다는 스스로 자신의 시스템과 프로그램의 문제를 직접 해결할 수 있을 정도가 되어야 한다는 의미이다.

4) 미래에 대한 비전을 창조하고 그것을 설득시킨다.

비전이란 무엇인가?

비전이란 성취되었으면 하고 바라는 미래를 구체적으로 서술한 문장이다. 이 비전은 향후 조직의 방향을 설정해 준다. 미국의 존 F. 케네디 대통령의 우주항공개발에 대한 비전은 매우 유명하다. "우리는 10년 안에 인간을 달에 내리게 할 것이며 안전하게 귀환토록 하겠다."그의 비전은 미국 우주항공 프로그램의 방향을 설정해 주었으며, 그의 비전은 1969년 인간이 처음으로 달에 착륙함으로써 현실이 되었다.

이와 유사한 기업의 비전들의 예는 많다. 예를 들면, 오티스 엘리베이터의 비전은 "모든 영업사원이 하루 만에 엘리베이터 주문을 받을 수 있도록 한다."였다. 이러한 비전을 성취하기 위해서는 영업사원이 신속하게 엘리베이터 주문을 받을 수 있도록 각종 지원이 제공되어야 할 것이다. 고객이 제공하는 시간대별 운송량 정보를 이용하여 적합한 엘리베이터의 크기와 디자인을 신속하게 산출해내는 수주지원시스템의 지원도 필요할 것이다.

왜 비전이 필요한가?

비전과 전략은 어떠한 차이가 있는 것일까? 예측이 가능한 경영환경에서는 4-5년을 내다보고 장기발전계획을 세울 수 있다. 그러나 변화의 속도가 빠른 현대의 경영환경에서는 이러한 장기 전략을 세우는 일이 매우 어려울 뿐만 아니라 불필요하다. 비전은 예측하기 힘든 경영환경하에서 조직이 나아가야 하는 방향을 설정해 준다. 오늘날 대부분의 기업 비전은 IT를 기반으로 하고 있다. 즉 비즈니스를 위해 IT/IS와 인터넷 그리고 4차 산업혁명 주도 기술을 어떻게 활용하는지를 담고 있는 것이다.

비전을 창조해야 할 사람은 누구인가?

어떤 CEO는 자신의 비전을 개발하기 위해 CIO에 자주 의존한다. 그 이유는 IT의 혁신적인 활용이 비즈니스를 하는 방법을 획기적으로 개선하는 기회를 제공하기 때문이다. 많은 경우에 CIO가 포함된 경영관리팀에서 이 비전을 만든다.

비전을 만들 때 기업 외부에 있는 사람들의 의견을 많이 참조할 것을 추천한다. 외부인들은 개인의 독창적인 신념이 있을 뿐만 아니라 내부의 타성으로 때가 묻지 않은 신선한 아이디어를 많이 제공할 수 있기 때문이다. 이러한 사람들은 때로 조직에 갓 입사한 신입사원이나 커리어를 새롭게 시작한 경력사원일 수도 있다.

많은 경우 사내 사원들은 현재에 이르는 데 많은 물질적, 정신적 투자를 하였기 때문에 현재에 안주하려 하며 변화를 회피하려는 성향이 있다. 반면에 갓 입사한 사원은 보호하려는 기득권이 별로 없기 때문에 쉽게 새로운 것을 제안하고 시도하려 한다.

비전을 얻는 방법

비전을 얻는 첫째 방법은 현재를 탐색하는 것이다. 탐색하는 방법은 다음과 같이 4가지가 있다.

- 질문한다. 당신의 조직에서 가장 마음에 걸리는 것인 무엇인가?
- 기업의 외부와 내부를 조사하여 가장 거슬리는 사항 10가지, 가장 좋은 경험 10가지를 찾아본다.
- 비전을 보다 명확하게 한다.
- 경청한다.

비전을 얻는 두 번째 방법은 미래를 정찰scout하는 일이다. 미래 트랜드를 예측하는 간행물이나 서적들이 많이 출간된다. 이러한 인쇄물을 참조하는 것도 좋은 방법일 것이다. 미래를 정찰하는 또 다른 방법은 차츰 중단되거나 단절되고 있는 경향이 무엇인지 찾아보는 것이다. 국내의 경우, 출산율의 저하와 평균 결혼 연령의 후퇴는 아동들을 대상으로 한 교육시장과 의료시장이 위축될 것을 예시하고 있다. 실제로 산부인과와 소아과 개인병원의 폐업률이 높게 나타나고 있다. 반면에 사회의 고령화는 실버타운의 증가와 고령자를 위한 의료시설 및 연금보험 시장의 확대를 예견하고 있다.

비전을 설득한다.

비전을 설정하였으며 이를 이해당사자들에게 설득하여야 한다. 비전을 설득하기 위해서는 시장, 즉 고객이 정말로 원하는 것이 무엇인지를 이해해야 한다. 시장을 이해하기 위해서는 먼저 그들에게 귀를 기울여야 한다. 누군가의 필요를 이해하고 그것을 충족시켜 주려는 노력이야말로 비전을 설득하는 가장 효과적인 방법이다.

개인적인 친분 관계가 비전을 설득할 때 중요한 성공요인이 되기도 한다. 왜냐하면 사람들은 흔히 자신이 잘 알고 신뢰하는 사람과 비즈니스를 원하기 때문이다.

5) 관계를 개선하라.

CIO의 떠오르는 역할 중에 하나는 관계를 개발하고 개선하는 일이다. IT/IS의 개발과 활용에 필요한 리더십은 다음 3가지 파트너십을 잘 관리해야 함을 말한다.

상급경영자(senior management)와의 파트너십

특히 CEO최고경영자와 좋은 관계를 맺어야 한다. CIO와 CEO와의 관계는 다양한 스펙트럼을 보이고 있다. IT/IS가 비즈니스를 지원하는 전통적인 기업의 경우에 CEO는 상사, CIO는 부하의 관계가 성립된다. 그러나 닷컴 기업이나 첨단 IT 기업의 경우 CEO와 CIO가 매우 밀접한 관계를 형성하는데 그 이유는 비즈니스와 IT가 불가분의 관계이기 때문이다.

고객과의 관계

CIO는 IS부서의 내부 및 외부 고객과 좋은 관계를 맺어야 한다. 현업 팀장과 최종사용

자와 같은 내부고객들에게는 신뢰를 심어야 하고, 자사의 제품이나 서비스를 구매하는 외부고객도 IS부서가 긴밀한 관계를 맺고 파트너가 되는 시대가 되었다. 즉 고객을 영업부서나 마케팅부서에만 맡기는 시대는 지났다고 할 수 있는데 그 이유는 IS부서가 구축한 웹사이트나 스마트폰 앱 등을 고객이 사용하기 때문이다.

협력업체(supplier)와의 관계 및 전략적 제휴 파트너

신속한 업무처리를 위해 모든 종류의 협력업체와 긴밀한 협력시스템을 구축해야 한다. 협력업체의 효율적인 관리를 위해 협력업체의 수를 적정화할 필요가 있는데, 이는 적정 수준으로 줄어든 협력업체와 보다 긴밀한 관계를 구축할 수 있기 때문이다.

IS부서의 주요 업무의 하나는 이러한 협력업체(아웃소싱업체 포함)를 관리하는 일이다. 특히 IS부서가 PC와 서버구입, 네트워크관리, 데이터센터운영, 프로그램개발 등을 아웃소싱하는 추세는 점차 늘어나고 있다.

6) IT거버넌스(governance)체제의 구축

최근 거버넌스라는 용어는 IT분야만이 아니라 일반 비즈니스업계에서도 널리 사용되고 있다. 거버넌스 이슈는 미국의 에너지회사인 엔론, 통신회사인 월드콤과 같은 명망 있는 대기업들이 회계 부정을 저지르면서 더욱 부각되었다. 특히 권한이 극소수의 최고경영자들에게 집중되고 그 밑에 있는 부하직원들이 최고경영자의 결정에 제동을 걸 수 없는 상황에서 이러한 부정은 더욱 자행될 수밖에 없었던 것이다. 이러한 위험은 상호 확인 절차나 힘의 균형이 결여되면 발생할 가능성이 높으며, 이는 IT/IS관리에 있어서도 예외가 될 수 없다.

IT거버넌스란 IT를 활용할 때, 바람직한 판단과 행동을 유도하기 위해 의사결정권한을 적절하게 배정하고 책임소재를 분명히 하는 경영활동을 말한다. IT/IS분야에서 거버넌스가 중요하게 된 것은 IT투자규모와 내용이 날로 커지고 다양해지고 있어 한번 잘못된 결정은 기업에 엄청난 타격을 줄 수 있기 때문이다. 전 세계적으로 2015년에 IT에 투입되는 금액이 5조 6천억 달러였고 매년 8%씩 증가하고 있다. 클라우드, 소셜미디어, 모바일, 빅데이터, AI 등에 10억 달러 이상을 투자하는 미국의 대기업만 해도 350개 이상에 이르고 있다. 따라서 지나치게 IT 관련 결정이 특정인이나 부서에 집중되는 것은 적절하지 않다.

각 사업부, 부서 그리고 직원들은 자신들의 조직 문화와 고객의 특성에 맞는 정보서비스를 받을 권리가 있으며 이를 위해 각자의 목소리를 낼 수 있어야 한다. 오늘날 글로벌화와 로컬화 또는 집중화와 분산화의 적절한 균형은 매우 중요한 이슈이다. 이를 위해 의사결정권한과 책임을 배정하는 거버넌스의 수준을 정하는 일이 중요해지는 것이다. IT거버넌스는 CEO가 CIO의 자문을 받아 구축한다. IT거버넌스와 관련하여 6가지 거버넌스 스타일과 5가지 의사결정 영역이 있다.

6가지 거버넌스 스타일

여기에서 나오는 군주君主, 영주領主와 같은 용어는 중세 유럽의 통치체제에서 따온 것들이다. 일반적으로 나라 전체를 통치하는 군주king가 있으며, 군주는 자신의 영토를 분할하여 각 영토를 통치할 영주feudal lord를 봉하거나 또는 특정 지역을 통치하던 자가 군주 아래로 복종하고 편입되는 경우도 있다.

(1) 비즈니스 군주제(monarchy)

CIO가 포함된 최고경영진이 IT 관련 의사결정을 주도한다. 이는 중역회의나 중역들이 포함된 IT위원회가 주도하는 거버넌스의 예라 할 수 있다. CIO는 1/n의 영향력을 가질 뿐이며, 비IT(비즈니스) 경영자들이 IT/IS 결정을 주도하는 스타일이다.

(2) IT군주제(monarchy)

IT 중역들이 주로 의사결정권을 갖는다. 기업의 총괄 CIO 또는 CTO, 사업부서별 CIO 또는 CTO들로 구성된 위원회가 수행하는 거버넌스 스타일이라 할 수 있다.

(3) 영주적(feudal) 거버넌스

사업부의 CEO 또는 그들의 대리인들이 IT 관련 결정을 하거나 의견을 제시할 권한이 있다. 영주적 거버넌스는 IT인사들이 거의 배제되고 비즈니스 관련 경영자들만 결정에 참여하는 한계가 있다.

(4) 연방제적(federal) 거버넌스

기업의 전사적 총괄 중역들과 사업부별 사장들이 IT 관련 결정권한을 공유하는 형태이다. IT거버넌스에 있어서 IT그룹이 제3자로 참여할 수 있어, IT인사의 참여가 제한적이다. 예를 들어 삼성그룹의 계열사 사장들이 모여 IT 관련 의사결정을 할 때 삼성SDS삼성그룹 IT업체 사장이 참여하는 방식이다.

(5) 복점형(duopoly) 거버넌스

단일 IT 그룹과 단일 비즈니스 그룹이 결정 권한을 균등하게 나누는 방식을 말한다. 예를 들면, IT서비스를 총괄하는 CIO와 사업부별 경영자로 구성된 협의체가 해당 사업부서 business unit의 서비스의 수준과 내용을 결정한다. 예를 들어 삼성전자의 사장과 삼성SDS의 사장이 협의하여 삼성전자에 대한 IT/IS를 결정하는 방식이다.

(6) 무정부형 거버넌스

개별적 프로세스 책임자(예: 자동차보험심사, 품질관리)나 최종사용자가 IT에 관한 결정 권한을 가지는 방식이다. 이는 극단적인 분권형 방식이므로 대기업의 IT거버넌스로는 적합하지 않다.

5가지 의사결정 영역

효과적인 IT거버넌스를 수행하기 위해 아래 5가지 영역에서 IT거버넌스 조직은 의사결정을 해야 한다.

(1) IT원칙

IT원칙이란 비즈니스 가치를 창출하기 위해 IT가 활용되는 방식에 대해 서술한 것을 말한다. 예를 들면, 전사적 IT는 인프라를 책임지며, 사업부는 사업부별 애플리케이션을 책임진다거나 IT 관련 구매결정은 비용과 호환성 문제를 최소화하기 위해 중앙부서가 조율한다 등이다.

(2) IT인프라 전략

IT인프라 전략이란 전사적으로 통용될 수 있는 표준 IT서비스를 구축하기 위한 접근 방법을 서술한 것이다. 이러한 결정은 'IT군주제' 거버넌스 스타일로 주로 진행되며, 내용도 기술적인 것이 많다. 아래「발레로 에너지」사례에서 보면 ERP와 비즈니스 애플리케이션들을 개발할 때 SAP의 R/3시스템을 기본 인프라로 사용하였으며, 이 인프라를 기반으로 90여 개의 서비스(애플리케이션)가 추가 구성품으로 개발되었다고 하였다.

(3) IT아키텍처

일반적으로 아키텍처는 일종의 청사진blueprint이라 할 수 있다. 청사진은 정보시스템, 주택, 자동차, 부품이 전체적으로 어떻게 보이는지 그리고 부분들이 어떻게 연결되어 있는지를 보여주기 위해 만들어진다.

IT아키텍처는 비즈니즈 니즈business need에 부합되는 기술적 선택사항들을 정하는 것이다. 이것 역시 사업단위 책임자의 의견을 고려하여 'IT군주제' 거버넌스 스타일로 처리되며 기술적인 내용이 주를 이룬다. 아래「발레로 에너지」사례에서 볼 수 있듯이, 기업이 성장하고 새로운 시스템의 개발이 필요할 때마다 신속하게 발맞춰 줄 수 있는 유연한 아키텍처로서 SOAService-Oriented Architecture: 서비스지향 아키텍처를 채택하였다고 하였다. 이 SOA는 애플리케이션이나 정보자원을 마치 구성품component처럼 쓸 수 있어, 주문관리시스템을 하나 개발하면 고객서비스 애플리케이션과 이익분석 애플리케이션도 이를 함께 나누어 쓸 수 있다.

IT아키텍처가 강조되면서 CTOChief Technology Officer라는 새로운 직책이 부상하고 있다. 이는 전자상거래와 스마트 비즈니스의 확대로 인해 아키텍처의 중요성이 증대되고 있는 추세와 맞물려 있다. 이는 IT에 대한 책임이 더욱 전문화되는 것을 의미하기도 한다. 예를 들면, CTO는 IT와 아키텍처를 책임지며 CIO는 IT의 활용을 책임지는 식이다. 따라서 CTO는 IT아키텍처의 책임자인 동시에 CIO 또는 CEO에게 보고하는 명령체계를 갖는다. 때로 CIO가 기업 내 기술적 리더의 역할을 강조하기 위해 자신의 타이틀을 CTO로 변경하는 경우도 있다.

(4) 비즈니스 애플리케이션 니즈

사업단위나 부서들이 자신들이 필요로 하는 애플리케이션을 정의하는 것을 말한다. 이러한 결정은 주로 연방제적 거버넌스 스타일로 진행된다.

(5) IT투자의 우선순위 결정

IT투자의 우선순위 결정이란 IT기반 투자계획을 실행에 옮기는 데 필요한 정당화, 결재 그리고 평가 및 피드백이라는 단계적 절차를 밟는 것을 말한다. 흔히 비즈니스 군주제monarchy방식으로 운영되는 재원확보(재무)위원회의 허락이 필요하며, 이외 연방제적federal 거버넌스 방식처럼 여러 부서의 의견을 반영하여 결정할 필요가 있다.

이상에서 설명한 6가지 거버넌스 스타일과 5가지 의사결정 영역을 가로 및 세로축으로 각기 나열하면 IT거버넌스 메트릭스가 완성된다. 어떠한 거버넌스 스타일을 선택할 것인가는 해당 기업의 경영문화, 전사적/사업부별 전략, IT의 전략적 역할 등에 따라 달라질 것이다. 일반적으로 사업부서 간의 시너지를 강조하는 기업들일수록 중앙집중적 거버넌스 스타일(예: 비즈니스 군주제)을 선호할 것이며, 사업부서들의 독립성이 강조되는 기업일수록 의사결정권한을 분산하는 것을 선호할 것이다.

[사례] Valero Energy

위에서 설명한 아키텍처와 인프라의 이해를 돕기 위해 발레로 에너지 사례를 들고자 한다. 미국의 에너지회사인 발레로 에너지Valero Energy는 인수합병 등을 통하여 불과 10년이라는 짧은 기간에 매출 290억 달러에서 900억 달러로 급성장한 기업이다. 이렇게 급성장하다 보니 다양한 이질적인 정보시스템과 애플리케이션 등이 혼합되어 하나의 ERP전사적관리시스템[1]와 협업시스템그룹웨어, 이메일 등으로 통합이 잘 되지 않아 관리가 힘들고 비용이 많이 드는 비효율적인 시스템을 갖게 되었다. 그렇지만 현업부서 책임자들은 필요한 정보서비스를 쉽게 공급받고, 필요시 적은 비용으로 부서가 직접 쉽게 애플리케이션을 만들어 쓸 수 있는 환경을 원하고 있었다. 따라서 경영자가 비즈니스 전략을 실행할 때 딱 들어맞는 IT아키텍처를 재설계해야 함은 물론 인프라를 업데이트

1) Enterprise Resources Planning의 약자로 전사적 시스템(enterprise system)을 의미한다. 일반적으로 소프트웨어 개발전문업체가 특정 업종의 기업들을 위해 패키지화한 경영정보시스템이다.

해야 할 필요가 있었다.

기업은 성장에 발맞춰 유연하고 새 시스템이 필요로 할 때 다시 쓸 수 있는 유연한 아키텍처를 필요로 한다. 따라서 발레로는 애플리케이션이나 정보자원을 마치 구성품component처럼 쓸 수 있는 SOAService-Oriented Architecture: 서비스지향 아키텍처를 채택하였다. 예를 들어 SOA하에 주문관리시스템을 하나 개발하면 고객서비스 애플리케이션과 이익분석 애플리케이션도 이를 함께 나누어 쓸 수 있다.

ERP와 비즈니스 애플리케이션들을 위한 인프라는 SAP의 R/3시스템이었으며, SAP의 개발환경R3에서 90여 개의 서비스가 추가 구성품으로 개발되었다. 이렇게 개발된 90여 개 서비스는 다시 40개의 다양한 복합 애플리케이션을 개발하는 데 활용되어 프로그램의 재활용율과 개발비용을 현저하게 낮출 수 있었다. 예를 들어 발레로의 중간도매상이 자신의 거래정보를 인터넷을 통해 확인할 수 있는 애플리케이션을 만들었다. 이때 SAP R/3 CRM고객관계관리시스템용 데이터웨어하우스를 다른 비SAP시스템과 연결해야 했는데 이때 SAP NewWeaver Portal 인터페이스와 같은 인프라가 사용되었다. 이러한 설계를 통해 사용자에게 통합정보에 대한 새로운 관점을 제공할 수 있게 되었다.

결과적으로 통합의 효과는 놀라웠다. 인수합병을 하면서 생겨난 수많은 독립된 시스템을 일일이 묶어주는 인터페이스를 개발할 필요가 없어 많은 비용을 절감할 수 있었고, 새로운 시스템들은 더욱 경영을 효율적이고 효과적으로 돌아가게 만들었다. 예를 들어 한 애플리케이션은 선박이 불필요하게 오랫동안 정박함으로써 발생하는 비용을 50만 불이나 절약하게 해 주었다. 이 애플리케이션이 있기 전, 매니저는 선박에서 원유의 하적과정을 모니터링을 할 수 없어 모든 원유를 하적할 때까지 마냥 기다려야 했다. 그러나 새 애플리케이션으로 관리자는 탱크 내 원유량이 얼마나 남았는지 알 수 있게 되었고, 정유사 직원들과의 빈번한 소통으로 송유 스케줄을 적절하게 조정함으로써 불필요한 비용을 줄일 수 있게 되었다.

2.5 CEO와 CIO의 역할과 협력

CEO는 안으로는 비전과 전략을 수립하고 임직원들을 동기부여하여 목표로 정한 성과를 이뤄내야 하며, 밖으로는 고객, 주주 및 다양한 이해관계자들과 회사의 미션과 비전, 사회적 존재의 이유, 사회적 책임 등을 잘 소통함으로써 적극적인 지지를 받아야 한다. 이런 일들을 잘하기 위해서는 회사 업무의 전반적인 흐름을 잘 알아야 하고 무엇보다 IT/IS를 잘 이해하고 있어야 한다.

CEO를 포함한 최고경영자COO, CFO, CMO 등는 현업의 실무자처럼 업무에 대해 속속들이 파악하고 있는 것이 중요하다. 경영자가 회사의 업무 특성과 조직 문화에 정통하지 못하면 통상적인 업무만 수행할 수 있을 뿐, 회사의 조직문화를 바꾸고 혁신하는 데 필요한 효과적인 리더십을 발휘할 수 없다. IT/IS를 잘 알고 활용할 수 있어야 임박한 회사의 상태를 신속하게 파악하고 환경변화에 민첩하게 대응할 수 있다. 업무를 잘 모른 채 그저 주요 임원들의 보고에만 지나치게 의지할 경우, 사고가 나면 본인만 모르고 있는 경우도 있다.

CIO가 정기적으로 사장이나 임원들에게 IT교육을 실시하는 것도 좋은 방법이다. 교육이라는 상호작용을 통해 현업을 책임지고 있는 임원들과 소통하고 현업의 문제점을 이해하고 유기적으로 협력할 수 있는 기회를 가질 수도 있기 때문이다. 이 교육에는 CEO와 임원들이 업무에 필요한 IT활용방법도 포함할 수 있다. 실제로 CEO가 IT툴모바일전자결제·이메일, SNS, 동영상채팅 등을 잘 알고 있으면 부하들이 보다 효율적으로 보고와 결제를 마칠 수 있어 생산성을 높일 수 있다.

경영자가 직접 프로그래밍을 하거나 SNS를 이용하여 소통에 앞장서야 하는 것은 아니지만 적어도 경영에 있어서 IT의 중요성을 이해하고 어떻게 IT를 활용하여 조직을 혁신하고, 경영목표를 달성하고, 효율성을 높일 수 있을지는 알아야 한다. 한 걸음 더 나아가 이 문제를 CIO와 논의하고자 하는 열린 마음과 소통에 필요한 최소한의 IT 지식을 보유하면 좋다. 미국의 대형출판사인 사이먼 & 슈스터사의 뉴콘 회장CEO은 기술과 기술을 이용해 할 수 있는 일들에 대해 알고 있어야 한다고 하면서 다음과 같이 말했다.

> "내가 최근에 등장한 비디오 압축 기술에 관해 알고 있을 필요는 없다. 그러나 비디오 압축 기술이 전국 3,500개 학급에 생생한 대화형 TV를 공급하는 사이먼 & 슈스터의 교육관리그룹Educational Management Group에게 제공할 수 있

는 새로운 사업 기회임을 포착할 수는 있어야 한다. 그 기술은 교육관리그룹의 운영이나 신제품의 개발에 어떠한 영향을 미치는가? 교육용으로 개발한 소프트웨어와 커리큘럼 상품을 어떻게 하면 일반 소비자용으로 출시할 수 있을까? 와 같은 의문을 가져야한다."

IT/IS의 도움 없는 경영은 상상하기 어렵다. 소위 정보시스템과 네트워크가 제대로 구축되어 있지 않으면 사람이 혈액순환을 멈추면 사망하듯이 기업의 모든 업무는 정지된다. 은행의 금융전산망과 KTX의 예약시스템을 보면 조직의 정보인프라가 얼마나 중요한지 알 수 있다. 해커들에 의해 단 5분만이라도 네트워크의 작동이 중단될 경우 발생할 수 있는 고객의 불편과 기업의 손실을 상상할 수 있을 것이다. 그래서 스마트한 경영자는 회사의 지속경영을 위해 중요한 정보시스템애플리케이션, 데이터베이스, 네트워크가 어떤 것인지 그리고 미래에 필요할 시스템과 서비스가 어떤 것인지 정도는 이해하고 CIO에게 질문을 할 수 있을 정도는 되어야 한다.

임원회의에 상정되는 많은 의제들은 한 부서만의 문제가 아니라 여러 부서가 연결되어 있는 경우가 많다. 예를 들어, 2016년 삼성전자는 배터리의 불량으로 갤럭시노트 7을 전량 리콜하는 사태를 겪었다. 수개월 동안 배터리의 화재원인을 조사한 결과 문제는 단순히 배터리에만 있는 것이 아니라 폰의 전체적인 설계 문제로 밝혀졌다. 이런 경우 CEO가 회사의 전체적 업무와 정보 흐름을 잘 파악하고 있는 경우와 그렇지 못한 경우, 근본적인 해결책을 찾는 일에 분명한 차이가 있을 것이다. IT를 이해하고 공부하는 CEO는 업무 프로세스가 보이고 프로세스가 보이면 개선해야 할 부분이 투명하게 보일 것이다. 구조조정 전문가, M&A 전문가, 창업자 등 모든 경영자가 성공적인 조직을 만들려면 고객의 니즈를 파악하는 일부터 제품과 서비스가 전달되는 전 프로세스를 잘 알고 있어야 한다.

2.6 효과적인 IT/IS 의사결정에 요구되는 자질

비IT부서(현업부서)에 속한 직원과 책임자들이 효과적으로 IT/IS 의사결정에 참여하는 데 요구되는 자질과 기술이 있다. 〈표 2-1〉에 그 자질과 기술이 3 범주로 나누어 요약되어 있다. 이러한 자질은 사실 IT 또는 비IT 분야에서 경영자(리더)로 성장하기를 원하는 모든 사람이 갖추어야 하는 자질일 수 있다.

<표 2-1> 효과적인 IT/IS 의사결정에 요구되는 자질

역할	자질	내 용
비전개발 (Visionary)	창의력	자원을 가공해서 조직에 필요한 새로운 것을 만드는 능력
	호기심	새로운 아이디어, 애플리케이션, 기술, 비즈니스모델을 학습하고 질문을 던질 수 있는 능력
	자신감	자신의 능력을 믿고 적당한 시기에 자신의 아이디어를 주장할 수 있는 능력
	비즈니스 솔루션 집중	사업적 기회와 도전에 적용할 수 있는 경험과 통찰력
	유연성	프로세스에 적응하고, 관점을 바꾸고, 새로운 목적에 맞도록 계획을 조정하는 등 신속하게 변신하는 능력
정보/대인관계 (Informational/ Interpersonal)	의사소통	스피치, 글, 문서 및 이미지를 통하여 생각을 공유하는 능력
	경청	타인이 말하는 것을 주의해서 듣고 적절히 반응하는 능력
	정보수집	대화, 독서, 관찰을 통해 타인의 생각을 수집하는 능력
	대인관계	결과를 얻기 위해 팀이나 그룹에서 또는 명령체계 내에서 타인과 협력하는 능력
과업역량 (Structural)	프로젝트 관리	프로젝트를 효과적으로 완료하기 위해 조직의 자원을 계획, 조직, 방향설정(direct) 및 통제하는 능력
	분석기술	문제를 쉽게 이해하고 분석하기 위해 문제를 작은 단위로 분할하는 능력
	조직기술	분리되어 있는 여러 요소들을 하나의 통일체로 묶는 능력
	기획기술	목표를 설정하고 그 목표에 맞도록 자원을 배분하는 능력

[자료원] K. E. Pearlson & C. S. Saunders, Stratetic Management of IS, Wiley, 2013, 9쪽

[심층 사례] 기술경영에 있어 CEO의 역할

약 10년간 월마트의 CIO를 지낸 밥 마틴Bob Martin은 IT/IS 관련 위험은 항상 사업적 위험Business risk과 맞물려 있으며 따라서 CEO가 이 두 가지를 결코 CIO에게만 일임할 수 없다고 하였다. 오늘날 IT는 고객서비스분야에서부터

고객의 다양한 욕구를 충족시키기 위하여 매장의 형태를 재구성하거나 시장에 맞는 독특한 마케팅 및 영업전략을 구사하는 일에 이르기까지 거의 모든 분야에서 중요한 역할을 수행하고 있다.

IT가 경영전반에 확산됨에 따라 월마트가 일하는 방식도 크게 변화되었다. 경영자와 직원은 고객과 밀착해서 결정을 내리고, 경쟁적 상황에서 보다 신속하게 대응하기 위해 어느 때보다 더 많은 정보를 보유하고 있다. 월마트는 다수의 직원들에게 다양한 의사결정을 내릴 수 있도록 권한위임을 많이 하고 있는 기업이므로 의사결정이 갖는 위험을 잘 관리해야 할 뿐만 아니라 어떻게, 언제, 어디서 의사결정이 이루어지는가에 대한 과정을 잘 파악하고 있어야 한다. 그렇지만 IT를 포함한 기술적 결정이 비즈니스와 기업 문화에 미치는 영향이 매우 크므로 이 기술적 결정을 무조건 다른 사람들에게 위임하는 것은 신중해야 한다.

그는 신기술에 대한 투자제안이 올라오면 다음과 같은 두 가지를 항상 염두에 두었다. 첫째, 현재 얼마를 투자해야 하며 향후 지속적으로 얼마를 더 투자해야 할지를 이해하려고 하였다. 기술 변화는 우리가 사업을 수행하는데 필요한 역량을 신속하고 지속적으로 업그레이드하기 때문이다. 따라서 현재 행해진 투자의 효과가 다음 세대로 계속 이전될 수 있는 방법을 알고 있어야 한다. 둘째, 그는 또한 기술이 소비자들의 욕구를 얼마나 충족시킬 수 있을지를 이해하고자 하였다. 일반적으로 혁신적 기술은 우리가 그것을 활용할 수 있는 능력을 몇 걸음 앞서가 있기 때문에 경영자는 이 기술이 조직 구성원들에게 미칠 영향을 잘 관리해야 한다. 만일 현재 적용되고 있는 기술을 10년 전에 좀 더 잘 이해하고 있었다면 그 기술에 대한 투자의 대가로 얻는 이익이 지금보다 훨씬 더 많았을 것이다. 최고의 기능을 발휘하는 시스템은 비즈니스뿐만 아니라 사람들이 생각하고 작업하는 방식과도 잘 조화를 이루는 것이다.

궁극적으로 기술에 대한 투자는 현재의 사업, 프로세스 또는 조직의 복잡성을 증대시키는 것이 아니라 감소시키는 방향으로 이루어져야 한다. 기술은 조직의 의사결정 방법 또는 상품운송, 재고관리, 공급업체와의 소통을 수행하는 방법과 절차를 단순화하는 방향으로 배치되고 적용되어야 한다. 이러한 이유 때문에 IT/IS에 대한 투자는 계속 확대될 것이다. 고객들의 활동으로부터 더 많은 정보를 획득하고, 이를 신속하게 분석하여 현업의 다른 동료들과 공유할 수 있는 데이터 기술에 더 많은 투자가 이루어져야 하고, 비즈니스를 지원하는 많은 애플리케이션들이 다른 부서와 프로세스와 통합된 기술로 전환되어야 한다.

오늘날 CEO는 사업적 비전을 설정하고 사업과 기술의 관계를 이해하기 위해 CIO에 많이 의존하고 있다. 오늘날 신기술을 주로 취급하는 내부 IT직원이나 외부 기술공급자는 단순히 기술만 팔려고 해서는 안된다. 대신 그들은 현업의 직원들이 직면하고 있는 경영 및 운영상의 문제들을 기꺼이 해결할 수 있는 솔루션을 가지고 접근해야 한다. 이에 CIO는 CEO와 행동과 생각을 공유하고, 내부직원과 고객서비스의 변화와 혁신에 영향을 미칠 수 있는 새로운 기술 메뉴와 이것들의 위험성을 간파한 후 CEO를 자문할 수 있어야 한다.

제3장 정보관리조직의 이해

제3장 정보관리조직의 이해

하드웨어, 소프트웨어, 데이터, IT요원 등 컴퓨팅 자원을 조직한다는 것은 두 가지 측면이 있다. 하나는 조직 내 하드웨어, 소프트웨어, 데이터의 위치와 소속을 뜻하며, 다른 하나는 이러한 자원을 관리하고 운영하는 요원들이 기업 조직도에 속하는 위치를 말한다. 컴퓨팅 자원은 기업의 목표와 전략에 맞도록 적절하게 조직되고 배치되어야 기업이 설정한 목표를 달성하며 그 효용을 증명할 수 있어야 한다. 기업의 내·외부적 환경은 컴퓨팅자원의 조직에 영향을 미치기도 하고, IT/IS의 기술적 발전이 정보관리조직의 특징을 결정짓기도 한다.

본 장에서는 1950년대부터 2000년대에 이르기까지 정보관리조직이 변천되어 온 과정을 추적해 보며, 중앙집중화, 분산처리, 최종사용자컴퓨팅, 클라이언트/서버 아키텍처, 클라우드와 같은 다양한 분산처리방법과 정보관리조직을 설명하고자 한다.

3.1 정보관리조직의 위상

일반적으로 IT부서의 조직 내 위상은 〈그림 3-1〉과 같이 6가지 사례를 경유하면서 진화해 왔다. 높은 단계로 이동할수록 IT부서의 영향력과 위상은 증가해 왔으며, 그에 따라 IT요원의 역할과 영향력도 변화되었다.

- 사례 1

  사례 1은 데이터처리에 컴퓨터를 응용하던 초창기에 전자데이터처리EDP라고 불리던 IT부서의 위상을 보여준다. 이 단계에서 EDP부서는 대량의 회계 및 재무자료를 처리하는 일에 치중하였다. 이때는 일부 설계 또는 엔지니어링 부서가 컴퓨터를 독자적으로 보유하고 있었으나 컴퓨팅 자원을 전체적으로 총괄하는 기능은 없는 상황이었다.

- 사례 2, 3

  정보처리를 위해 IT에 더 많은 투자를 하면서 정보처리의 역할이 확대됨에 따라 사례 2와 3으로 이동한다. 이 과정 중에 EDP부서의 위상은 조직 내에서 서서히 부상하기 시작하며, IT부서의 장이 부장department head 또는 이사division head에게 보고하는 조직적 체계를 이룬다.

- 사례 4

  IT부서가 독점하던 애플리케이션의 개발이 여러 부서마케팅, 생산, 엔지니어링 등로 확대되기 시작하며, 컴퓨팅 자원을 여러 부서가 공유함으로써 비용절감을 시도하게 된다. 이를 총괄하는 독자적인 IS부서가 만들어져 최고경영진(부사장급)에게 보고하는 조직적 체계를 가진다.

  기획, 시스템운영, 신규시스템 개발, 하드웨어, 소프트웨어, 데이터에 대한 통제가 강화되기 시작하며, 데이터베이스의 필요성을 인식하고 DB구축을 시작한다. 이때 컴퓨팅 자원의 통제권이 과도하게 중앙의 IT부서에 집중되어 있으며, 현업의 사용자와 IS요원사이에 내화가 원활하게 이루어지지 않아 사용자는 지연되는 프로그램개발과 서비스에 대해 불만을 갖기 시작한다. 즉 IT부서가 사용자의 요구에 빨리 부응하지 못하는 것이다.

- 사례 5

  이러한 정보처리서비스의 지연을 해소하고 서비스의 질적 개선을 위해 외부업체와 계약을 통해 정보처리서비스를 제공하기 시작한다. 이 외부용역업체는 고객업체가 부족해 하는 하드웨어, 소프트웨어, 정보요원 등의 각종 컴퓨팅 자원과 전문적인 서비스를 제공한다.

- 사례 6

  과거의 중앙집중식 정보관리 방식에 대해 불만을 느낀 기업들은 분산형으로 이동하였다. 많은 기술적인 발전이 이러한 분산형 정보관리를 가능하게 하였는데, 특히 PC

와 모바일 기기의 보급, 정보처리에 대한 현업 사용자 지식의 증대, 네트워크 비용의 하락 등으로 EUC최종사용자컴퓨팅가 촉진되었다.

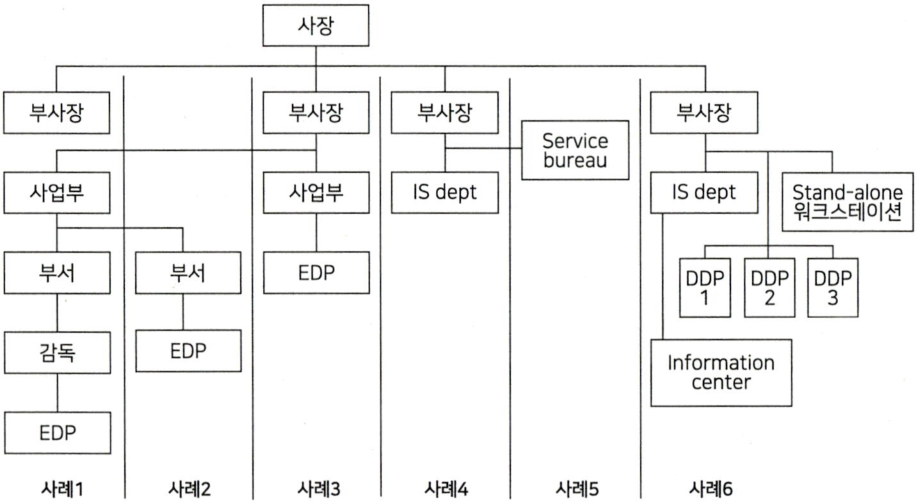

Key :
EDP Electronic data processing
IS dept Information systems department
DDP Distributed data processing

<그림 3-1> IT부서의 위상의 변천

3.2 정보처리의 집중화와 분권화

기업의 정보처리기능을 세분화하면 IS인력관리, 시스템운영, 시스템개발, 데이터베이스, 기획 등으로 구분할 수 있다. 기업의 규모가 커지면서 기업들은 여러 정보처리기능들 중 일부를 집중화하고 일부는 분권화하는 등의 다양한 조직적 옵션을 선택할 수 있었다. 〈그림 3-2〉는 4가지 조직적 대안을 보여주고 있다. 대안 1은 IS 인력관리, 시스템운영, 시스템개발, 데이터베이스, 기획활동 모두를 IT부서가 총괄하는 극단적으로 집중화된 대안이며, 대안 2, 3, 4는 기업의 특성에 맞도록 일부 기능은 집중화, 일부 기능은 분권화하는 혼합적 대안을 보여주고 있다.

대안	IS 인력관리	시스템운영	시스템개발	데이터베이스	기획
1	C	C	C	C	C
2	D	C	C	C	C
3	D	D	C	C	C
4	D	D	D	C	C

C: Centralization(집중화) D: Decentralization(분산화)

<그림 3-2> 정보처리의 집중화와 분권화 대안

1) 정보처리의 중앙집중화

중앙집중화된 정보처리부서는 자신들의 기능을 일반적으로 계획planning, 개발development, 운영operation, 지원support으로 나눈다. 개발부서는 사용자의 필요를 분석하고 애플리케이션을 프로그래밍을 하는 전문가들로 구성되며, 운영부서는 기업의 정보시스템을 운영하는 기술진으로 구성된다. 이외에도 사용자를 지원하거나 DB를 관리하는 지원부서들이 있다. 정보처리기능의 집중화는 컴퓨팅자원들을 모아 공유함으로써 매우 효율적인 장점이 있지만, 현업 사용자의 필요와 시장과 고객의 변화에 신속하게 대응할 수 없는 약점을 가진다.

2) 정보처리의 분권화

정보처리의 분권화란 조직 안에 여러 개의 독립된 데이터처리센터를 운영하는 것을 말한다. 분권화의 효과는 첫째, 분업과 특화의 이론이 적용되어 생산성 향상에 기여할 수 있다. 즉 각 센터는 해당 센터가 가장 잘할 수 있는 처리기능에 집중할 수 있어 효율성을 높일 수 있기 때문이다. 둘째, 권한 위임이 일어나서 원거리에 있는 센터의 IS요원들이 독자적으로 소프트웨어 및 하드웨어를 구입할 수 있고, 운영도 가능하며, 센터가 필요로 하는 프로그램을 신속하게 개발할 수 있다는 이점이 있다. 즉 현업사용자와 외부고객의 필요에 신속하게 대응할 수 있는 강점을 가질 수 있다.

조직적으로 정보처리기능이 분산화가 된다는 것은 기술적으로 데이터를 나누어 분산 저장이 필요하다는 것을 의미하며 동시에 분산처리한 결과를 통합하거나 서로 공유하는 데 필요한 분산 네트워크가 필요하다는 것을 의미한다. 〈그림 3-3〉은 4가지 분산처리 네트워크 형태를 보여주고 있다.

- 스타star형

  〈그림 3-3〉을 보면 스타형은 전체 네트워크를 하나로 묶어주는 중앙시스템이 존재한다. 중앙컴퓨터는 네트워크로 연결되어 있는 모든 컴퓨팅 자원을 통제하는 역할을 하지만 때로 이 중앙컴퓨터가 해킹이나 재해로 인해 다운되면 전체 시스템이 중단되는 단점이 있다.

- 링ring형

  링형은 스타형의 단점을 극복하기 위해 설계된 것이다(〈그림 3-3〉참조). 즉 한 링크네트워크나 노드node. 컴퓨터 서버에서 문제가 생기더라도 다른 대안 링크나 노드가 있으므로 이를 활용하면 네트워크 전체의 다운을 피할 수 있다. 아울러 특정 노드에 문제가 발생하면 다른 프로세싱 기기로 옮겨 처리할 수 있다. 링형은 수평적 네트워크의 일종이다. 네트워크로 연결되어 있는 모든 기기node들이 비록 제조사는 다르다 할지라도 그 역할은 동등하다. 이러한 개방형, 수평적 네트워크 환경에서는 업체가 다양한 기종들의 기기들을 구입하더라도 쉽게 네트워크에 연결할 수 있다.

  오늘날 월드와이드웹WWW 기반의 인터넷은 이러한 개방형, 수평적 네트워크의 대표적인 예이다. 〈그림 3-3〉의 C와 D처럼 인터넷은 수많은 스타형과 링형의 네트워크들이 거미줄처럼 연결되어 있어 특정 컴퓨터가 다운되거나 특정 링크네트워크가 끊어지더라도 우회할 수 있는 다른 컴퓨터와 링크가 있으므로 전체 네트워크의 작동에는 문제가 없다.

- 계층적 분산시스템hierarchical distribution

  많은 기업들이 초창기에는 정보처리기능을 계층적으로 분산하여 운영한다. 즉 강력한 중앙컴퓨터가 위에 있고 그 밑에 하위기종들이 연결되어 있어 중앙컴퓨터의 처리기능을 보완하는 방식이다. 이는 기업이 성장하면서 현재의 시스템의 용량을 확장하다보면 자연스럽게 이루어지는 스타형 분산방식이다. 계층적 분산시스템의 경우, 단일 업체가 공급하는 기계로 구성되는 경우가 많기 때문에 특정업체의 횡포에 얽매이기 쉽다. 즉 특정업체의 하드웨어, 소프트웨어운영체제, 응용소프트웨어 등를 구입하지 않으면 기계들 간의 호환성이 문제가 되기 때문이다. 개방형 아키텍처 덕분에 오늘날 기업들은 이런 문제로부터 상당히 자유롭다.

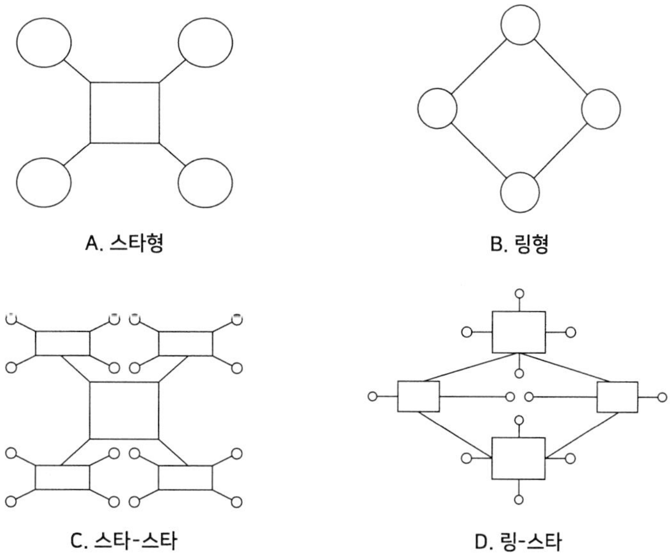

<그림 3-3> 분산처리 네트워크의 유형

3) 데이터의 분산관리 방법

분산처리를 할 경우, 데이터를 어떻게 분산하여 관리할 것인지를 고려하여야 한다. 분산관리하는 방법은 크게 다음과 같이 3가지로 나뉠 수 있다.

- 중앙집중Centralized방식

  첫째 방식은 모든 데이터를 한곳에 집중시켜 관리하는 방법이다. 물론 원거리에 있는 컴퓨터가 자료가 필요하다면 중앙에 저장되어 있는 자료를 통신으로 주고받아야 한다. 최근 데이터 통신비용이 많이 하락하였다 하더라도 여전히 통신비용이 발생하는 것을 피할 수 없다. 중앙집중방식은 통상 자주 사용하지 않는 마스터 또는 백업 데이터를 저장할 때 자주 사용하는 방법이다.

- 분할분산Segmented distributed방식

분할분산 방식은 어떤 특징을 기준으로 DB를 나누어 분산하여 저장하는 것을 말한다. DB를 나누는 기준은 지리적 위치 등이 될 수 있다. 예를 들면, 대부분 지방 은행들은 수도권에 지점을 두고 있는데 수도권에서 자주 사용하지 않는 지방의 고객DB를 굳이 수도에 분할하여 저장할 필요는 없을 것이다. 전국에 지점을 가지고 있는 시중은행들도 고객DB를 지역별로 분할해서 분산 저장하는 것이 거래처리의 효율성 측면에서 유리할 것이다. 이 방법의 문제는 어느 곳에도 복제된 DB를 두지 않기 때문에 재해나 해커의 침범으로 특정 DB가 훼손되었을 때 이를 신속하게 복구할 수 없다는 단점이 있다.

- 복제분할분산Replicated distributed방식

복제분할분산은 분할분산의 단점을 보완하기 위해 중앙컴퓨터에 모든 DB를 복제해두고 지역에는 분할한 복제 DB를 저장하는 방식을 말한다. 복제분할분산은 유사시에 백업이 있어 DB를 신속하게 복구할 수 있다는 점에서 안전성이 높으며, 해당 지역의 특수한 정보처리에 더 적합하며, DB의 유지보수와 업데이트가 더 용이하다는 이점이 있으나 많은 양의 데이터를 이중으로 저장을 해야 하기 때문에 저장비용이 많이 든다는 단점이 있다. 최근 저장매체의 단가가 계속 하락하고 있는 추세를 볼 때 복제분할분산방식은 더욱더 각광을 받게 될 것이다.

3.3 분산시스템의 이점과 단점

분산시스템은 데이터처리를 여러 곳에서 수행하기 때문에 전체적인 시스템의 신뢰도가 향상된다는 장점을 가진다. 즉 특정 지역의 데이터센터가 가동이 어렵더라도 처리기능을 다른 데이터센터로 이관하여 서비스를 중단 없이 제공할 수 있기 때문이다. 아울러 중앙에 집중화된 시스템의 경우, 새로운 시스템을 추가하려면 일시적인 전체 시스템의 중단

을 피할 수 없다. 그러나 정보시스템들이 분산되어 있을 경우 서비스의 중단 없이 분산시스템을 계속 확장해 나갈 수 있다는 이점이 있다.

아울러 데이터를 주고받거나 중앙컴퓨터에 있는 소프트웨어를 활용하기 위해 중앙컴퓨터와 통신할 필요성이 줄어들어 통신비용을 절약할 수 있으며, 여러 부서에 흩어져 있는 IT자원을 공유할 수 있다는 이점이 있다.

반면 분산시스템의 단점은 흩어져 있는 다수의 하드웨어, 소프트웨어 그리고 분할된 DB를 계획하고 조정하는 일이 많이 요구된다. 정보의 흐름과 배분에 더 많은 신경을 써야 할 뿐만 아니라 자료의 저장과 검색을 효율적으로 할 수 있어야 하며, 정보의 대한 보안과 정확성 유지가 더욱 중요해진다. 따라서 정보데이터의 포맷과 인터페이스에 대한 표준 그리고 조직 전체에 적용할 수 있는 인프라의 표준화와 아키텍처의 개발이 더욱 중요해진다.

분산화와 집중화의 선택

정보처리기능의 분산화와 집중화는 각각이 장단점을 가지므로 기업의 환경과 현업부서의 요구에 적합하도록 취사선택해야 한다. 즉 정보처리기능의 분산화와 집중화 문제는 모든 조직에 일괄적으로 적용할 수 있는 규칙이 있는 것은 아니다. 일반적으로 지(분)점이나 공장이 지리적으로 흩어져 있는 기업, 다국적 기업, 프로젝트를 기반으로 하는 기업(예. 건설회사, 컨설팅기업) 등은 분산시스템이 더 잘 맞을 것이다.

선택이 어려울 경우, 〈그림 3-4〉와 같은 그리드분석grid analysis이 도움을 줄 수 있다. 다음의 가상적인 회사는 A, B, C, D라는 4개의 분산된 지점이 있으며, 각 지점은 처리해야할 정보업무가 1, 2, 3이 있으며, 각 업무를 처리하는 데 필요한 데이터가 1, 2, 3이 있다. 정보처리업무 1은 4곳의 지점이 모두 수행하는 것이어서 집중화할 필요가 높은 반면에 정보처리업무 2는 A지점만이 수행하고 있어 분산해야 할 업무로 분류할 수 있다. 한편 필요 데이터 2는 모든 지점이 필요로 하는 정보여서 집중해서 관리해야 할 것이나 필요 데이터 1 또는 3은 분산해서 관리할 대상으로 볼 수 있다.

필요 사항 \ 정보처리 지점	A	B	C	D
정보 처리 업무 1	○	○	○	○
정보 처리 업무 2	○			
정보 처리 업무 3		○	○	
필요 데이터 1	○			
필요 데이터 2	○	○	○	○
필요 데이터 3			○	○

<그림 3-4> 그리드분석

3.4 최종 사용자 컴퓨팅(end-user computing)

2장에서 논의하였듯이 정보처리에 대한 사용자의 기술적 숙련도와 지식이 늘어남에 따라 비IT(현업)부서의 최종 사용자가 정보처리의 상당 부분을 담당하는 추세는 계속 늘고 있다.

그러나 IT부서는 이 EUC가 안고 있는 위험을 간과해서는 안 되며 적절하게 관리할 필요가 있다. 첫째, 사용자의 니즈needs 분석에 따른 문제점으로써 사용자가 문제에 대한 충분한 규명 없이 잘못된 문제해결을 위한 시스템을 개발할 수 있다. 즉 시스템 개발에 대한 전문적인 교육과 훈련을 받지 않는 사람은 문제의 모델링 에러를 범할 가능성이 높기 때문이다. 둘째, 각 부서들이 필요한 애플리케이션을 중복으로 개발함으로써 시간과 자원이 낭비될 수 있다. 아울러 잘 훈련되지 않은 사람이 애플리케이션을 개발하다 보면 주 업무에 투입해야 할 중요한 시간을 낭비하는 일도 있을 수 있다. 셋째, 최종 사용자는 하드웨어 및 소프트웨어의 특성숨겨진 비용, 호환성 등을 제대로 이해하지 못해 주어진 하드웨어를 최대한 활용하는 최적화된 소프트웨어를 만들지 못함으로써 귀중한 전산자원을 낭비할 수도 있다. 마지막으로 데이터에 대한 보안과 프라이버시의 침해 위험이 높아질 수 있다. 최근 심심찮게 터져 나와 사회적인 물의를 일으킨 기업의 개인정보유출사건은 이러한 EUC의 잠재된 위험성이 표면화된 사건이라 할 수 있다. 이러한 위험들을 방지할 통제 방안들은 다음과 같다.

- 예방적preventive 방안

  예방적 방안으로는 일어날 위험의 가능성을 최소화할 수 있는 정책, 절차, 결재구조 등을 개발하여 시행하는 것이다. 예를 들어 하드웨어를 구입하려면 비용/효익 분석을 반드시 하도록 요구하거나, 고객정보와 같이 민감한 데이터를 취급하는 직원에게는 교육을 의무화한다거나, 데이터에 대한 접근, 공유, 저장에 대한 규정과 권한을 정하여 실행하는 방안들이 있을 수 있다. 예방을 통해 보안문제가 발생하는 것을 최소화하는 것이므로 가장 중요한 방안일 수 있다.

- 감지적detective 방안

  감지적 방안이란 기업의 정보시스템이나 데이터가 비정상적으로 활용되는 경우가 없는지, 해커가 불법적으로 시스템에 침입한 흔적은 없는지를 매일 주기적으로 감시하는 방법을 말한다. 예를 들면, 로그파일을 수시로 분석하거나 시스템의 사용성과를 평가하는 일이다.

- 교정적corrective 방안

  허가받지 않은 사람이 정보시스템이나 민감한 데이터에 접근할 수 없도록 시스템의 패스워드를 주기적 변경하거나 생체인증시스템(지문, 홍채, 얼굴 등)을 시스템에 부착하는 방법이 여기에 해당된다. 금융기관이 인터넷뱅킹 고객의 보안레벨에 따라 이체금액의 한도를 차등화하는 이유도 여기에 있다.

위의 3가지 방안 모두가 필요하므로 기업은 이것들을 적절하게 잘 조합하여 종합적인 보안정책을 수립해야 한다. 정보 및 시스템 보안에 대한 내용은 4장 정보시스템의 운영에서 더 깊이 다룰 것이다.

정보센터Information Center Services

정보처리에 있어 최종사용자의 역할이 증가됨에 따라 이들을 기술적으로 지원하는 정보센터의 역할이 중요해지고 있다. 사용자서비스센터, 비즈니스시스템지원센터, 헬프데스크 등 다양한 이름으로 지칭은 되지만 이들은 한결같이 정보센터와 비슷한 기능을 수행하는 조직이라 보면 된다. 정보센터는 최종사용자가 IT/IS를 활용하는 데 필요한 각종 지원을 제공하는 공식적 조직이다. 즉 정보기술과 사용자 사이에 놓여 있는 갭을 줄여주는 역할을 수행하는 것이다. 시스템의 사용에 필요한 교육과 훈련, 하드웨어와 소프트웨어의 조달과 공급 등을 포함한다. 정보센터가 제공하는 서비스의 유형은 다음과 같다.

- 문제해결지원

  전화나 인터넷 접속을 통하여 IT/IS사용에 발생하는 문제를 신속하게 해결한다. 예를 들어 인터넷 접속이 안 되거나 결제창에 필요한 정보에 링크가 되지 않을 경우 원격으로 간단하게 문제를 해결해 줄 수 있다.
- 컨설팅

  최종사용자가 IT/IS를 활용하는 방법과 이를 활용하여 업무개선을 하는 방법 등을 자문하고, 사용자가 제안한 애플리케이션을 평가하고 하드웨어 및 소프트웨어의 선정을 자문해 준다.
- 훈련 및 교육

  훈련은 컴퓨터나 온라인강좌를 이용하여 배우는 자발적 훈련e-learning, 교육자에 의한 교실교육 등으로 구성된다. 개인을 위한 훈련서비스도 제공한다. 특히 신입사원들에게 IT/IS에 관한 교육은 회사 업무에 적응하는 데 필수적인 과정이다. 대학의 도서관은 매년 신입생이나 신입교수를 대상으로 도서관 시스템의 활용에 필요한 교육을 실시한다.
- 기술지원

  문제가 지나치게 크거나 복잡할 경우 기술적 노하우를 가진 전문가를 투입한다. 특히 불법적인 해킹이나 랜섬웨어[1]로 인해 사용자의 데이터가 유실되었거나 시스템을 사용할 수 없을 때 전문가를 투입하여 문제를 해결해 주어야 한다.
- 제품(주로 소프트웨어)지원

  각종 소프트웨어(운영체제, 사무자동화 패키지, 보안S/W, 통계분석도구 등)를 구비하여 설치와 활용을 지원한다.

---

1) 컴퓨터를 악성코드로 감염시켜 시스템 접근을 제한하고 일종의 몸값을 요구하는 악의적 해킹방식

- 하드웨어 구매 지원

  서버, PC, 모바일 기기, 유무선 네트워크 장비, 프린터, 각종 저장매체 및 디스플레이를 구매할 때 기술적 지원을 제공한다. 클라우드 서비스 지원도 포함된다.

- 인력지원

  때로 현업부서가 정보 처리를 할 때 인력이 모자랄 경우가 있는데 이때 인력을 공급해 준다.

- IT/IS 자원의 계획과 타당성 조사

  최종사용자의 IT/IS자원에 대한 수요량과 내용을 파악하고 이에 대한 구체적 자원의 획득계획을 수립한다.

- 신규 서비스 평가

  현업 사용자들에게 보다 나은 서비스를 제공하기 위해서는 사용자의 니즈를 끊임없이 찾아 평가할 필요가 있다. 새로운 IT가 출시되면 이러한 신기술이 사용자들에게 필요한지, 그들의 업무생산성을 높이는 일에 기여할 수 있을지를 부단히 평가한 후 도입 여부를 결정하고 계획해야 한다.

2장에서 설명하였듯이 최종사용자의 IT/IS 활용역량이 증가함에 따라 정보센터의 기능은 변할 수밖에 없다. 특히 IT부서는 'IT/IS 자원의 계획과 타당성 조사', '신규 서비스 평가' 등의 기능은 더욱 강화해야겠지만, '컨설팅', '훈련 및 교육', '기술지원', '제품지원' 등은 이러한 분야의 외부 전문외부업체의 서비스를 구매하는 것도 좋은 대안이 될 것이다.

3.5 현업사용자(책임자)와 IT부서의 관계

경험적으로 IT부서가 아닌 현업부서의 매니저들은 비록 자신의 전문적인 비즈니스 영역에서 다소 벗어난다 하더라도 다른 부서의 문제와 결정에 참여하는 것에 큰 어려움을 겪지 않는다. 예를 들어, 생산관리자에게 마케팅 문제에 대해 의견을 구했을 때 핵심적인 이슈와 문제해결방법에 대해 상당히 구체적인 의견을 제시할 수 있다. 즉 대부분 현업부서의 책임자(관리자)들은 공식적, 비공식적으로 상호의견을 나누는 데 큰 어려움이 없는데 유일한 예외가 IT분야이다. 경영자들이 상대적으로 IT/IS에 대해 의견을 나누는 데 인색했던 것은 동료들 사이에서 IT/IS에 대해 잘 모른다고 하더라도 크게 체면이 손상되지 않는 조직문화에 기인했는지 모른다. 즉 IT는 CIO를 비롯한 IT엔지니어들만이 알아야 하는 전문적인 분야로 생각한 반면, 마케팅이나 재무를 잘 모른다고 했다가 동료들로부터 받을 비웃음은 훨씬 크다고 생각하는 경향이 있기 때문이었다.

이러한 편견과 조직문화는 IT/IS가 조직에서 수행하는 역할에 큰 영향을 미쳤다. 수년 동안 IT/IS는 비용만 유발하는 지원부서로 취급받아 왔고, 따라서 중요한 경영의사결정에서 IT/IS가 고려된 가치는 매우 저평가되었다. 오늘날 경쟁적 환경에서 기업이 이러한 문화를 지속한다면 기업의 경쟁력에 매우 부정적인 영향을 미칠 것이 자명하다. 이에 IT/IS 관련 의사결정을 할 때 현업부서의 책임자와 IT부서의 책임자가 함께 머리를 맞대어야 하는 이유는 다음과 같다.

- IT/IS는 기업의 핵심자원으로 관리되어야 한다.
- IT/IS는 사람들이 함께 일하는 방법과 프로세스를 바꾼다.
- IT/IS는 비즈니스의 모든 부분과 연결된다.
- IT/IS는 사업적 기회와 새로운 전략을 가능하게 하기도, 방해하기도 한다.
- IT/IS는 경쟁업체의 도전을 막기 위해 적절하게 활용될 수 있다.

결론적으로 현업(최종)사용자(책임자)와 IT부서와 요원 그리고 CIO는 매우 긴밀하게 소통을 하는 일이 중요하다.

1) 최종사용자와의 정보처리요원의 관계개선

대부분의 현업 사용자들은 IT요원분석가, 프로그래머 등에 대해 부정적인 시각들을 가지고 있다. 사용자들이 IT요원에 대한 부정적인 인식은 다음과 같은 이유에 근거한다.

- 현재의 업무 프로세스를 너무 지나치게 바꾸려고만 한다. 현재 프로세스가 정립된 이유가 나름 있음에도 이것을 이해하려 하지 않는다.
- 이론만 알고 비즈니스 상식과 현업 실무를 잘 모른다. 문제를 해결할 때 너무 기술적으로만 접근하려 들며, 현업 실무자들의 고충을 경시하는 경향이 있다.

- 보고서 등을 만들 때 독자를 배려하지 않고 지나치게 기술적으로 접근하며, 고객의 불편과 요구에 잘 대응하지 못하며, 사용자의 필요에 무감각한 경향이 있다.

그렇다면 IT요원은 사용자에 대해 불만이 없겠는가? IT요원이 사용자에 대해 가지고 있는 부정적인 인식은 다음과 같다.

- 사용자는 자신이 필요한 것이 무엇인지 분명하게 설명하지를 못한다. 때로 설명이 너무 추상적이어서 이것을 실제 시스템으로 구현하는 데 어려움이 있다.
- 개발과정에 사용자가 참여할 경우, 시간이 변함에 따라 사용자는 자신의 요구사항을 자주 바꿔 개발자를 더욱 혼란스럽게 만들며 자원의 낭비를 조장한다.

사용자와 IT요원 사이에 존재하는 이러한 근원적인 갈등을 해소하기 위한 방안으로 다음과 같은 것들을 들 수 있다.

- 각종 교육프로그램의 개발과 실시

  사용자에게는 첨단 IT/IS에 관한 교육을 실시하는 한편, IT요원에게는 사용자가 참여하는 경영과 비즈니스, 시장과 고객을 이해할 수 있도록 돕는 기회를 가짐으로써 서로가 가지고 있는 관점의 차이를 줄여 나간다.
- 신규 시스템을 개발하는 동안에 갈등을 줄이는 방법

  개발과정에 사용자가 적극 참여하여 단계마다 작업결과를 검토하도록 하고 결과물에 대해 결재한 후 다음 단계의 프로젝트를 진행하도록 한다.
- 시스템개발 후 운영과 유지보수를 할 때 발생하는 갈등을 줄이는 방법

  개발과정에 참여한 사람이 반드시 운영과 유지보수하는 팀에 참여시킨다. 이를 위해서는 해당 시스템의 미래 사용자가 개발과정에 적극 참여하는 것을 추천한다.

2) 경영자(비IT)와 IT전문가와의 관계개선

경영자와 IT전문가들은 그들의 업무적, 교육적 배경이 많이 달라 업무를 수행할 때 많은 갈등의 원인이 되고 있다. 이러한 차이점은 다음과 같이 요약될 수 있다.

- 경영자는 일반적으로 비즈니스(경영) 배경을 가진 반면, IT전문가는 기술적 배경을 가지고 있다. 그들의 받았던 교육과정, 걸었던 경력이 이러한 차이를 만든다.
- 경영자는 안정을 추구하는 반면에 IT전문가는 계속적으로 변화를 추구한다. 한편 정 반대가 되는 경우도 흔히 있는데, 특히 정보부서가 사내에서 지원적 역할을 수행하는 기업의 경우, 경영자는 IT를 이용하여 경영혁신을 주도하고 생산성의 향상을 기대하지만 정보부서는 이에 소극적인 경우가 있다. 특히 빅데이터 시대에 경영자는 데이터 분석을 통해 더 많은 경영적 통찰력을 갖기를 희망하지만 IT전문가는 예산 및 인력의 부족을 이유로 이에 적극적으로 부응하지 못하는 경우가 발생한다.
- 정보를 공유하고 배포하는 일에 있어서 경영자는 소극적인 반면에 IT전문가는 더욱 적극적인 경우가 많다.
- IT전문가는 경영자가 IT전문가를 중요한 의사결정에서 배제한다는 피해의식을 갖고 있다. 실제로 IT전문가가 기업의 중요한 전략적 의사결정에 배제될 경우 사업의 위험도가 증가될 수 있다. 특히 영주적 거버넌스가 그런 위험이 높다.
- IT전문가는 자신의 업적을 평가할 때 지나치게 비용절감이나 생산성 향상과 같은 정량적 잣대만을 앞세운다는 불만을 갖고 있다. 실제로 새로운 시스템을 도입함으로써 개선되는 고객만족, 서비스속도 등은 도외시되는 경우가 많다.

이러한 갈등을 해소하기 위해서는 갈등의 원인을 먼저 찾아 뿌리를 뽑아야 한다. 먼저 다양한 교육 프로그램을 통하여 두 집단의 갈등을 해소할 수 있다. 경영자를 위해서는 IT/IS교육을 강화하여 이들이 기업 정보화의 필요성과 정보시스템에 대한 이해를 높이는 한편, IT/IS요원을 대상으로는 비즈니스의 이해를 돕는 프로그램을 제공함으로써 경영자의 관점과 고충을 터득할 수 있는 기회를 제공한다. 이러한 교육 프로그램을 통해서 두 집단이 서로의 전문용어를 이해할 수 있게 될 때 두 집단 간의 갈등은 최소화될 수 있을 것이다.

[사례] MeadWestvaco Corporation(현 WestRock)

이 사례는 기업이 성장하면서 정보시스템부서가 진화하는 과정을 상세히 설명하고 있다. 기업은 경영환경의 변화를 겪을 때마다 경영전략을 수정하며 이에 따라 시스템 전략과 운영조직도 수정할 수밖에 없다. 이 사례는 각종 내·외부 환경과 기술 환경의 변화에 따라 한 대기업이 자신의 IT/IS조직 및 전략을 어떻게 변화시켜 왔는지를 잘 보여주고 있다.

MeadWestvaco Corporation이란?

미국 버지니아주 리치몬드에 본사를 두고 있는 미드사Mead Corp. 초기 명칭는 미국과 유럽 등지에 320개가 넘는 공장, 디자인센터, 연구소, 영업지점을 가지고 있으며 종이와 나무 관련 포장제품을 주로 생산하는 매출 60억 불(2011년 기준), 23,000명의 직원을 거느린 글로벌 대기업이다. 2002년에 미드사는 웨스트바코사와 합병되면서 명칭을 미드웨스트바코사로 변경하였으며, 이후 2015년에 RockTenn사와 합병하면서 상호를 WestRock으로 바꾸었다. 법적인 상호는 여전히 MeadWestvaco이며"MWV"라는 브랜드를 사용하고 있다. 2019년 기준으로 사업분야는 포장자동화기계, 박스포장재료, 접이식포장, 디스플레이 설계 및 제조, 펄프, 파티션 포장지, 재활용 등이다. 독자의 편의를 위해서 여기서는 '미드(사)'를 계속 사용할 것이다.

정보처리의 분산화 - 1960년대와 1970년대

1960년대 미드사의 정보시스템 부서는 모든 부서에 데이터 처리 서비스를 제공하는 중앙집중화된 조직이었다. 1967년에 이르러, 정보시스템 부서의 예산이 너무 커지자 부서장은 기능의 일부를 각 부서에 분할해 주기로 결정했다. 각 부서가 원한다면 자체적인 데이터 처리 센터와 운영기술진을 둘 수 있었고, 또는 정보시스템 부서로부터 데이터 처리 서비스를 계속해서 구매할 수도 있었다. 다수의 부서들이 자체 정보시스템을 설치했지만, 전사적 차원의 애플리케이션은 모든 사업부서가 중앙의 정보시스템부서의 서비스를 계속 이용하고 있었다.

1970년대 후반, 회사의 정보 서비스 부서는 〈그림 3-5〉에서와 같은 6개의 그룹으로 구성되었다. 정보 서비스 부서장은 운영 서비스 담당 부사장에게 보고하게 되어 있었다. 정보 시스템 부서장 밑에 있던 6개의 그룹들은 다음과 같았다.

* 컴퓨터 운영 - 데이터센터에 대한 관리 책임을 진다.
* 텔레커뮤니케이션 - 원격 통신 네트워크의 설계와 표준 제정에 대한 책임을 맡는다.
* 기술 서비스 - 시스템 소프트웨어를 제공하고 유지 관리하는 책임을 진다.
* 개발 시스템 - 전통적인 시스템 개발의 책임을 맡는다.
* 운영 시스템 - 일단 운영에 들어간 후의 시스템 유지보수를 책임진다.
* OR오퍼레이션 리서치 - 경영과학분석을 수행한다.

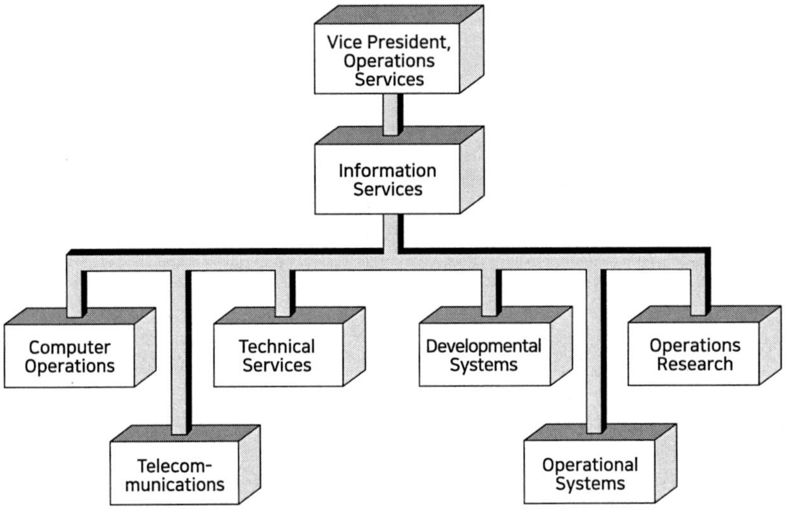

<그림 3-5> 1980년 이전 정보서비스부서 조직도

1980년대 - 최종사용자에게 초점

1980년, 경영진은 정보시스템부서의 조직구조가 급속하게 성장하고 있는 최종 사용자 집단의 요구에 적극 부응하지 못하고 있음을 깨달았다. 뿐만 아니

라, 전자 기반 디지털 조직을 만들기 위해서 미드사는 전사적인 네트워크가 필요했다. 따라서 정보시스템 부서를 〈그림 3-6〉과 같이 재조직하여 정보자원 부사장이 이전의 구조에서처럼 운영 담당 부사장을 경유하는 대신 직접 사장에게 보고할 수 있게 하였다. 이러한 변화는 정보자원의 중요성을 한 층 더 일깨워 주었다. 회사의 정보자원그룹은 회사 전체를 위해 하드웨어, 소프트웨어, 그리고 통신 표준을 제정할 책임을 갖고, 데이터센터를 운영하고, 네트워크를 운영하였다. 모든 부서들이 그 네트워크를 이용하여 데이터센터를 이용했고 회사가 정한 표준을 따랐다. 몇몇 부서에서는 자체 소유의 소형 분산시스템도 함께 운영했지만 전사적 네트워크에는 연결되어 있었다. 새로운 그룹 속의 재조정된 3개 부서는 다음과 같았다.

- **의사결정지원 애플리케이션DSA 부서**

이 부서는 정보서비스 부서가 최종사용자 시스템을 위해 기술적 지원을 하는 동안 회사를 위한 모든 최종사용자 컴퓨팅 업무를 지원했다. 그들은 미드의 종업원들에게 최종사용자 컴퓨팅 서비스를 제공하고 훈련을 제공함으로써 마케팅의 역량을 키워주었고, 최종사용자 시스템을 위한 기술석 지원을 제공하였다.

1980년 재조직 당시, DSA는 사용자도 솔루션(제품)도 별로 가진 것이 없었으며, 여러 장소가 공유하는 공동의 애플리케이션도 없었기에, 단지 OR 담당직원 5명과 사무자동화시스템을 지원하는 2명의 직원이 있었을 뿐이었다. 그러던 것이 1985년에 이르러, 10명의 스텝을 가지게 되었고 미드의 30여 장소에서 일하고 있는 1500여명의 사용자들에게 서비스를 제공할 수 있을 정도로 확장되었다. 이제 DSA는 14개의 제품(솔루션)과 8개의 전사적 애플리케이션을 제공하였다. 상호작용 지원 센타interactive help center는 핫라인 지원을 제공하였고, 새로운 사용자 컴퓨팅 제품을 평가하였다. 사무용 시스템 그룹은 전용 워드프로세서 시스템과 미드가 최종사용자 컴퓨팅에 "게이트웨이"로 사용하고 있는 IBM의 전문 사무용 시스템PROFS을 지원하였다. 각 부서는 사무용 시스템을 자유롭게 선택할 수 있었지만, 대부분이 전사적 상호연결성 확보를 위해 DSA 부서의 추천을 따랐다.

의사결정분석decision analysis그룹은 OR도구를 이용하여 선형 프로그래밍LP 모델과 이러한 정교한 분석 도구를 필요로 하는 사용자들을 위한 시뮬레이션 프로그램을 개발하였다. 그들은 또한 회사 예산수립 지원모델과 그래픽 소프트웨어 시스템과 같은 여러 종류의 전사적 의사결정지원시스템(DSS)을 구축하였다.

재무 모델링 조정financial modeling coordination그룹과 경영자정보시스템EIS은 미드사의 통합 재무관리시스템 책임을 맡고 있었다. 그들은 또 PROFS를 통해 접근되는 경영자정보시스템EIS과 회사 중역들이 사용하고 있는 IBM PC들을 통해서 중역들의 컴퓨터 사용도 지원하고 있었다.

• 정보 서비스 부서

정보서비스 부서는 전사적 텔레커뮤니케이션 지원, 데이터센터 운영, 전사적 시스템 개발, 데이터베이스 운영, 시스템 소프트웨어 지원, EUC를 위한 기술적 지원 등 옛날 정보 서비스 부서가 수행하였던 대부분의 전통적 정보시스템기능을 맡고 있었다.

대부분의 현업 부서들은 이 부서가 만든 지침에 따라서 그들 자체의 애플리케이션을 개발하였다. 사장과 그룹 부사장들로 구성된 정보시스템 운영위원회는 애플리케이션들이 다양한 컴퓨팅 센터 사이에 호환성이 있어야 하고 사내 어느 곳의 단말기에서도 접근 가능해야 한다는 원칙을 수립하였다. 회사의 텔레커뮤니케이션 네트워크는 이러한 상호연결을 가능하게 할 지침을 마련하였다.

• 정보자원 기획 조정 부서

이 부서는 미래의 정보시스템과 기술의 개발을 맡고 있었다. 미드사의 강력한 기획 문화로부터 성장해 나온 것으로써 1970년대의 정보관리조직의 탈집중화는 정보시스템 기획조정 조직의 필요성을 부각시켜 준 셈이다. 이 조직은 비록 규모는 작았지만 두 가지 중요한 역할을 맡고 있었다. 첫째, 그들은 회사의 정보시스템 기획에 필요한 전체적 관점perspective을 가지고 미드사의 정보자원계획들이 사업계획들과 잘 조화되도록 하는 것이었다. 둘째, 이들은 기획조정자의 역할을 통해 다양한 그룹과 부서들이 그들의 계획을 회사 및 정보자원계획들에 맞출 수 있도록 지원하는 것이었다.

1980대 후반의 재조정

1980년 정보관리 조직의 재조정은 정보서비스부서에 속하는 기술적인 활동으로부터 DSA에 속하는 사람(현업사용자, 고객)-지향적인 활동들을 분리시켰다. 그 결과 기술은 보다 효율적으로 관리될 수 있었고, 사용자들과의 관계도 개선되었다. 그러나 이 책임의 분리는 두 가지 문제점을 낳았다. 하나는 전통적인 프로그래머와 시스템 분석가들은 DSA그룹이 새롭고 신나는 개발작업을 독점하고 있다는 불만을 갖게 되었다. 두 번째 눈제는 이들 두 부서를 조정하는 일이었다. 이 두 가지 문제를 해결하기 위해 매트릭스형 조직을 도입하여 정보 서비스와 DSA부서 양측 사람들이 대부분의 프로젝트에 함께 참여하도록 만들었다.

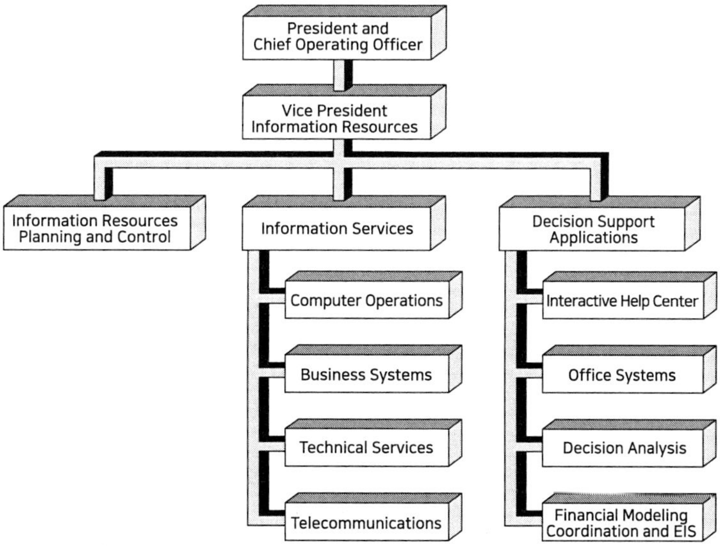

<그림 3-6> 1980년대 정보자원그룹

1980년대 구현된 이 부서 구조는 두 가지 주요 변화를 제외하고는 근본적으로 1980년대의 것을 그대로 지속하였다. 1988년 초, 정보자원담당 부사장은 미드사의 이사회 의장 겸 최고 경영자CEO에게 직접 보고하게 되었다. 두 번째 변화는, 〈그림 3-7〉에서 보이는 것처럼 DSA그룹이 재조직된 것이었다.

사용자들의 요구사항이 보다 까다로워지고 전문화되자, 이 부서는 특정 영역에 전문성을 가진 사람들로 소그룹을 만들었다. 1980년대 말에는, 이들이 서비스센터 지원, 애플리케이션 개발 상담, 현업 전문가 등 세 분야에서 전사적으로 5,000명 이상의 사용자들을 지원하고 있었다.

서비스센터 직원들은 새로운 사용자들에게 정보기술을 지도하고 경험 있는 사용자들에게는 전화 핫라인 지원을 실시하였다. 애플리케이션 개발 상담자들은 사용자들이 보다 정교한 애플리케이션을 개발할 수 있도록 도와주었고, 그동안 문제를 안고 있던 사용자 개발 애플리케이션의 유지 관리를 지도하였다. 그들은 또한 최종사용자시스템이 데이터를 적절하게 이용할 수 있도록 전통적인 애플리케이션을 갱신해 주었다.

현업 전문가들은 각 부서에서 일하면서 자기 부서의 사용자들을 지원했다. 그들은 그들의 부서 상사에게 직접 보고했고 동시에 정보자원 부서에는 간접적으로 보고했다. 최종사용자가 직접 작성한 애플리케이션의 수가 증가하자 그들도 그러한 애플리케이션을 스스로 계속해서 갱신할 수 있도록 사용자들을 도왔다.

이렇게 1980년대를 지나는 동안, 미드사의 최종사용자컴퓨팅의 초점이 새로운 기술의 도입에서 이미 자리 잡은 정보기술을 효율적으로 이용하는 것으로 이동하게 되었다. 80년대가 끝날 무렵, 그들은 IT를 사업운영 방식의 변화를 위한 지렛대로 활용함으로써 정보기술에 대한 투자회수에 총력을 기울이고 있었다.

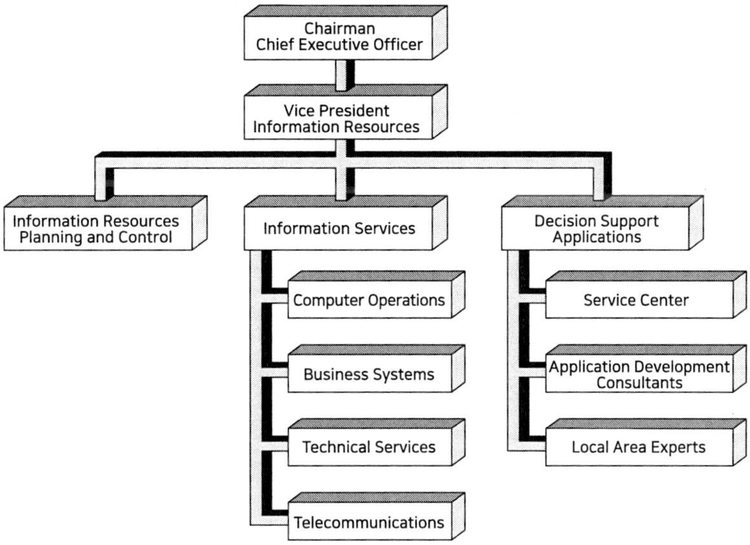

<그림 3-7> 1989년 기업정보자원그룹 조직도

1990년 - IT 기반을 지렛대로

1990년, 정보자원부서는 새로운 전략에 맞추기 위해 한 번 더 재조정을 단행했다. 먼저 그들의 재조직을 살펴본 후 그 다음 변화된 전략을 살펴보기로 하자.

1990년에 이르러 경영진은 최종 사용자 시스템과 대규모 사업 시스템들을 상호 연결하여 사용하는 것이 필요하다는 것을 깨닫게 되었다. 사용자들은 한 곳에서 지원을 받으면 되었지 번거롭게 두 곳에 가야 할 필요는 없었다. 따라서 애플리케이션 개발은 한 그룹에만 두고 그 명칭을 〈그림 3-8〉처럼 "정보서비스"로 변경했다.

1990년은 회사의 전자적 하부구조(인프라)를 강화하는 것이 강조되었다. 이 인프라 가운데 전사적 네트워크가 일반화되었다. 이 네트워크는 1983년에 구축된 이후, 미드사를 공급업자들과 고객들과 연결해주고 있었지만 그 가치는 1980년대 말에 가서야 비로소 인식하게 되었다. 그래서 1990년, 정보자원관리자는 네트워크 서비스라는 새로운 그룹을 만들어 컴퓨터운영과 기술서비스 그리고 텔레커뮤니케이션을 담당하도록 했다.

1990년의 재조직은 새로운 기능을 추가하지는 않았지만, 강조점이 최종사용자컴퓨팅에서 인프라의 구축과 애플리케이션 개발의 통합(작은 것으로부터 큰 시스템으로)으로 옮겨갔다.

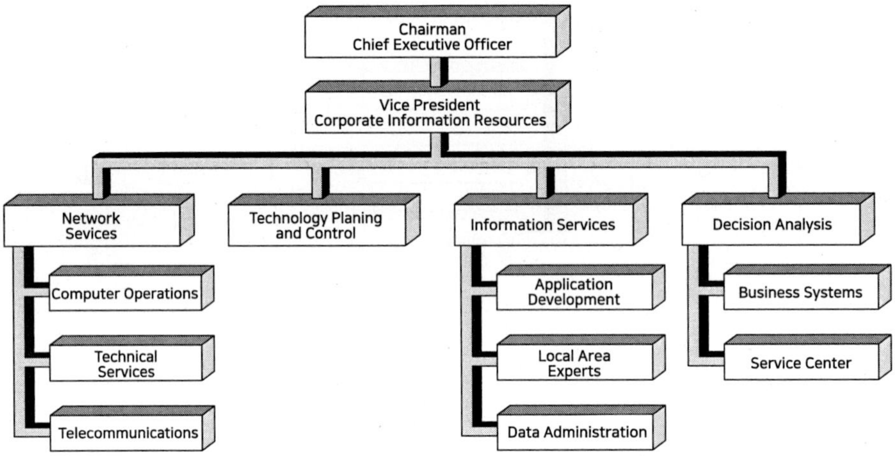

<그림 3-8> 1990년 기업정보자원그룹의 조직도

1990년대 전략

1980년대 초에 미드사는 최초의 정보자원 사업계획을 마련했는데, 그것은 네트워크 구축과 최종 사용자 컴퓨팅을 강조하는 것이었다. 1980년대 말에 이르러 이러한 목표는 달성되었다. 그러나 경영진이 나중에 깨닫게 된 사실은 1980년 계획은 사업계획이 아니라 기술계획에 지나지 않았다는 점이다. 왜냐하면 그 지향 목표가 IT를 통제하는 것에 초점을 맞추었기 때문이었다. 이제 미드사는 진짜 사업계획, 다시 말해서 사업계획을 위해 IT자원을 어떻게 활용할 것인가 하는 문제에 대한 계획을 수립하기로 결정하였다.

〈그림 3-9〉에서 보는 것과 같은 2 × 2 매트릭스를 이용해서, 경영진은 미드사가 지금까지는 단지 오른편 하단에 들어갈 수 있는 시스템들만 구축해왔

다는 사실을 깨닫게 되었다. 그것은 전통적인 제품과 비지니스 프로세스들을 내부적으로 지원하는 시스템에 지나지 않았다. 이제 시스템이 운영에 초점을 두는 대신, 경영진은 강조점을 두 갈래의 방향으로 돌렸다. 즉 (1) 내부적인 회사 운영에 있어서 상당한 구조적 변화를 추구하는 방향(BPR 혁신)으로 그리고 (2) 전통적인 영역에서부터 공급자와 고객들과 보다 효율적인 연계가 이루어지도록 IT를 이용하는 방향(SCM 구축)이었다.

비즈니스 프로세스 리엔지니어링-비즈니스에 있어서 현저하게 내적 업무 수행방식을 재구성하는- 이것은 핵심역할을 수행하는 전사적 네트워크와 함께 주요 전략적 방향이 되었다. IT가 비즈니스 프로세스와 관련된 시간과 공간적 장벽을 제거할 수 있기 때문에 미드사는 IT를 단순히 현재의 프로세스의 속도를 높이기보다는 새로운 프로세스를 설계하기로 결정하였다. 미드의 주요 프로세스들을 다시 생각해 볼 때, 재집중화하고 리엔지니어링이 필요한 부분은 구매부문이었다. 예를 들면, 리엔지니어링 그룹은 240명이나 되는 직원들이 외상매입지불account payable을 취급한다는 것을 알게 되었는데, 이들이 하는 일이란 주로 입고된 상품의 수량과 주문량의 차이를 찾아 아날로그 방식으로 이를 해소하는 것이었다. 구매업무를 리엔지니어링 함으로써 그들은 그런 불필요한 조정활동을 감소시킬 수 있다는 것을 알았다. 그래서 그들은 새로운 구매시스템을 개발하면서 그 기능을 외주하였다아웃소싱. 두 번째 강조점은 현재의 비즈니스 프로세스를 공급자와 소비자에게까지 확장하여 전자적으로 업무를 처리하는 것이었다. 즉 전자적으로 공급망관리Supply Chain Management 시스템을 더욱 확장하는 일이었다.

미드사의 모토moto는 "우리와 함께 일하는 것은 쉽다"였다. 이는 EDI Electronic Data Interchange를 기반으로 기업 간 응용프로그램끼리 거래를 처리할 수 있고, 미드에 연결된 고객(소비자) 사이트의 서버컴퓨터와 자동 전화응답 기능 등을 통해 거래처 및 소비자와 긴밀하게 커뮤니케이션할 수 있는 환경의 구축을 의미한다. 본질적으로 미드사는 기존의 메인프레임에서 이러한 작업을 가능하게 하는 다양한 전방위 애플리케이션을 개발하였던 것이다.

그래서 1980년대의 기본 전략은 IT인프라의 통제는 집중화하고 각 운영

부서의 응용프로그램의 개발과 유지보수 업무는 분산하는 것이었는데, 이는 1990년대에도 계속 유지하게 되었다. IT사용이 변화함에 따라 CIRCorporate Information Resources 전사적 정보자원 관리본부은 1980년대의 EUC, 1990년대의 비즈니스 리엔지니어링과 고객지향 시스템과 같은 분야에 초점을 맞추기 위해 재조직하였다.

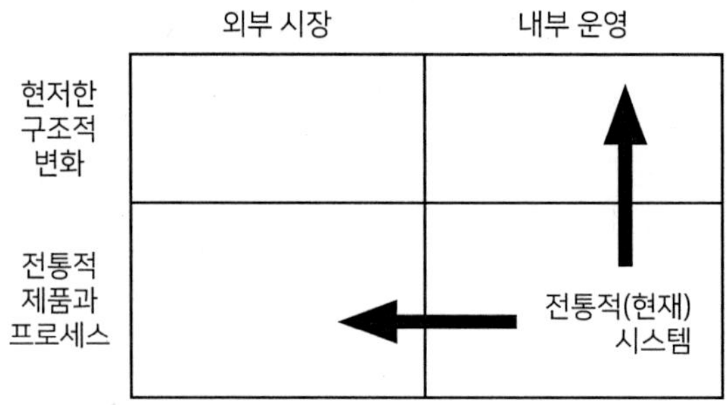

<그림 3-9> 전략적 기회 프레임웍

1990년대-Vision 2000의 실행

1993년에 CIR전사적 정보자원 관리본부은 클라이언트 서버 컴퓨팅을 컴퓨팅에 있어 새로운 패러다임의 전환으로 인식했다. 그래서 미드사의 기존 메인프레임(대형시스템) 기반 구조는 큰 변화를 필요로 했다. 그래서 CIR은 2000년대에 미드사의 컴퓨팅과 커뮤니케이션네트워크가 어떠한 방향으로 가야할지를 보여줄 비전 2000의 개발을 착수하였다.

비전 2000은 메인프레임과 중간형 서버, 데스크톱이라는 3단계 컴퓨팅을 예측했다. 워크스테이션강력한 PC, 데스크톱은 현업 사용자의 인터넷 접속, 데이터 분석, 커뮤니케이션을 위한 세계를 향한 열린 창이 될 것이다. 그것에 맞는 적절한 수준의 인터페이스, 데이터 그리고 애플리케이션이 개발될 것이다. 애플리케이션은 세 가지 유형으로 나뉠 것인데, 이는 전사형corporate, 사업부문형

division, 로컬형이 될 것이며 이들은 미드사 밖의 글로벌 네트워크에 연결될 것이다.

부서들이 자신들의 시스템을 그들의 고객과 비즈니스에 맞추어 가는 한편, CIR전사적 정보자원 관리본부은 전사적 인프라를 제공하고 전사적 애플리케이션을 지원하는 공유서비스에 초점을 맞추어 갈 것이다. 사용자는 어디에서 프로세싱이 발생하는지, 데이터가 어디에 저장되어 있는지, 정보처리 기술이 어떻게 다루어지는지에 대한 걱정을 할 필요가 없으며 오직 CIR만이 이 모든 것을 책임질 것이다. 데이터는 귀중한 자원의 하나로 간주될 것이며, 그것에 대한 접근성은 데이터의 정확도와 보안성의 균형을 고려하여 잘 관리될 것이다. 그리고 사용자가 시스템을 사용할 때 지리적 한계를 과거에 비해 더욱더 탈피하게 될 것이다.

이 비전은 CIR이 유연하고 대응적인 인프라를 제공하는 한편, 사업부문(단위)은 이 인프라와 표준을 준수하는 '요구적 파트너십demanding partnership'을 기반으로 한다. CIR은 비전 2000을 개발하면서 다음과 같은 다섯 가지 가정assumption을 설정했다. 이 가정은 향후 정보시스템 전략과 IT기획을 수립할 때 전제가 되는 것들이다.

1. 메인프레임(대형시스템)은 대량의 거래처리나 강력한 컴퓨팅 파워가 필요할 때에 가장 적합한 플랫폼으로 계속 남을 것이다. 뿐만 아니라 이는 전사적 기업형 서버가 될 수 있으며, 전사적 클라이언트서버 아키텍처의 채택과도 연관된다.
2. 전통적인 데이터에 음성, 이미지, 비디오 등의 통합이 데스크톱과 서버 그리고 모바일 기기에서 이루어질 것이다. 그래서 성능이 우수한 네트워크가 이러한 방대한 데이터의 전송 통로로 필요하게 될 것이다.
3. 비록 기술의 단위비용은 지속적으로 줄어든다할지라도 미드사의 전체적 IT활용은 계속 증대할 것이다.
4. PC(데스크톱 솔루션)의 감추어진 비용은 적어도 가시적인 IT 비용의 상당부분을 차지할 것이다.

5. 기술의 진보는 계속될 것이다. 그래서 빠른 변화에 보조를 맞추면서 한편 요구되는 표준을 준수하는 일 사이에 균형을 이루어야 할 것이다.

21세기의 새 조직

비전 2000을 수행하기 위해 미드사는 아래 두 가지 선택 중 하나를 선택해야 했다. 한 가지는 새 인프라와 시스템을 만들기 위해 기존의 어떤 것들은 폐기해야 하는 일이고, 다른 하나는 새 클라이언트·서버 패러다임을 CIR의 조직구조에 이식하는 것이었다. CIR전사적 정보자원 관리본부은 후자를 선택했고 그래서 CIR은 클라이언트·서버 모델에 맞도록 재조직되었다(〈그림 3-10〉 참조).

핵심은 그림 한 가운데 있는 비전 2000 프로젝트이다. 이 핵심을 CIR조직의 기술층technology layer이 둘러싸고 있는데, 이는 미드사 운영의 기반이 되는 인프라를 제공하는 네 개의 핵심기술이다. 데이터 서비스data services는 데이터와 정보를 제공한다. 서버 기술server technology services은 메인프레임에서 하위 시스템에 이르기까지 네트워크상의 모든 서버를 다룬다. 클라이언트 서비스client services는 데스크톱 워크스테이션PC, 모바일 기기스마트폰, 팩스, 음성전화까지 내·외부 고객이 접하는 모든 기기의 관리를 포함한다. CIR은 미드사와 접하는 내부직원은 물론 모든 사람들을 고객의 범주로 정의한다. 그리고 네트워크 서비스network services는 인터넷과 인트라넷, 게이트웨이, 방화벽은 물론 음성과 데이터 커뮤니케이션, 그리고 인터넷 서비스 제공자들의 모든 것을 하나로 묶는 서비스를 관리한다.

이 네(4) 그룹은 이 사례가 포함하고 있는 전 기간에 걸쳐 미드사의 정보관리를 책임져온 CIR의 부사장, 존 랑겐반에게 보고를 하도록 되어 있다. 이 네 그룹이 추구하는 근본적인 목표는 i) 현재 시스템을 잘 운영하는 것, ii) 비전 2000을 설계하고 구현하는 것이다. 후자는 미드사의 미래시스템(또는 서비스)을 기획하고 예산을 배정하는 일이다. 랑겐반은 메인프레임에서 클라이언트 서버 아키텍처로 이동함에 따라 CIR이 관리해야 할 것들이 수백 가지에서 수천 가지로 늘었다고 보았다.

고객과 가까이 있는 그룹은 그림의 외각에 있는 애플리케이션 그룹들이다. 이 그룹들은 자신들의 역할을 수행할 때 비전 2000과 네 개의 핵심기술이 제공하는 IT인프라에 의존한다. 사업부문지원Division Support는 미드사의 10여 개의 사업부가 개발한 애플리케이션들을 지원한다. 리엔지니어링 지원Reengineering Support은 효율성 증가와 비용감축을 위해 재집중화되었는데 리엔지니어링된 몇 개의 전사적 비즈니스 프로세스와 연결되기 때문이다. 여기에는 고객과 직접적인 관련이 없는 미드사의 재무시스템과 구매시스템을 포함한다. 전사적 도구와 애플리케이션Enterprise Tools and Applications은 일반적인 데스크톱 툴tool. 사무자동화S/W, 분석S/W 등을 모든 미드사 직원에게 제공하고 서비스한다. 이것은 스프레드시트와 이메일, 워드프로세서, 그래픽, 브라우저, EDI 그리고 잘 알려진 최신 소프트웨어뿐 아니라 이를 위한 하드웨어 서비스도 포함한다. 전사직 센터 솔루션Corporate Center Solutions은 응용프로그램의 개발과 전사적 애플리케이션의 유지보수를 담당하였다. 기술 표준화와 기획Technical Standards and Planning은 다른 부서들이 일상적인 운영을 수행할 때 비전 2000을 묶는 표준을 결정하는 일에 전념하는 1인 싱크 탱크이다. 끝으로 윈 아랫부분에 보이는 CIR 행정administration은 계약과 재무를 책임진다.

다른 회사들처럼 미드사도 전통적인 메인프레임 환경에 익숙한 직원을 클라이언트·서버 환경으로 옮길 때 문제에 부딪쳤을 뿐만 아니라 새로운 클라이언트·서버 아키텍처로 전사적 시스템으로 개발할 때 유능한 IT 인재를 구하는데 어려움을 겪었다.

개방형 인터넷은 다른 어떤 기술보다 비전 2000에 많은 영향을 주었다. 예를 들어 이 비전에 의하면 생성되는 엄청나게 많은 양의 데이터를 서버에 저장해야 할 것으로 예견하였다. 그래서 현업 사용자보다 CIR이 이 많은 데이터의 백업을 관리해야 할 것이다. 그러나 인터넷에 수많은 유용한 정보를 공짜로 얻을 수 있는 상황에서 CIR이 모든 공공재 성격의 정보를 설치, 보관, 제공할 필요는 없을 것이다. 예를 들어 CIR은 미국 전화번호부를 CD롬 서버에 설치하려고 계획했으나 인터넷에서 이러한 정보가 제공되었기 때문에 전화번호부에 빠르게 접속할 수 있는 아이콘을 데스크톱에 추가하는 것으로 문제를 해결하였다. 이렇듯이 인터넷은 미드사의 IT비용을 많이 줄여주었다.

클라이언트·서버 컴퓨팅이 전통적인 메인프레임 컴퓨팅과 비교해서 비용이 결코 적지 않은 것으로 판명되고 있다. 미드사는 1993년 당시 PC 대당 연간 9,024달러(하드웨어에 2,517달러 소프트웨어에 6,507달러)를 소요한 것으로 기억한다. 그럼에도 회사는 이미 6,000대의 PC를 갖고 있었고, 이는 이미 새 컴퓨팅환경을 구축하더라도 여전히 들여야 할 비용이 되고 있다. 그리고 소프트웨어 비용을 감소하기 위해 미드는 표준화를 통해 당초 6,507달러의 소프트비용을 3,005달러로 줄일 수 있었다.

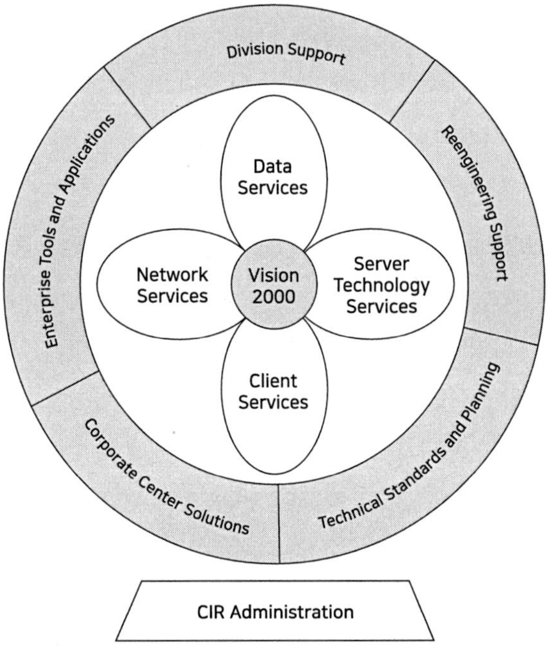

<그림 3-10> 미드사의 CIR의 구조

21세기를 향한 움직임: 재집중화

많은 투자와 노력을 들인 인프라와 표준화된 기술을 적극 활용해야 한다는 생각은 1990년 이후 미드사 정보부서CIR의 일관된 생각이었다. 결과적으로 미드사는 전 조직을 통합 관리하기 위해 10여 개의 사업부문division에 걸쳐 SAP ERP를 구축하였으며 2000년 후반에 이르러 눈에 띄는 긍정적인 결과를 얻을 수 있었다.

2000년 초반 미드사는 회사 전체를 통합 관리하는 데 필요한 SAP이라는 단일시스템을 구축한다는 비전을 가지고 있었지만 실제로 이 비전을 성취하기가 쉽지 않았다. 1999년부터 매년 한 사업부문씩 ERP를 차례로 도입하였으며 이를 위해 2003년까지 1억 2천만 달러를 투자하였다. 이에 따라 IT부서는 점차적으로 정보자원관리를 분산관리에서 현저한 중앙집중 관리체제로 이동하였다.

통합시스템 ERP의 구축

1990년 초반 미드사는 업계에서 가장 많이 도입되고 있었던 SAP ERP를 검토하였으나 자신의 산림산업forest industry에는 적합하지 않은 것으로 판단하였다. 그 후 1995년에 SAP ERP를 다시 검토하였는데 소프트웨어가 많이 업그레이드되기는 하였지만 해당 패키지가 미드사가 필요로 하는 전사적 표준화를 아직 갖추지 못하고 있다는 판단하에 도입을 다시 미루었다.

하지만 1997년에 이르러 경영진은 더 이상 미룰 수가 없었다. 대기업들은 점차적으로 정보서비스를 공유하는 비전을 가지게 되었으며, 각 사업부문division에서 최고의 정보처리기능function들을 별도로 떼어내 집중화시킨 후 공유하는 방향으로 가고 있었다. 이는 「클라우드」라는 새로운 정보서비스 아키텍처가 출현한 것과 맞물려 있다. 특히 물류, 구매, 재무, 정보서비스 등이 집중화 되고 다수의 사업부문들은 이를 공유하는 체계shared service로 가고 있었다. 그렇지만 각 사업부들은 공유서비스를 이용하면서도 고객응대 업무만은 독자적으로 다루어야 하는 비효율이 발생하자 결국 일부 사업부들은 속속 ERP를 도입하기 시작하였다. 전반적인 상황이 연쇄적으로 악화되자 경영진은 결국 고객을 만족시킬 것인가 아니면 공유서비스를 더 추구해 갈 것인가를 결정해야 했다. 경영진은 고객의 만족도 극대화시키고 공유서비스를 적극 활용하기 위해서는 모든 사업부문들이 동일한 ERP시스템을 쓰는 것이 최선의 방법임을 확인하였다.

미드사는 1998년 한 해 전사적 시스템의 구조를 설계하였으며, 1999년에 이르러 한 사업부서를 시작으로 ERP를 도입하기 시작하였다. 1990년대에 구매업무 외상매입금정산account payable을 리엔지니어링하면서 변화를 위해서는 경영적 리더십이 매우 중요하다는 것을 알고 있었기 때문에 SAP ERP를 도입할 때는 IT가 아닌 사업부문 중역이 프로젝트 리더를 맡도록 하였다. 100여 명의 프로젝트 팀원 중에 70명이 현업부서에서 차출되었으며 30명 정도만이 CIR전자적 정보자원본부로부터 차출하였다. 아울러 80명의 IBM 컨설턴트들도 프로젝트에 참여하였다. IBM사는 이전에 Monsanto사가 ERP를 도입할 때 도왔으며 IBM/Monsanto Solution Center를 만든 바가 있어 미드사는 IBM사를 파트너로 선정하였다. 미드사는 Monsanto사의 사업설계의 80%를 그대로 모방할 수 있어 개발을 신속하게 진행할 수 있었다. ERP 도입 프로젝트는 방대하고 비용이 많이 들며 실패하는 경우도 많았다. 그러나 미드사는 다른 기업의 경험을 적극 활용함으로써 이러한 실패를 피해갈 수 있었다.

미드사는 인사관리모듈만 제외하고 SAP의 모든 모듈을 도입하였다. PeopleSoft사의 인사관리모듈은 1990년 중반에 도입된 것으로 현재까지도 잘 돌아가고 있다. 미드사는 생산계획과 스케줄링을 처리하는 AOPAdvanced Optimization Planning 모듈을 처음으로 도입한 몇 안 되는 제조기업이다. SAP의 생산관리모듈은 "build-to-inventory" 제조환경을 지원하도록 만들어졌는데 이는 미드사의 생산물량의 60% 정도에 지나지 않기 때문에 40%에 해당하는 "build-to-order" 제조환경을 지원하기 위해 AOP를 도입한 것이다.[2)]

IBM사의 DB이자 Vision 2000의 일부이기도 한 Lotus Notes는 SAP ERP 하에서 일을 처리하는 새로운 방식을 정의할 때 매우 유용한 도구가 되어주었

2) build-to-inventory는 판매예측을 근거로 재고축적을 목적으로 생산계획을 수립하는 것이며, build-to-order는 주문생산을 의미하는 것이다.

다. SAP을 도입할 때 미드사는 800개의 역할role을 정의해야 했고 이러한 역할 간에 작업 플로work flow와 보안 플로security flow도 기술해야 했다. SAP이 이러한 일을 처리할 수 없어서 대신 Lotus Notes가 도움을 주었다.

SAP은 기업 전체를 통합해 주는 장점이 있는 반면 대단히 방대하고 복잡한 시스템이다. 아울러 엄격한 규정과 절차가 있어 이를 준수하지 않으면 금방 문제가 발생하는 시스템이다. 따라서 각 사업부서가 시장과 고객의 변화에 맞추어 자신의 시스템을 입맛대로 맞추어 쓸 수 없다. 때로 변화된 사항을 신속하게 전사적으로 적용할 수 있지만 그것이 중요한 변화일 경우 나머지 사업부서들이 SAP을 변경하기 위해서는 동시에 움직여야 하는 단점도 있다. 이로 인해 미드사의 환경변화에 대한 민첩성은 떨어졌지만 내부 통제력은 향상되었다.

SAP ERP가 가동되면서 미드사가 직접 개발하였던 옛날 시스템은 사라졌다. 이제 모든 소프트웨어는 통합된 패키지로 돌아가게 되었다. 시스템 분석에서부터 코딩에 이르는 전통적인 방식에 의한 애플리케이션 개발은 더 이상 존재하지 않게 되었다. SAP이 도입되자 각 사업부서별로 진행되었던 자체 개발 업무는 자연스럽게 사라졌지만 여전히 각 사업부서의 CIO는 IT 멘토로서 IT의 활용에 대한 코치를 한다. 그들은 주로 SAP를 근간으로 어떻게 하면 업무를 리엔지니어링재설계할지에 주로 관심을 둔다. 이들 CIO는 IT지식을 갖춘 비즈니스맨이거나 사업적 지식을 지닌 IT맨이거나 둘 중에 하나이다.

인터넷 전자상거래 확산

인터넷은 많은 것을 변화시켰다. 그중 가장 큰 변화는 기업의 내부에 있었다. 미드사는 인트라넷intranet을 통해 사업 수행에 필요한 모든 프로세스가 진행된다. 모든 직원은 홈페이지Enterprise Portal를 통해 그들이 필요로 하는 정보와 정보서비스를 얻을 수 있으며, SAP도 당연히 웹브라우저를 기반으로 돌아간다.

과거의 시스템으로는 오늘날 웹기반 전자상거래를 원활하게 수행할 수 없기 때문에 당연히 미드사도 SAP을 근간으로 전자상거래를 할 수 있기를 원했다. 그렇지만 2003년까지 기다릴 수밖에 없었던 이유는 그때까지 기존의 시스템legacy system이 같이 가동되고 있었기 때문이었다. SAP이 도입된 후 시스템의 인터페이스는 모두 변경되어야 했다.

어떤 의미에서 미드사가 본격적으로 도입한 B2B 전자상거래를 새 부대(개방형 인터넷환경)에 담기는 옛 술(폐쇄형 EDI시스템)로 보았다. 미드사는 1986년에 제지산업paper business을 위한 클러스터 터미널 시스템을 구축하였다. 이 시스템은 미드사의 폐쇄형 네트워크를 기반으로 종이제품을 주문하는 고객기업들에게 미드사가 단말기(덤 터미널)를 제공하였던 폐쇄형의 EDI시스템이었다. 비록 그 단말기에는 그래프는 뜰 수 없고 문자만 출력되었으나 미드사의 주가, 재고수준. 배달시간 및 가격 등을 조회할 수 있었다. 지금까지도 거래의 3분의 1이 이 시스템을 통해 이루어지고 있는데 오늘날 변한 것이라곤 인터넷웹 기반으로 돌아간다는 것뿐이다. 모든 고객들은 브라우저를 이용하여 미드사의 엑스트라넷extranet을 통해 로그인한 후 주문을 넣고 있다.

21세기 미래를 향해

다른 산업과 마찬가지로 미드사의 포장산업packing industry도 전례 없는 글로벌 경쟁에 직면하고 있다. 이러한 경쟁에서 생존하기 위해서 미드사는 몸집을 더 불리거나 아니면 틈새시장을 추구하는 기업이 되어야 한다. 미드사 경영진은 이 경쟁에서 살아남기를 원하며 SAP이 이 목적을 성취하는 데 도움이 될 것으로 보고 있다. 예를 들어, 만일 미드사가 다른 기업을 인수합병 한다면 SAP 때문에 그 합병이 90일 이내에 마무리될 수 있다. 따라서 SAP은 강력한 인수합병 도구로 활용될 수도 있다.

정보담당임원인 CIO의 역할은 1985년 이후 줄곧 변하고 있다. 1990년대 내내 우리는 IT를 전략적으로 이용해야 한다고 끝임없이 강조하였지만 그것은 바람hope으로 그치고 말았다. 그러나 21세기를 맞아 현실이 되고 있다. CIO는 더욱더 전략적인 역할을 담당할 것이며 그 내용도 다양해져 가고 있다. IT 자체로는 그 존재가 가치를 가질 수 없다. 대신 가치는 사업적 변화business change

에 의해 만들어질 것이며, 그러한 사업적 변화는 IT 쪽이 주도하기보다 사업 쪽business side이 주도해야 할 것이다.[3] CIO의 역할은 비즈니스와 IT 사이에 놓여있는 갭을 줄이는 것이며, 사업상 필요한 서비스를 제공할 수 있는 인프라와 하드웨어 그리고 애플리케이션을 준비하는 일이다.

2002년: 미드가 Westvaco사를 합병하다.

2002년 1월 28일에 미드사는 드디어 Westvaco사를 합병하였다.

왜 합병이 필요했는지를 이해하기 위해서는 포장산업packing industry을 이해할 필요가 있다. 오일 및 가스 산업의 경우, 전 세계적으로 5개의 주요 업체가 있는 반면, 산림산업의 경우 30개 기업들이 총매출의 60%를 점하고 있을 정도로 심하게 파편화되어 있었다. 신진국들의 종이 관련 수요는 계속적으로 줄어들고 있어 전망이 좋은 시장은 대부분 개도국에 위치하고 있다. 그렇지만 이러한 시장에는 지역 업체들의 경쟁이 점점 더 치열해지고 있다. 남미나 인도네시아의 경우 모두 탄탄한 합성섬유의 공급이 이루고 지고 있으며 지역기업들이 제지포장지 및 제지기계산업에 많은 투자를 하고 있다. 이러한 지역들은 과거에 미드사가 주로 수출을 해 오던 곳이었는데 오늘날 점점 지역 기업들과 경쟁을 해야 하는 상황에 이르게 된 것이다. 그러다 보니 공급이 과잉되고 치열한 가격경쟁으로 매출과 이윤이 줄어들기 시작한 것이다.

이렇게 심각하게 파편화된 시장에서 리더가 되기 위해서는 덩치를 키울 수밖에 없다. 첫 번째 방법은 내부적으로 키우는 방법인데 이미 기존 시장에서 생산능력이 포화상태에 이르렀기 때문에 적절한 방법이 아니다. 두 번째 방법은 다른 기업을 인수하는 것이다. 다른 기업을 인수할 때 항상 고가의 비용을 지불해야 하는 경향이 있기 때문에 경영진은 이 옵션도 선택하지 않았다. 마지막으로 비슷한 규모의 기업과 합병하는 방법이다. 미드사와 Westvaco사는 이 방법을 택하여 상대방이 가진 빚을 떠안을 필요가 없었다.

3) 거꾸로 IT기업의 경우, IT가 비즈니스모델을 정의하고 사업전략을 주도하기도 한다.

새로운 프로세스 중심의 조직 구축

CIO에게 있어 집중화(또는 표준화)와 분권화 사이에 균형을 잡는 일은 매우 중요하고 오래된 과제이다. 합병 후, 임명된 신임 CIO 맥그레인은 이 문제를 거버넌스 측면에서 해결하고자 하였다. 즉 사업부서들에게 자치권을 어느 정도 허용하면서 전사적으로 통제할 수 있는 구조를 추구하기 위해 누구에게 어떠한 결정 권한을 배분할 것인가 하는 문제를 다루어야 했다.

〈그림 3-11〉은 미드웨스트바코 EISEnterprise Information Solution, 전사적정보솔루션의 중간 구조를 보여주고 있다.

기획 및 행정(운영) Planning and Administration은 표준설정과 정책의 추진을 책임진다.

기술 서비스 Technical Service는 애플리케이션의 설계 및 개발 그리고 도입과정을 담당한다.

CTO는 전사적 아키텍처를 책임진다.

운영Operations은 각종 IT자원의 실전배치를 담당한다.

제조부문 솔루션 Manufacturing Solutions은 공장과 제조공정시스템을 개발하고 유지·보수한다.

비즈니스 솔루션은 ERP, 신규 솔루션 그리고 다양한 비즈니스 애플리케이션을 포함한다. 이 부서 직원들은 신기술을 탐색하고, 신규 시스템을 도입하거나 기존시스템(예: SAP)을 업그레이드 또는 폐기처분하는 결정을 담당한다.

결국 CIO가 달성하고자 하는 목적은 다음 3가지에 초점을 두고 있는 셈이다.

1. **비즈니스와 애플리케이션**: EIS전사적정보솔루션는 궁극적으로 비즈니스를 성공적으로 수행하거나 의사결정을 지원할 수 있어야 한다.
2. **인프라**: 올바른 인프라를 설계하고 구축함으로써 모든 비즈니스 프로세스가 첨단 소프트웨어를 통해 자동화될 수 있어야 한다. 즉 모든 경영의 스마트화가 달성되어야 한다.
3. **행정(운영)**: 모든 IT투자는 이익이 창출되도록 해야 하며, 최종사용자 교육과 지원, 자산관리, 정보 보안, 비즈니스의 연속성을 보장할 수 있어야 한다.

이 세 가지에 초점을 두고 일련의 프로세스들이 정의될 필요가 있다. 예를 들면, 보안 프로세스의 경우, 프로세스를 정의해야 하고, 그런 다음 정책과 절차를 그리고 그것들을 수행하는 네 필요한 과업들을 실정할 필요가 있다. 오늘날 보안업무를 담당하는 직원들은 기업 내 여러 부서에 분포되어 있다. CIO 맥그레인은 인력을 보안 프로세스를 따라 배치해야 하는지 아니면 메트릭스 조직으로 배치하는 것이 나은지를 질문해 보았다. 결국 보안 프로세스의 목적은 처음부터 끝까지 핵심 정보자원을 보호하는 일이다. 이 목적을 위해 기업은 보안이라는 과업을 단순한 활동으로 보지 않고 일련의 프로세스로 봐야할 필요가 있었다. 보안업무를 프로세스관점으로 재설계하는 일은 미드사에 있어 큰 도전이었다.

기업 합병 후 결성된 통합팀은 이 세(3) 영역을 중심으로 조직되었다. 각 팀은 합병으로 인한 시너지를 찾고 새로운 표준을 적용하는 일을 주 목적으로 삼았다. 예를 들면, 미드사의 SAP모델을 이용함으로써 미래에 발생할 수 있는 수백만 달러의 비용을 절감할 수 있었다.

합병 후 4개월 동안, 새로운 EIS전사적정보솔루션팀은 Westvaco사의 데이터센터를 닫고 시스템을 미드사의 시스템으로 이전하였다. 데스크톱, 네트워크, 이메일·그룹웨어 시스템 등 모두 하나의 표준 시스템으로 통합하였다. 2개의 IS 조직을 통합함으로써 추가로 수백억 달러를 절감할 수 있었고 절감된 자원을 다른 전략적 분야에 투자할 수 있었다.

새로운 거버넌스 체계

최고경영자가 늘 궁금해 하는 것은 EIS의 솔루션 포트폴리오와 비즈니스 전략이 잘 조율되고 있는가, 이러한 조율을 위해 EIS전사적정보솔루션가 각 사업 부서와 소통을 잘 하고 있는가, 인프라에 대한 투자와 웹 애플리케이션의 개발 중 양자택일을 해야 한다면 어느 것에 우선순위를 두어야 하는가, 그리고 이 두 대안을 두고 투자결정을 해야 할 때 이익을 어떻게 측정해야 하는가 등이다.

현재 미드웨스트바코사는 매출의 3% 정도를 EIS에 투입하고 있으며, IT 부서와 현업부서 간의 대화가 정례화될 수 있는 조직구조가 필요한 상황이다. 이에 미드웨스트바코사가 시도한 거버넌스 체제는 중역협의위원회executive steering committee[4]이다. 이 위원회는 사업부별 부회장, 본부의 CFO, CIO, R&D 책임자로 구성되며, 이 위원회의 7인이 새로운 투자를 결정하고 갈등을 중재하는 역할을 수행한다. 미드웨스트바코사의 IT투자 포트폴리오는 다음과 같이 4개로 분류된다.

1. **인프라스트럭처**: 이것의 가치는 총소유비용TCO[5]로 측정된다.
2. **유틸리티 애플리케이션**: 급여처리, 규정준수회계, 조세법 등에 근거한 소프트웨어들이며 이것의 가치 역시 총소유비용TCO에 근거하여 측정된다.
3. **비즈니스 애플리케이션**: 이것의 가치는 투자이익ROI에 근거해서 측정되며, 총소유비용도 투명하게 산출될 것이다. 따라서 특정 비즈니스 애플리케이션을 위해 인프라를 변경하거나 확장을 해야 한다면 그 비용 역시 투명하게 산출될 수 있다.
4. **이머징 실험적 애플리케이션**: 이런 유형의 투자는 사업방식 또는 경쟁방식을 바꾸는 획기적인 기술을 대상으로 하며 높은 기술적 위험이 동반

---

4) 연방제적 IS거버넌스와 유사
5) Total Cost of Ownership

하므로 큰 기대를 가지고 진행하기는 어렵다. 1995년에는 ERP, 2002년에는 역경매나 웹 애플리케이션, 2010년에는 클라우드 등이 그러한 기술에 속하였다. 이러한 미래 애플리케이션에 대한 투자는 전체 EIS예산의 10%가 넘지 않도록 하였다.

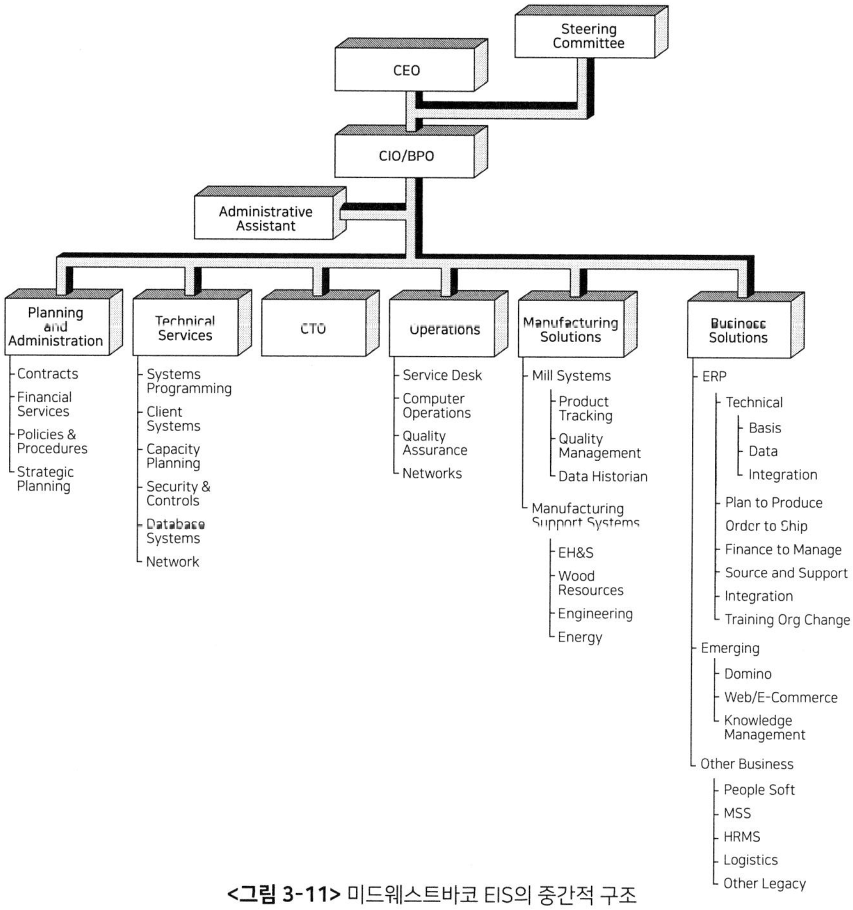

<그림 3-11> 미드웨스트바코 EIS의 중간적 구조

표준화의 확산

대부분의 개발자원의 관리는 중앙집중화되었다. 과거에는 사업부서들이 각자 IT개발을 관리하였지만 적은 비용으로 동등한 가치를 지닌 대안적 공유

시스템을 제공할 수 있게 됨에 따라 사업부서들도 이러한 중앙관리에 대해 동의하게 되었다. SAP(ERP)의 도입이 이러한 집중화를 더욱 촉진시킨 측면도 있다. SAP로 인해 시스템 개발이나 사양configuration의 통제 등이 중앙에서 이루어졌기 때문이다. SAP가 과거 시스템을 대체하면서 사업부서에서 일하던 개발인력이 필요 없게 된 것이다. EIS는 이러한 중앙통제모델을 웹 애플리케이션 기술에까지 확장하였다.

한편 과도한 중앙집중화는 현업의 필요를 정보서비스에 고려해 넣지 못하는 폐단을 낳을 수 있기 때문에 균형을 위한 조치가 필요하다. 이를 위해 EIS는 사업부문Division별 중역들로 구성되는 거버넌스 협의체council를 구성하고 운영하였다. 이 협의체는 구체적인 프로세스를 책임지고 이러한 프로세스의 혁신에 요구되는 기술혁신을 주도하였다. 협의체가 일단 혁신에 요구되는 투자를 인가하게 되면 단번에 전사적으로 변화가 일어나게 되는 것이다.

SAP(ERP)가 도입되면서 미드웨스트바코사는 여러 사업부서에 걸쳐 있는 문제를 한꺼번에 해결하는 시너지를 체험하였다. 즉 한 사업부서에 문제가 되는 것은 공통적으로 다른 부서에서도 문제인 경우가 많기 때문이다. 한 사업부서가 문제를 해결하기 위해 새로운 애플리케이션을 계획할 경우, 당연히 다른 부서와 협의를 해야 했기에 개발자원이 보다 효율적으로 사용될 수 있었다. 이때 필요한 것이 표준화인데, 표준화를 위해서는 사업부서들끼리 활발한 대화를 하지 않을 수 없다. 그러다 보니 사업부서의 장들이 사업적 문제를 해결하기 위해 IT를 활용하는 데 더 많은 지식을 서로 공유하게 되었다.

프로세스 기반, 비즈니스 주도형 EIS 조직의 탄생

2000년대 중반 무렵, CIO 맥그레인은 IT서비스를 관리하기 위한 프로세스 기반 프레임워크라 할 수 있는 ITILInformation Technology Infrastructure Library을 도입하였다. 그 이유는 ITIL이 현업들이 미래에 필요로 하는 것과 서비스를 일치시키고, 서비스의 질을 높이고, 소요 비용을 장기적 관점에서 개선할 수 있기 때문이다.

ITIL ITIL은 영국의 조달국Office of Government Commerce이 IT서비스를 개선하기 위해 개발한 방법이다. 조달국이 발간한 책에는 IT서비스 배달에 관한 다수의 베스트 프렉티스practice가 기록되어 있다. ITIL의 핵심은 IT서비스를 지원하는 IT인프라에 관한 것이다. 이는 하드웨어, 소프트웨어, 기술skill, 커뮤니케이션, 문서화를 포함된다. 'IT서비스 관리'라 불리는 이것은 서비스 배달과 서비스 지원, 2가지로 구성된다.

서비스 배달은 5가지 전술적 프로세스로 구성되며, 모두 IT서비스의 장기적 기획과 개선에 역점을 두고 있다.

- *가용성*availability *관리*란 IT인프라의 용량capacity을 최적화하는 프로세스이다. 내·외부 고객이 요구할 때마나 시스템은 언세나 서비스를 제공할 수 있도록 충분한 용량과 보안시스템이 준비되어 있어야 할 것이다.
- *용량*capacity *관리*란 정보처리 수요가 최고에 도달했을 때도 서비스 공급에 차질이 없도록 자원을 관리하고, 여분의 용량이 필요한 때를 미리 예측하는 프로세스를 말한다.
- *IT서비스 지속성 관리*란 해킹 등으로 인해 정상적인 비즈니스 수행이 어려울 때라도 IT서비스를 차질 없이 수행할 수 있는 역량을 관리하는 프로세스를 말한다.
- *서비스 수준 관리*란 IT서비스의 질을 지속적으로 개선하는 과정을 말한다.
- *IT서비스의 재무관리*란 IT서비스 공급과 관련된 각종 재정적 문제를 적절하게 검토하는 프로세스를 말한다. 한마디로 IT서비스의 제공이 비용효과적으로 타당한지 여부를 검토하는 프로세스를 말한다.

서비스 지원은 한 개의 운영적 기능과 5개의 운영적 프로세스로 구성된다. 이 모든 것은 현업의 사용자들과 외부 고객들이 업무처리에 필요한 IT서비스에 접근을 보장하는 것을 목적으로 한다.

- *서비스 데스크*는 운영적 기능(부서)으로써 모든 사용자들을 위한 유일한 콘택트 포인트가 되어줄 수 있어야 한다.
- *사고*incident *관리*는 중단된 서비스를 복구하는 일을 수행한다.
- *문제관리*는 사고의 원인을 진단하고 이를 방지하는 일을 수행한다.
- *변화관리*는 구성원들이 변화에 효율적으로 적응할 수 있도록 돕는다.
- *출시관리*는 각종 서비스와 애플리케이션의 새 버전들을 관리하는 프로세스이다.
- *구성관리*는 서비스나 인프라의 모든 구성요소를 체계적으로 관리하는 프로세스이다.

ITIL을 구성하는 다른 5개의 책book은 보안관리, 인프라관리(예: 네트워크 서비스 관리), 애플리케이션관리, 서비스관리 구현계획, 현업부서 책임자를 위한 내용들로 구성되어 있다.

미드웨스트바코의 ITIL 구현

미드웨스트바코사는 위에서 설명한 ITIL을 구현하기 위해 IT거버넌스를 적용하였고, 비즈니스 관계관리자를 임명하였으며, 서비스 카탈로그를 개발하였다.

IT거버넌스의 적용. 미드웨스트바코가 경쟁하는 업종에서는 경제성이 제일 중요하므로 비용절감을 위해 중앙집중화는 절대적으로 필요하다. 중앙집중 조직에서 사업부문의 비즈니스의 필요와 IT서비스를 조화시키기 위해서는 IT거버넌스 구조의 정착이 요구되었다. 미드웨스트바코는 다음과 같은 3개의 거버넌스 기구를 만들어 정착시켰다.

- EIS 중역협의위원회Executive Steering Committee는 IT분야의 이사회라 할 수 있다. 위원회는 IT의 전략적 방향을 결정하고, IT투자를 감독하며, 갈등을 해결한다.

- 사업부문별 IT협의회Council은 사업부문division들과 기업 전체의 이해가 상충될 경우 이를 조정한다. 위원장은 CIO가 맡으며 각 사업부문의 정보담당관이 참여한다. 구성원들은 각 사업부문의 특별한 요구사항을 제기하기도 하지만 전체적으로 조율의 필요성도 인지하여야 한다. 협의회는 전사적 표준을 제정하고, 서비스수준을 감독하며, IT인프라를 인준하기도 한다.
- 비즈니스성과팀Business Performance Team은 비즈니스 프로세스 팀의 이익을 대변한다. 이 조직은 프로세스 책임자나 사업부서 책임자가 이끌며 비즈니스의 성과향상을 위한 주도권을 가지며, 제정된 표준이 잘 지켜지고 있는지도 감독한다.

비즈니스 관계관리자의 임명. 현재 한 명의 비즈니스 관계관리자가 한 사업부서에 임명되었다. 이 전무급 IT중역은 해당 사업부문의 코치 역할을 하면서 EIS와 사업부문 사이의 인터페이스 접점을 개선하는 일을 하고 있다.

EIS 서비스 카탈로그의 개발. 카탈로그는 EIS가 제공하는 서비스와 사용자나 고객이 기대하는 것에 대해 EIS와 사업부서들이 논의한 사항들을 문서화한 것들이다. 큰 제목들로는 EIS 서비스 내역, 생산성 툴(도구), 네트워크 옵션, 애플리케이션, 컨설팅, 애플리케이션 개발 서비스 등이다. 각각의 서비스는 사용자나 고객이 기대할 수 있는 서비스 수준과 소요 비용을 설명하고 있다. 이러한 서비스를 받기 위해서는 EIS가 정한 정식 ITIL 지원 프로세스를 밟아야 한다.

실제로 ITIL은 매우 복잡한 구조를 띄고 있다. 각 프로세스는 서브프로세스활동 및 과업들가 있고, 과업task은 역할role이 되기도 하고 역할들이 묶여지면 직무job가 되기도 한다. CIO 맥그레인에게 있어 가장 큰 도전은 이러한 프로세스 기반 조직을 기능 기반 조직과 잘 조화시키는 일이었다.

사업부문 중역들의 역할. 사업부문별 중역이 IT 분야에서 실질적인 가이드 역할을 하려면 IT에 대한 성숙된 지식이 요구된다. 예를 들어, 재무분야 중

역이라면 재무에 대해 알고 있는 만큼 자신의 비즈니스 운용에 IT를 활용하는 데 필요한 지식이 요구된다. 즉 IT투자가 갖는 정확한 가치를 판단하고, 이 투자를 통해 얻게 되는 운영적 변화(프로세스, 사람 그리고 투자에 있어)와 어떻게 균형을 이루는지를 이해할 수 있어야 한다.

IT거버넌스 체제, 사업부문과의 관계관리 매니저들, 프로세스팀들은 각 사업부문 중역들이 IT와 관련된 여러 이슈를 이해하고, 그것들을 제대로 가이드하기 위해 필요한 깊은 대화를 나누는 데 필요한 환경을 조성하고 있다. 그것이야 말로 미드웨스트바코사의 ITIL모델의 출발점이라 할 수 있다. 이러한 새로운 IT인프라 덕분에 미드웨스트바코사는 기업문화, 비즈니스 방식, 경영혁신을 재창조할 수 있었다.

제4장　정보시스템의 운영

Operational Management of IT/IS in the Age of 4th Industrial Revolution

제4장 정보시스템의 운영

도입

정보시스템의 운영에 관한 토론은 정보시스템 관리자들이 직면하고 있는 다양한 운영상의 문제들을 충분히 이해하지 않고는 끝이 날 수 없다. M&A, 기업의 구조조정, 개방형 인터넷, 전자상거래 때문에 정보시스템 운영이라는 주제는 상당한 관심을 받아왔다. 안정된 시스템 운영이 중요한 이유는 시스템 부서가 전문적으로 운영되지 않아 야기되는 시스템과 네트워크의 장애는 비즈니스의 정상적인 가동을 중단시킬 것이며 그로 인해 시스템 관리자들은 순식간에 신뢰를 잃어버릴 수 있기 때문이다. 특히 비즈니스를 수행하는 데 컴퓨터와 네트워크에 많이 의존하는 기업일수록 파행적 운영의 영향은 매우 크다. 최악의 경우 정보부서들은 시스템의 안정적 운영에 필요한 장기적인 정책을 수립하기보다 당장의 불 끄기에 급급해 할 것이며, 하던 역할을 잃게 되거나, 그들이 해야 할 일을 아웃소싱 당하는 일을 보게 될지도 모른다.

최근 정보시스템의 운영을 바라보는 관점은 크게 변해 왔다. 전통적으로 IT요원의 관리, 데이터 관리, 네트워크 관리, 시스템 프로그래밍 등의 일들을 내부 IT부서가 담당해 왔지만 점차 이러한 운영관리 활동들이 외부 전문기업으로 아웃소싱되고 있다. 특히 IT 인프라PC, 네트워크 등 관리업무가 외부 전문업체로 많이 이양되고 있다. 이는 조직 내 고급 IT요원을 시스템의 운영과 관리에 투입하기에는 비용대비 창출 가치가 너무 낮다는 인식 때문이다. 그렇더라도 높은 품질의 정보서비스를 계속 유지하기 위해서는 계획하고 준비해야 하는 일들이 여전히 많으며 이 일을 제대로 하는 데 필요한 많은 전문지식들이 있어야 한다.

따라서 이 장에서는 먼저 정보시스템 관리자가 관심을 가져야 할 정보시스템 운영의 개념과 범위, 성과측정, 각종 문제들, 새로운 동향 등을 설명한 후 이어서 네트워크로 개방된 정보시스템의 보안문제 그리고 지속적인 비즈니스를 가능하게 하는 여러 가지 조직적, 기술적 재해복구방안들을 소개하고자 한다.

4.1 운영(operations)이란 무엇인가?

미국 LA에 있는 캘리포니아 대학교UCLA의 한 강의에서 윌리엄 콩글턴은 그가 관리했던 정보시스템 부서가 당면했던 중요한 운영상의 문제점들을 설명하였다.

1) 왜 운영이 중요한가?

데이터센터정보시스템가 제대로 돌아가도록 하는 일은 결코 쉬운 일이 아니며 중요하다. 그 이유는 예산 편성의 내역을 보면 분명해진다. 일반적인 기업의 정보시스템 부서의 예산을 보면 다음과 같이 나누어진다.

- 운영 및 계획: 20%
- 시스템 개발: 16%
- 시스템 업그레이드enhancement: 9%
- 유지보수: 11%
- 기술, 네트워크, PC 등: 44%

이 중에 운영으로 분류될 수 있는 '운영 및 계획', '시스템 업그레이드', '유지보수' 등을 포함하면 예산의 40%를 차지하고 있어 다른 어떤 항목보다 많은 예산을 쓰고 있음을 알 수 있다. 콩글턴은 또한 항만 12곳, 창고 12곳, 영업 사무소 12곳을 포함해서 총 64곳에 있는 하드웨어가 운영되고 있다고 보았으며, 하드웨어에는 각종 서버, PC, 모바일 단말기, 디스크드라이브, 프린터 등이 포함되었다. 관리의 대상은 또한 통신케이블과 장비, 운영체제, 컴파일러, 네트워크 소프트웨어 등과 같은 소프트웨어도 포함되었다. 그 밖에도 예산에는 프로그래머들을 위한 시스템 컨설팅, 정보처리를 계획하고 실행하며, 보고서를 제출하고, 하드웨어와 네트워크를 감시하는 오퍼레이터들과 같은 요원들도 관리의 대상이었으며, 재해 복구 계획 그리고 보안도 포함되었다.

따라서 운영 부문에서 10%를 절약하는 것은 다른 어떤 영역에서의 10% 절감보다 훨씬 더 큰 비용절감 효과가 있다. 이것이 효율적 운영이 중요한 이유라고 콩글턴은 설명하였다.

2) 운영상 문제들의 해결

운영상의 문제점으로는 정규 보고서가 늦는다든지, 시스템의 응답이 늦거나, 네트워크가 다운되거나, 필요한 데이터를 제때 구하지 못하는 것 등이 있다. 이러한 운영상의 문제를 개선하기 위해서 활용할 수 있는 전략은 3가지가 있다. 첫째는 더 많은 장비를 구비하는 것이다. 장비의 가격이 내려감에 따라, 많은 장비를 놓을 수 있는 공간만 있다면 가장 비용-효과적인 방법일 것이다. 둘째, 당장의 급한 불을 계속 끄면서 우선순위를 계속해서 재조정하는 것이다. 즉 IT요원으로 하여금 당장의 문제를 해결하도록 독려하는 것이다. 이 해결책은 관리상의 긴급한 문제를 한 곳에서 다른 곳으로 옮겨 놓는 미봉책에 지나지 않는다. 셋째 해결책은 눈에 당장 띄는 문제에 초점을 맞추기보다 본질적인 문제점들을 발견하기 위해 현재 하고 있는 일을 지속적으로 문서화하고 측정하는 것이다. 그런 다음 기준을 정해 현재의 운영성과가 기준에 벗어나지 않는지를 모니터링하는 방법이다. 데이터센터를 안정적으로 운영하고 IT부서의 신뢰를 쌓는 방법은 세 번째 방법이 가장 바람직하다.

3) 운영성과의 측정

데이터센터의 운영성과를 측정하는 기준은 외부적 및 내부적인 방법들이 있다. 외부적 측정기준은 고객내·외부 사용자의 관점에서 측정하는 것이다. 즉 시스템네트워크가동시간availability, 고장시간, 응답시간, 반환시간, 그리고 프로그램 실패 등을 들 수 있다. 이것들은 고객내·외부 사용자 만족과 직접적으로 관련이 있으므로 긴밀하게 측정하고 감시해야 한다. 내부적 측정기준은 IT부서와 요원들이 관심을 가져야 하는 것들이다. 즉 컴퓨터 성능대비 사용률, 메인라인 시스템들의 가용성, 디스크메모리의 사용량, 대기하고 있는 작업의 수, 수행된 작업의 횟수, 문제로 인해 다시 수행된 작업의 횟수, 애플리케이션의 수명, 미해결 문제들의 건수 등을 들 수 있다.

외부적 측정기준에 의해 보고된 문제들은 내부적 측정기준에 의해 드러난 문제를 확정하는 데 사용될 수 있을 것이다. 하드웨어의 성능, 애플리케이션의 품질, 사용자들의 시스템과 데이터의 부적절한 사용과 관련된 문제점들을 발견하도록 돕는 다양한 감시용 소프트웨어 그리고 서버와 통신 장비들의 성과를 기록해 주는 다양한 소프트웨어와 장비들이 판매되고 있다.

이외에도 오늘날 우리의 눈에 보이지 않는 곳에서 데이터센터와 프로그램의 효율적인 운영을 위해 돕는 소프트웨어들이 많이 있다. 예를 들어 스토리지 관리시스템은 불필요하게 사용되고 있는 메모리를 정리하여 가장 효율적인 방향으로 메모리를 재배치해준다. 스케줄러는 데이터처리 특성들을 감안하여 가장 효율적인 컴퓨터의 작업 순서를 정해주기도 하며, 라이브러리 관리 시스템들은 파일 및 프로그램들의 버전과 백업을 추적·관리해준다.

4) 효과적인 관리의 중요성

콩글턴은 수많은 관리도구보다도 더 중요한 것은 정보시스템의 효율적인 운영의 가치를 제대로 평가하고 중요하게 생각하는 기업문화라고 보았다. 특히 효과적인 운영에 요구되는 적절한 기술력과 통찰력을 겸비한 운영 관리자들을 찾는 일이 쉽지 않다. 더구나 시스템의 운영을 외부 전문업체에 많이 의존하는 상황에서는 더욱 그렇다.

데이터 센터 관리자에게 요구되는 기술과 자질들은 제조공장이나 원유정제소가 필요로 하는 것들과 유사하다. 공장관리자들은 약속한 배달 일에 맞추기 위해 작업들을 계획해야 하고, 그 작업들이 주요 장비들을 거쳐 흘러가는 과정을 감시해야 하고, 때로 작업이 중단되면 발 빠르게 대처할 수 있어야 한다. 운영이 잘 되는 공장에서는 한두 가지의 문제가 발생하더라도 공장관리자가 그 문제점을 빨리 찾아 쉽게 복구할 수 있다. 그러나 부실하게 관리되는 공장에서는 어디를 고쳐야 할지를 모를 정도로 사소한 문제에도 취약해진다. 공장의 기계장비들이 데이터센터에서는 디스크 드라이브, 데이터베이스 서버, 호스트 컴퓨터, 서버, 네트워크 게이트웨이, 라우터, 브리지 등으로 대체될 뿐이다. 유능한 센터관리자는 모니터에 나타나는 몇 개의 에러 메시지에서 시스템의 어떤 부분에 문제가 있는지, 애플리케이션이 노후화되어 발생할 수 있는 문제들을 쉽게 감별할 수 있다.

오늘날 효과적인 관리를 돕는 다양한 도구들이 출시되고 있다. 예를 들어 2019년

VERITAS사는 백업 관리자를 위한 통합 IT 분석 솔루션「APTARE IT Analytics」를 출시하였다. 이 솔루션은 하이브리드 클라우드 환경에서 서버를 증설하거나 관리할 때 매우 편리하다. 전체 서버에 백업 성공, 실패, 비실행 여부를 확인할 수 있고, 디스크 사용량, 백업 주기, 백업데이터 변동추이도 통합 분석해 준다. 그 결과, 서버의 백업 성능이나 무결성에 대한 가시성도 확보할 수 있고, 향후 사용량 예측이나 증설 비용 절감에도 유용하다.

5) 하드웨어의 구매

다양한 목적의 하드웨어들 중에 서버는 가장 중요한 품목이다. 서버의 종류는 용도에 따라 파일서버, 애플리케이션서버, 메일서버, 웹 서버, 프린터서버, 프록시서버 등 다양하다. 적지 않은 투자가 요구되는 서버를 구매하기 전에 다음과 같은 사항들을 고려해야 한다.

첫째, 서버의 용도이다. i) 데이터 파일의 효율적인 저장과 공유, ii) 웹사이트의 구축과 편리하고 즉각적인 포스팅, iii) 공유자원들(예: 프린트)의 공유기능, iv) 편리한 이메일 접근, v) 로그인에 필요한 개인정보 없이 자동으로 네트워크 컴퓨터에 로그인할 수 있는 기능 등이 있다. 그리고 정보처리작업이 개인적이고 민감한 정보가 담긴 DB를 사용하는지 여부도 고려요인이 될 수 있다. 그런 경우 보안에 필요한 여유 있는 공간과 데이터암호화와 같은 여분의 보안옵션을 담아야 할 필요가 있을 것이다.

둘째, 서버를 두는 위치이다. 서버를 기업의 데이터센터에 둘 수도 있지만 때로 밖의 다른 곳에 둘 수도 있다. 특히 후자의 경우 서버엔니지어가 없다면 원거리에서 서버를 관리할 수 있는 시스템을 필요로 한다. 원거리에서 전원을 차단할 수 있어야 함은 물론, 원거리에서 통제하고 문제가 생겼을 때 해결할 수도 있어야 하기 때문이다.

셋째, 사업의 성장속도를 감안해야 한다. 성장속도와 패턴을 잘 이해하면 필요시 서버를 얼마나 유연하게 확장할 수 있는지가 중요한 고려사항이 될 것이다.

넷째, 보안과 백업을 중요하게 고려해야 한다. 특히 하루 24시간 일주일 내내 가동되어야 하는 비즈니스의 경우, 플래시메모리나 PC스토리지 수준을 넘어 고품질의 하드 드라이버, 에러수정 메모리, 여분의 전기공급장치를 가진 고성능 서버를 도입할 필요가 있다.

다섯째, 가격이 중요하지만 그것이 전부가 되어서는 안 된다. 다양한 서버 옵션들 중에서 선택할 때 스텝비용step cost을 고려해야 한다. 특별기능이 별로 없는 서버의 경우 값은

싸지만 나중에 서버를 추가하거나 업그레이드를 해야 한다면 처음에 절약했던 비용보다 나중에 더 들 수 있음을 염두에 두어야 한다.

여섯째는 솔루션을 제공하는 공급업체벤더의 능력이다. 지금 당장 필요한 솔루션을 제공하는 업체보다는 미래에 필요한 솔루션도 함께 제공할 수 있는 업체를 선정해야 나중에 공급업체를 바꿔야 하는 불편을 피할 수 있을 것이다. 즉 기업이 성장했을 때 필요로 하는 하드웨어와 소프트웨어를 지속적으로 공급할 수 있는지를 고려해야 하는 것이다.

6) IT비용의 절약방법과 문제점

업종에 따라 IT비용의 구성비는 다양하다. 예를 들면 은행권에서 새로운 프로젝트를 추진할 경우 통상 40%가 하드웨어, 20%가 소프트웨어, 40%가 서비스비용으로 책정된다. 그러나 CIO 입장에서 자신이 지불할 비용이 적정한지 알기가 쉽지 않다. 각 회사별로 컴퓨터의 구성과 크기, 소프트웨어, 사용자 수, 네트워크 구성 등이 모두 다르기 때문이다. 게다가 IT기업의 영업사원들은 공급가격을 절대 공개하지 않는 자신들의 불문율이 있다.

전체적으로 프로젝트 비용을 낮추기 위한 방법으로 3가지를 들 수 있다(이강태, 2015). 첫째, 하드웨어를 가급적 저렴하게 구입한다. 조금 야비한 일일 수 있지만 기존의 공급업체를 바꾼다는 원칙을 세우고 경쟁구도를 조성하는 것이다. 영업사원 입장에서 기존 고객을 잃고 싶지 않기 때문에 최대한 가격을 저렴하게 제안하게 되는 것이다.

둘째, 소프트웨어도 가급적 저렴하게 구입해야겠지만 하드웨어만큼 쉽지 않다. 예를 들어 은행권에서 오라클, MS, 뮤렉스Murex와 같은 회사는 거의 독점적으로 소프트웨어를 제공하므로 가격을 깎아 구매하기가 어렵다. 따라서 가격보다는 그 업체로부터 어떠한 부가 서비스를 더 받아낼 수 있을지에 더 많은 고민을 해야 한다.

셋째, 서비스 비용을 줄이는 것인데, 서비스추가 개발작업, 프로그래밍 등의 난이도를 판단하는 기준이 불분명하여 공급업체와 협상이 가장 어려운 부분이다. 개발업무의 범위와 난이도를 정확히 이해한 후 협상을 해야겠지만 일반적으로 업무를 포괄적으로 정한 후 프로젝트를 진행하면서 범위를 조정해 간다. 그러나 프로젝트가 끝난 후 발주업체가 이런 저런 꼬투리를 잡아 최종대금을 지불하지 않는 경우도 많아 개발업체도 여유롭게 인력과 기간을 계약에 포함시켜 발생할 수 있는 위험에 최대한 대비하려 한다. 예를 들면, 개발에 투입되는 프로그래머기술자의 기술적 수준과 공임에 관한 것이다. 초급기술자가 3년이 지나면 중급기술자가 되고 또 3년이 지나면 고급기술자가 되는 식이어서 실제로 어느 정도 업무역량이 있는지와 상관없이 시간이 지나면 자동 승급되는 시스템이어서 발주업체는 투입되는 기술자에게 지불되는 공임에 대한 타당성에 항상 의문을 갖게 되는 것이다.

4.2 운영의 새로운 동향

1) 운영프로세스의 새로운 질서

2000년대 진입 직전에 불거진 Y2K 문제[1]와 인터넷의 도래는 기업이 정보시스템을 운영하는 방식에 일대 혁신을 가져왔다. Y2K문제는 기업들로 하여금 자신들이 현재 가동하는 소프트웨어를 검토하도록 했을 뿐만 아니라 표준이나 정책에 대해서도 다시 생각하게 하는 계기를 제공하였다. 과거에 기업들은 문제가 발생하면 그때마다 대처하는 식으로 데이터센터를 운영해 왔으며 하드웨어만 주기적으로 업그레이드해 왔을 뿐 프로세스를 고치는 경우는 드물었다. 즉 기업들은 절차procedure를 향상시키기 위해 드는 돈은 낭비라고 생각하였던 것이다.

Y2K와 인터넷은 경영진으로 하여금 지금 돌아가는 컴퓨터 시스템이 지원하는 프로세스를 다시 한 번 생각하게 하였고, 어떻게 정보서비스를 추가할 것이며 그리고 운영의 어떤 부분을 외주로 넘겨야 할지, 현재의 시스템으로 전자상거래를 지원할 수 있을지를 고민하게 만든 것이다. 결과적으로 경영진은 운영에 필요한 규정을 더 제정하고 보다 나은 정책과 절차를 수립함으로써 운영에 필요한 보다 향상된 조직(구조)을 가질 수 있게 되었다.

자동화 시스템으로 인해 운영절차가 강제화는 되겠지만 그것에 대한 규칙이 없다면 자동화된 시스템이 완전할 수 없다. Y2K로 인해 기업들은 시스템 접근을 허용하는 규칙과 같은 규정을 만들었으며 마그네틱테이프를 이용하여 데이터를 옮기거나 프린트물을 만들어 배부하는 등의 구태의연한 방식들을 제거할 수 있었다.

1) 2000년이 도래하기 전에 만들어진 많은 소프트웨어는 연도(year)를 2자리(1997년은 97로 인식)만 인식하도록 설계된 경우가 많았다. 따라서 1999년에서 2000년으로 넘어가는 순간 소프트웨어는 1900년으로 인식하므로 데이터를 정상적으로 처리할 수 없게 되고 수많은 에러가 발생할 소지가 있어 대부분의 기업들이 이에 대한 대비를 해야 했었다.

이제 기업들의 시스템 운영 방식은 훨씬 나아졌다. 문제가 발생하면 대응하던 과거의 방식survival mode에서 계획모드planning mode로 전환되었던 것이다. 그러나 시스템 운영자들에게는 어떤 문제점을 발견하는 즉시 개선하는 방안을 찾지 못하는 통합과 변화관리 문제는 여전히 해결되지 않고 남아 있다.

2) 오픈 소스의 관리

Linux, Apache, MySQL, Python, R과 같은 오픈 소스공개 소프트웨어는 비용효과적으로 애플리케이션을 개발하는 데 있어 새로운 옵션이 되고 있다. 오픈 소스의 가장 큰 문제점은 오픈 소스의 다양한 버전들을 관리하는 일이다. 어떤 오픈 소스가 가까운 미래에 계속 살아남을지를 예측하는 일도 어렵고 오픈 소스를 선택하는 것도 쉬운 일이 아니다. 공짜 기술이라 하더라도 제대로 된 문서화, 전문적인 기술지원, 안정적인 사용자 커뮤니티가 작동되지 않으면 오히려 관리 비용을 늘리는 결과를 가져올 수 있다.

3) 보다 중요해진 보안

불안정한 네트워크가 늘어남에 따라 해킹 툴(tool)은 날로 지능화되고 쉽게 구할 수 있게 되었다. DB가 있는 기업 서버들은 해커들이 가장 선호하는 타겟이다. 따라서 Oracle DBMS는 최근 보안을 더욱 강화해 왔다. 한편 해커들은 보다 강화된 서버를 뚫기 위해 끊임없이 노력하고 있는데, 최근 VoIP 또는 인터넷 폰의 도입은 보안전문가들에게 새로운 도전이 되고 있다. 최근 기술의 보안에 있어 가장 큰 허점은 Session Initiation ProtocolSIP 트렁킹trunking 부분이다. SIP 트렁킹은 인터넷 전화 시스템을 도입한 기업들이 공공전화스위칭네트워크를 통하지 않고 기업의 인터넷 연결망을 통해 VoIP 서비스업체에 접속하기 때문에 보안이 취약하다.

이와 관련하여 더욱 중요해 진 것은 개인정보에 대한 보안이다. 직원의 의사결정을 지원하기 위해 적시에 적절한 사람에게 정보를 제공해야 하는 측면도 있지만, 통제장치가 없는 무분별한 정보공개는 프라이버시와 관련된 심각한 문제를 낳을 수도 있다.

4) 운영(유지보수)의 아웃소싱은 늘어나고 있다

여전히 많은 기업들이 내부 직원들로 하여금 정보시스템을 운영하도록 하고 있다. 그러나 자신들의 데이터센터의 운영업무를 외부 전문업체에 맡기는 기업들이 점차 늘고 있는 것도 새로운 추세이다. 예를 들면 많은 기업들이 자신들의 네트워크 시스템의 유지보수를 전문업체에 맡기고 있다. 이러한 변화는 CIO가 시스템 운영에 대한 자신의 직무를 유기하는 것으로 봐서는 안 되고 대신 자기 직원들이 서비스를 제공하는 외부 전문업체를 제대로 관리하고 있는지를 확인해야 함을 의미한다.

데이터 센터를 자체적으로 관리하고 있는 기업들에게 조차도 제3자가 제공하는 전문서비스를 활용하는 경우가 많아지고 있는데, 특히 e-비즈니스에 있어 그렇다. 많은 기업들이 자신들의 홈페이지를 전문서비스 업체의 서버에 호스팅을 하는 경우가 많은데 이로 인해 대형 하드웨어를 구입하지 않아도 되며 이러한 장비들을 유지보수하는 데 드는 비용을 절약할 수 있음은 물론, 이러한 업무를 위한 전문가를 고용하지 않아도 되는 이점이 있다.

오늘날 자격 있는 고급 IT요원을 충원하는 일은 결코 쉽지 않다. 그러나 기업의 핵심 비즈니스가 IT일 경우에 경력개발에 보다 유리하기 때문에 자격 있는 IT요원을 충원하기가 더욱 쉬워지며 최신 장비와 도구들을 더 많이 구매하여 서비스의 질을 계속 향상시킬 수 있다는 이점이 있다.

5) 운영이 더욱 단순화되고 있다

또 다른 새로운 추세는 애플리케이션들을 흩어져 있는 PC에 분산하기보다 한 장소에 집중시키는 것이다. 필요하면 언제라도 중앙서버에 있는 프로그램을 다운로드해서 쓸 수 있는 방식이다. 이러한 방식은 "server-based computing"이라 불리는데, 시스템 운영과 유지보수를 보다 단순화시킨다는 이점이 있다. 최근 클라우드 환경에서 컴퓨팅자원을 관리하는 일은 새로운 도전과제이며, 이것의 운영을 돕는 많은 도구들이 출시되어 있다.

6) 일부 운영업무를 독립시킨다

또 다른 하나의 추세는 시스템 운영의 일정 부분 또는 컴퓨터와 네트워크 운영의 일부 측면을 떼어내 독립시키는 일이다. 흔히 인터넷과 관련된 것으로 예를 들면 실시간으로 인터넷 상에서 이벤트를 관리하는 웹 이벤트 관리Web event management를 들 수 있다. Webcast라고 불리는 이러한 이벤트가 성공하면 웹사이트의 방문율이 획기적으로 증가되는데 이러한 이벤트를 전문회사가 호스팅하면 자사의 서버가 과부하되는 것을 방지할 수 있을 것이다.

[사례] 프로그램 최적화 솔루션

컴퓨터 하드웨어 등 전반적인 ICT의 성능이 향상되고 비즈니스 환경과 조건이 변하면 기존의 애플리케이션들은 그 효율성이 현저하게 떨어진다. 따라서 때를 맞춰 애플리케이션과 DB엔진을 업그레이드하지 않으면 최적의 컴퓨팅환경을 구비할 수 없다. 이를 전문용어로 시스템 마이그레이션Application Migration이라고 한다.

시중에는 이러한 문제를 해결하기 위해 애플리케이션 최적화 서비스를 제공하는 업체들이 많이 있다. 예를 들어 메타마이닝사는 프로그램 및 데이터베이스 자동변환 솔루션인 「MetaBridge」를 제공하고 있다. 메타마이닝사는 다음과 같은 서비스(제품)를 제공하고 있다.

제품명	제품기능	적용분야
MetaDoctor	애플리케이션의 문제점을 진단하는 서비스	진단장애 분석
MetaDocu	영향분석 및 IT거버넌스 기능 서비스	영향분석 및 IT거버넌스
MetaBridge	현재 사용 중인 프로그램언어를 Java, C, C#으로 변환하는 서비스	프로그램변환
MetaBlue	다양한 DB의 SQL, DB Object를 사용자가 원하는 DBMS로 변환하는 서비스	DB변환

메타마이닝사는 사용자의 현행시스템의 비즈니스 로직을 그대로 사용하

는 것을 원칙으로 하지만 일부 수정을 하는 경우도 있다. 소스코드가 변환되기 전과 후를 보여줌으로써 원래 프로그램이 어떻게 변환되었는지 확인할 수 있도록 하고 필요할 때 쉽게 수정을 할 수 있도록 돕는다. MetaBridge는 현행 프로그램을 분해parsing한 후, 관련된 기능끼리 재연결하여 저장한 후 다시 사용할 수 있도록 한다. 즉 과거의 프로그램언어로 만들어진 시스템을 유지보수할 때 새로운 프로그램언어로 변환하는 것이다. MetaDocu를 통한 영향분석은 프로그램의 변경 히스토리를 추적 관리할 수 있어 시스템 분석을 쉽게 할 수 있도록 돕는다. 예를 들어, 인사관리시스템이나 회계정보시스템은 개발한 후에도 매년 세법이 달라지므로 이에 맞게 수정을 해야 한다. 사용자 중에는 프로그램언어를 모르는 사람들도 있으므로 모든 사람이 알아볼 수 있는 문서로 만들어두면 좋은데, MetaDocu는 이러한 문서를 만들어주는 데 사용된다.

메타마이닝사는 자신들의 솔루션을 일본과 중국에도 수출하고 있다. 현재 중국은 분석 솔루션의 수요가 크며, 일본은 변환 솔루션의 수요가 크다. 일본은 IT인프라를 갖춘 지 오래되었기에 오래된 애플리케이션들이 많기 때문이다. 당시 사용했던 프로그램 언어가 오늘날 맞지 않기 때문에 옛날의 프로그램 언어와 데이터베이스가 함께 구동되려면 이를 적절하게 변환해 주는 솔루션이 많이 필요하다. 한편 중국의 경우, IT인프라가 활발하게 형성되어 프로그램 수량이 매우 많다. 따라서 현업사용자가 쉽게 이해할 수 있는 프로그램 문서화가 필요하므로 시스템 분석 솔루션에 대한 수요가 많다.

[자료원] 디지털투데이, 국산SW로 아시아 제패 노린다...'메타마이닝', 2013. 7. 24.
http://www.digitaltoday.co.kr/news/articleView.html?idxno=38134

4.3 정보 보안

모든 CIO들은 인터넷을 기반으로 광범위하게 이루어지고 있는 사이버상의 위협과 이를 제압할 대응방안을 이해할 필요가 있으며, 이러한 위협이 사업의 지속적 운영을 방해하지 못하도록 충분한 예산을 확보할 필요가 있다.

1) 위협들

시만텍 인텔리전스 리포트(2015. 10.)에 의하면 2015년 10월 한 달 동안 생성된 악성코드malware는 2,170만 건에 이르고 있다. 특히 암호화된 랜섬웨어ransomware는 44,000건이 발견되었다. 한 달 기준으로 해커 공격의 69%는 금융, 보험 그리고 부동산개발 회사를 대상으로 일어났다.

우리나라는 특히 북한의 적대적인 사이버공격을 집중적으로 받고 있다. 2009년 7월 7일 DDoS 공격을 기점으로 2011년 4월 NH은행 해킹, 2012년 3월 DDoS공격 및 언론사 해킹, 2013년 청와대 해킹 등이 있었다.

대기업이나 정부기관에서 일하고 있는 503명의 보안 관련 전문가들을 조사한 결과 다음과 같은 정보 보안에 관한 통계 자료를 얻을 수 있었다.

- 최근 12개월 이내 응답자의 90%는 컴퓨터 보안 침해 사례를 경험하였다.
- 80%는 이러한 보안 침해로 인해 재정적 손실을 입었다.
- 44%는 재정적 손실을 계산하였는데, 총 손실액은 4억 5천5백만 달러였다.
- 74%가 지적한 가장 빈도수가 높은 공격점은 인터넷 연결 부분이었으며, 33%가 지적한 것은 내부 시스템이었다.
- 40%는 denial of service 공격을 받았다.(denial of service는 특정 웹사이트에 접속을 폭주하도록 만들어 정상적 운영을 방해하는 해킹 방법임)
- 85%는 컴퓨터 바이러스를 감지하였다.
- 78%는 내부 직원이 인터넷 엑세스 권한을 남용하는 것을 발견하였다.

가장 빈번한 사이버 테러는 웹사이트를 점령하여 내용을 쓰레기로 바꾸어버리는 공격인데 이를 'defacement'라 한다. 2001년에 3만 개의 사이트가 이 테러를 당한 것으로 보고되고 있다. 특히 정부기관의 웹사이트들이 테러의 타깃이 되는데 이는 국가 간의 정치적 갈등과 무관하지 않는 것으로 보인다.

정치적 동기 외에도 사람들의 탐욕과 불평도 사이버 테러의 원인이 될 수 있다. 탐욕으로 야기되는 기업들의 지적재산권의 침해는 심각한 사회적 비용을 야기하고 있으며, 이외 못지않게 금융사기도 기승을 부리고 있다. 기업의 기밀정보 유출은 전체 컴퓨터 범죄의 20%를 차지하고 있으며 그 손실의 금액도 계속 증가하고 있는 추세이다. Avery Dennison의 경우 매우 중요한 공식formula 하나를 유실하였는데 4천억 달러의 손실을 입었으며 이는 미래에 있을 매출이나 경쟁력의 손실을 감안하지 않은 것이었다. 영업비밀의 유출은 내부자 소행만이 아니라 외부의 해커들에 의해서도 가능하다. 때로 경쟁업체가 고용한 전문 해커들에 의해 자사의 중요한 기밀정보들이 언제라도 유출될 수 있음을 경영진은 염두에 두어야 한다.

금융사기의 경우 신용카드 정보가 해커에게 유출되어 발생되는 경우가 가장 많다. 따라서 개인의 수치정보주민번호, 신용카드 번호 등는 단순한 웹 서버가 아닌 전용 DB 서버에 저장되어야 하며 DB 서버와 상호 커뮤니케이션을 해야 하는 웹 서버의 출입자들을 엄격하게 감시하고 통제할 필요가 있다.

최근 들어 많은 기업들이 전자상거래를 하고 있지만 제대로 된 보안조치를 취하지 않고 시작하여 뚫린 보안으로 손실을 입는 경우가 잦다. 흔히 예산이 줄어들면 보안조치는 추후에 할 수 있다는 생각에서 보안을 느슨하게 하는 경우가 많다. 가장 훌륭한 보안대책은 데이터를 처리하고 전달하는 시점에 애플리케이션 안에 소프트웨어적으로 보안 확인을 하는 방법이다. 보안의 허점이 조금이라도 있으면 주도면밀한 해커는 해당 기업을 공격하려 든다. 따라서 우수한 통제력, 보안 감사, 이직한 직원의 시스템 접근권을 신속하게 해지하지 않으면 시스템은 언제라도 위험에 처하게 된다.

이러한 금융해킹은 세계가 점점 전자적으로 연결됨에 따라 그 위험도는 계속 증가하고 있다. 따라서 보안에 드는 예산을 단순한 비용으로 볼 것이 아니라 비즈니스를 하기 위해 필연적으로 써야 하는 투자로 인식할 필요가 있다. 한번 잘못되어 사고가 터지면 보안을 위해 들여야 하는 비용 이상으로 엄청난 손실을 가져다 줄 수 있기 때문이다.

사이버 범죄는 시스템이 분산됨에 따라 더욱 기승을 부린다. 모든 집의 금고를 지키기보다 한 은행의 현관문을 제대로 지키는 것이 더 안전하고 비용효과적인 것과 같은 이치이다. 따라서 많은 기업들이 자신의 데이터센터 운영을 철통같은 방어책을 가지고 있는 전문 업체에게 아웃소싱하는 것이다.

모바일 컴퓨팅이 확산됨에 따라 네트워크의 진입문이 더욱 늘어나므로 사이버 범죄자들의 진입로가 더욱 넓어지고 있다. 특히 전자상거래 사이트는 모두에게 열려 있는 네트워크 공간이며, 인터넷 자체가 내부적 보안 프로토콜이 없기 때문에 보안에 더욱 취약하다. 더욱이 해커 공동체가 점점 공적인 성격을 띠게 되면서 누구든지 해킹에 필요한 기법이나 도구를 쉽게 얻을 수 있는 세상이 되어버렸다. 게다가 해킹 도구들이 점차 고급화되고 사용하기가 쉬워져 기업이 도입하고 있는 보안 방식을 압도하는 경우도 자주 있다. 따라서 안전한 전자상거래와 디지털경영을 하기 위해서는 한두 번의 노력이 아닌 지속적인 감시와 노력이 요구된다고 할 수 있다.

[사례] 서울지하철 운행제어 컴퓨터 해킹

서울 지하철 2호선의 열차 운행을 통제하는 컴퓨터(TCC·Traffic Control Computer) 4대 중 지하철 2호선 담당 컴퓨터가 2013년 1월부터 지난해 10월까지 여러 가지 바이러스에 감염된 것을 확인됐다. 악의 있는 해커가 침입했다면 지하철 시스템 운영에 관한 중요 보안 정보가 유출되거나 지하철 운영에 큰 차질이 빚어질 수도 있는 상황이었다. 지하철 2호선을 운영하는 서울메트로는 2014년 7월에도 내부 전산망 서버가 북한으로 추정되는 사이버 테러 조직에 해킹당한 적이 있다. 당시 서울메트로 직원들은 해킹 피해 증거가 담긴 컴퓨터 하드디스크를 무단으로 포맷해 징계를 받았다.

감염된 컴퓨터에는 백신 소프트웨어가 깔려 있었지만 바이러스 실시간 감시 기능이 켜져 있지 않았고, 네트워크에 바이러스가 침입하지 못하도록 막는 백신 기능도 활성화되지 않았던 것으로 조사됐다. 보안 전문가들은 "TCC가 악성 바이러스에 감염되면 시스템에 과부하가 걸리거나, 심할 경우 지하철 운행이 정지될 수도 있다"고 말한다.

이 컴퓨터는 콘피커 웜 바이러스 등에 감염돼 있었으며, 각종 악성코드의 유입 루트가 되는 ms08-067 보안 취약점도 그대로 남아 있었다. 이 ms08-

067은 해커가 해당 컴퓨터를 원격조종해 프로그램을 설치하거나 삭제하고, 허가받지 않은 이용자를 등록할 수 있는 문제를 갖고 있다.

서울메트로는 2016년 1월부터 정보 보안팀을 신설했고 바이러스 점검 주기를 월 1회에서 주 1회로 늘리는 등 대책을 마련했다. 연말까지는 업무 전산망을 인터넷에서 완전히 분리해 외부 공격을 원천적으로 차단할 계획을 세우고 있다.

[자료원] 조선닷컴, '해킹 무방비'로 3년간 달린 서울지하철, 2016. 2. 13.
https://news.chosun.com/site/data/html_dir/2016/02/13/2016021300179.html

2) 해킹 방법

해킹 방법은 지금도 계속 진화하는 분야라서 여기에 설명된 것에만 한정할 수 없다. 여기에서는 대표적인 해킹 기법만을 설명하였다.

(1) 비밀번호 추론(cracking the password)

누군가의 비밀번호를 추측하는 일은 생각보다 쉽다. 전문 해커는 사람들이 비밀번호를 만들 때 흔히 사용하는 모든 종류의 개인정보생년월일, 자녀이름, 스포츠팀 등들의 조합을 만들어 비밀번호를 알아내는 "brute force"라는 프로그램을 이용하여 비밀번호를 찾아낸다.

(2) 비밀번호 유출사기(tricking someone)

비밀번호를 알아내기 위해 해커는 합법적인 네트워크 관리자로 위장하여 내부 직원에게 전화를 한 다음 네트워크 관리에 필요하다는 명목으로 비밀번호를 알아낸다.

(3) 네트워크 길목 지키기(network sniffing)

해커는 비밀번호나 중요 정보를 중간에서 가로채기 위해 모든 트래픽을 감시하는 소프트웨어를 설치한다. 네트워크에 오가는 대부분의 정보가 암호화되지 않아 의외로 중요한 정보가 해커의 손에 넘어갈 수 있다.

(4) 네트워크 관리도구의 오용(misusing administrative tools)

네트워크 관리에 사용되는 유용한 도구가 해커의 손에 들어가 잘못 이용될 수 있다. 예를 들면, 네트워크의 취약점을 진단하기 위해 사용되는 도구를 해커는 자신이 공격할 수 있는 취약 지점을 찾는 데 활용할 수 있다.

(5) 불법적 중개인 역할(playing middleman)

커뮤니케이션을 하는 양측의 사이에 끼어들어 상대측이 보내는 정보를 다른 정보로 바꾸거나 합법적인 거래 당사자로 하여금 커뮤니케이션에 참여할 수 없도록 막는 등 정상적인 소통을 할 수 없도록 하는 불법행위를 말한다. 예를 들면, 온라인으로 입찰이 진행되는 데 특정 경쟁업체로 하여금 입찰에 참여할 수 없도록 중간에 개입하여 막는 것을 말한다.

(6) 서비스 부인(DOS: Denial Of Service)

특정 웹사이트를 마비시킬 목적으로 불필요한 대량의 트래픽을 해당 사이트에 집중시킴으로써 정상적인 작동을 방해하는 행위를 말한다. 방해를 받아 합법적인 트래픽이 처리될 수 없어 일정 시간 동안 정상적인 비즈니스가 이루어질 수 없게 된다.

DDOSDistributed DOS공격은 주로 기관의 홈페이지를 대상으로 하므로 내부 서비스망인트라넷에는 영향을 주지 않는다. 기업들은 이 DDOS공격을 방어하기 위해 여러 가지 방법들을 활용하고 있다. 예를 들어 금융기관은 트랙픽접속량 분산시스템을 구축하여 공격의 강도를 약화시키며, 네이버는 메일 서비스 주소를 http://mail2.naver.com으로 변경해서 공격을 피했다. 사용자들이 네이버 홈페이지에서 메일 서비스를 이용하기 위해 '메일'을 클릭하면 자동으로 http://mail2.naver.com으로 가도록 했다.

(7) 트로이 목마(trojan horse)

악의적 목적으로 제작된 프로그램이 선의의 프로그램에 숨어 있다가 프로그램을 실행하게 되면 악의적 목적시스템 또는 DB 파괴, 정보유출 등을 수행하도록 만들어진 악성 프로그램을 말한다. 오늘날 가장 보편적으로 사용되는 해킹기법의 하나이다.

(8) 바이러스

응용프로그램이나 데이터에 첨부되어 있다가 작업을 하다보면 은연중에 실행되는 악성코드다. 가장 많이 알려진 형태는 이메일에 첨부파일로 침투하였다가 첨부파일을 여는 순간 파일시스템을 파괴하거나 컴퓨터에 저장된 이메일 주소로 불필요한 메일을 보내는 등의 악의적 작업을 수행한다. 인터넷의 확산으로 바이러스의 피해는 날로 확산되고 있으며 적절한 바이러스 감지 및 퇴치 프로그램이 없는 이상, 한시도 인터넷과 컴퓨터를 쓸 수 없는 시대가 되었다.

웜worm은 스스로를 컴퓨터 시스템에 자리를 잡고 해를 끼치는 바이러스나 복제코드의 일종이다. 해로운 일을 많이 할 수 있는 장소에 들어가지 않고, 단순히 자기 자신을 전자우편을 통해 많은 컴퓨터들에 복제하는 멜리사 같은 바이러스들도 있다. Worm.ExploreZip 같은 것들이 웜의 예이다. 대부분의 컴퓨터 바이러스와 같이, 웜도 위에서 설명한 트로이 목마로 위장하여 침투한다.

(9) 스푸핑(spoofing)

다른 사람의 전산자원에 액세스할 목적으로 속이기(예를 들어, 인터넷 주소를 날조함으로써, 정당한 인터넷 사용자인 것처럼 보이게 하는 등), 즉 승인 받은 사용자으로 위장하여 시스템에 접근하려는 시도나 정상적인 웹사이트를 모방하여 만든 불법 사이트를 통해 사용자의 신용카드 정보 등 개인정보를 훔쳐내는 행위를 말한다. 예를 들어 ARP Spoofing은 MAC네트워크 물리적 주소을 변조하여, 네트워크 트래픽·패킷을 중간에 탈취하거나 방해하는 공격을 말한다.

(10) 랜섬웨어(ransomware)

랜섬웨어는 컴퓨터 시스템을 잠그거나 감염시켜 접근을 제한하고 일종의 몸값을 요구하는 악성 소프트웨어의 한 종류이다. 컴퓨터로의 접근이 제한되기 때문에 제한을 없애려면 해당 악성 프로그램을 개발한 자가 요구하는 돈을 지불해야 하므로 랜섬웨어라는 명칭이 붙었다. 시스템의 하드 드라이브에 파일을 암호화하는 랜섬웨어가 있는 한편, 시스템을 단순하게 잠그고 컴퓨터 사용자에게 돈을 요구하는 안내문구를 띄운다.

처음 러시아에서 유행하면서 랜섬웨어를 이용한 사기는 국제적으로 증가하였는데 보안 소프트웨어 개발사 맥아피는 2013년 1분기 동안 수집한 250,000개 이상의 독특한 랜섬웨어 샘플 자료를 공개한 바 있었다. 2016년 5월에는 변종 랜섬웨어 '록키Locky'가 국내에 배포되어 피해를 준 적이 있다. 자료를 암호화하여 금전을 요구하기 때문에 한번 감염이 되면 암호를 해제할 수 있는 방법이 현재로는 없다.

전자상거래가 보편화되어 가고 있는 오늘날, 기업들은 완벽한 보안과 파트너기업과의 흠결 없는 정보의 흐름을 동시에 얻을 수는 없다. 기술이 보안 문제를 모두 해결할 수 없기 때문에 결국 조직의 구성원 모두가 컴퓨터 보안 위협을 잘 인지하고 지속적으로 관심을 갖도록 교육해야 하는 일이 중요하다.

[심층사례] 랜섬웨어 공격의 일상화

2016년 5월 초, 전 세계를 대상으로 위협한 랜섬웨어 워너크라이WannaCry는 MS 윈도우 운영체제를 사용하는 컴퓨터가 주 대상이었다. 감염되면 컴퓨터 내의 다양한 파일들이 암호화되어 사용할 수 없게 된다. 같은 해 6월, 우크라이나에서 시작돼 러시아, 유럽, 아시아 등 전 세계를 동시다발적으로 강타한 페티야Petya 공격은 워너크라이보다 더 강력하고 정교한 것으로 알려져 있다. 페티야는 전 세계 2,000곳이 넘는 기관을 공격하였는데 특히 우크라이나와 러시아가 막대한 피해를 입었다. 우크라이나는 주요 정부부처는 물론 원자력발전소와 국영은행 등 기간시설이 페티야 공격을 받았다. 국제공항과 국영은행, 전력 및 통신기업 등 100개가 넘은 우크라이나 기관이 공격을 받았지만 정확한 피해 규모조차 파악하지 못하고 있다. 특히 페티야는 워너크라이와 달리 피해자를 위한 파일 복원 가능성을 남겨두지 않아 몸값을 치러도 파일을 복원할 수 없는 것으로 알려져 있다. 얼마 전 랜섬웨어 공격에 나흘 만에 13억 원이라는 거액을 몸값으로 지불한 우리나라 웹 호스팅기업(인터넷나야나)도 있어 경각심을 가지지 않을 수 없다.

렌섬웨어를 방어하기 위해서는 송신자의 신원이 불명확한 이메일이나 문서를 열지 말아야 하고, 문서데이터를 별도로 백업하고, 보안 소프트웨어를 최신의 것으로 유지하며, 운영체제를 최신 것으로 업데이트를 하는 방법밖에 없다.

[자료원] 대경포럼, '세계를 강타한 사이버무기, 랜섬웨어', 2017 여름호 통권 제99호, 55쪽.

3) 네트워크 보안을 위협하는 트렌드

네트워크 보안을 위협하는 8가지의 최신 트렌드는 다음과 같다(Lyne, 2012).

(1) 무선네트워크, VPN(가상사설망) 그리고 로밍서비스 이용자

오늘날 사람들은 언제 어디서나 무선네트워크에 접근해서 정보를 처리하고 공유할 수 있다. 직원들은 각자의 모바일 기기를 가지고 기업의 시스템에 접근하므로 알게 모르게 보안 방어벽은 쉽게 구멍이 날 수도 있다. 지점이나 재택근무자들이 늘어나면서 네트워크의 연결성은 더욱 확장되고 있다. 오늘날 네트워크 보안은 이 모든 요소들을 고려하여 설계될 필요가 있다. 직원이 인트라넷(내부망)에서 접속할 때보다 밖에서 시스템에 접속하려 할 때 더 높은 보안 절차를 거치는 이유가 거기에 있다.

(2) 목표공격과 APT

APTadvanced persistent threat는 최근 떠오르는 새로운 유형의 해킹전략이다. 수년간 웹 필터링, IPS[2)]가 이러한 공격을 막는 핵심 네트워크 보안기술의 역할을 수행해 왔다. 해커들이 더욱 대담해지고 그들의 공격수법이 보다 교묘해지는 상황에서 기존의 네트워크 보안기술과 다른 분야의 보안서비스를 통합하여 보다 강력한 방패를 만들 필요가 있다.

---

2) 침입탐지(Intrusion Detection), 방화벽(Firewall)과 같은 네트워크 기반 차단 솔루션을 말한다. IP/Port를 기반으로 하는 차단 솔루션인 방화벽(Firewall), 자체적으로 내장된 각종 해킹수법을 기반으로 시스템의 비정상적인 사용, 오용, 남용 등을 실시간으로 탐지하는 침입탐지 시스템(IDS: Intrusion Detection System)을 결합한 솔루션으로, 비정상적인 트래픽을 능동적으로 차단하고 격리하는 등 방어 조치를 취하는 보안 솔루션이다.

(3) 네트워크 소비의 대중화와 BYOD현상

무선 네트워크를 이용한 웹서비스의 증가와 BYODBring Your Own Device현상으로 고객들은 자신의 모바일 기기를 이용하여 기업의 네트워크에 바로 접속할 수 있다. 이러한 상황에서 네트워크 보안의 범위는 기업이 통제할 수 없거나 때로 문제가 되는 고객의 기기까지 포함할 필요가 있다. 예를 들면 악성코드의 포로가 된 매킨토시애플의 PC를 가진 고객이 기업의 시스템에 접근하여 악성코드를 옮기는 등 의심스런 활동을 할 때 보안시스템은 이러한 활동을 포착하고 적절한 방어를 할 수 있어야 한다. 그렇게 하지 않으면 시스템이 감염이 되어 문제가 발생할 때까지 모르고 지나갈 수도 있다.

(4) 웹 애플리케이션과 웹 서버보호

웹 애플리케이션에서 데이터를 빼내거나 악성코드를 심기 위한 해킹활동은 오늘날에도 여전히 현재진행형이다. 해커들은 그들이 접수한 합법적인 웹 서버를 통하여 악성코드를 퍼 나른다. 그럼에도 기업들은 PC나 전통적인 해킹공격을 막는 데 많은 돈을 쓸 뿐 웹 서버와 웹 애플리케이션을 보호하는 데는 소홀한 편이다. 향후 HTML5[3)]와 같은 새로운 마크업 기술은 보안에 있어 새로운 도전거리를 제공할 것이다.

(5) IPv6: 새로운 인터넷 환경 소성

IPv6는 오랫동안 인터넷에서 사용된 IPv4를 대체하는 새로운 인터넷 프로토콜이다. IPv6는 더 많은 인터넷주소를 생성할 수 있어 보안정책에도 큰 영향을 미칠 수 있는 변화를 가져올 것이 분명하다. 따라서 기업들이 IPv6를 언제 도입하든 이는 분명히 새로운 보안적 도전과제를 가져다 줄 것이다.

(6) 클라우드 서비스

중소기업은 물론 대기업조차 클라우드 서비스와 SaaS[4)]를 도입하고 있다. 통신 트래픽

3) HTML5는 HTML의 5번째 버전으로 World Wide Web의 핵심 마크업 언어이다. 2004년 7월 Web Hypertext Application Technology Working Group(WHATWG)이 웹 애플리케이션 1.0이라는 이름을 붙인 이후 HTML5는 비디오, 오디오 등 다양한 부가기능과 최신 멀티미디어 콘텐츠를 액티브X 없이 브라우저에서 쉽게 볼 수 있게 하는 것을 목적으로 한다. W3C는 2014년 10월 28일에 HTML5 표준안을 확정했다고 발표했다.

4) SaaS(Software as a Service)는 "on-demand software"로도 불리며, 소프트웨어 및 관련 데이터는 중앙에 호스팅되고 사용자는 웹 브라우저 등의 클라이언트를 통해 접속하는 형태의 소프트웨어 전달 모델이다.

이 전통적인 검열영역을 벗어남에 따라 네트워크 보안에 새로운 도전적 과제를 던질 수 있다. 그리고 클라우드가 제공하는 애플리케이션이 늘어남에 따라 앱 애플리케이션과 클라우드 서비스에 대한 새로운 정책적 통제가 필요하다. 예를 들어, 사용자는 어떤 서비스의 인터페이스를 쓸 것인가? 데이터에 대한 접근권한에 대한 통제는 어떻게 할 것인가 등의 문제들이 제기될 수 있다. 또한 클라우드 서비스들이 별도의 보안절차(예: 패스워드 입력 등)를 요구하게 되면 자사의 시스템이 요구하는 보안절차와 중복되는 문제도 발생할 수 있다. 한마디로 클라우드가 줄 수 있는 기회도 많지만 그만큼 네트워크 보안에 신경을 써야 하는 부분도 늘어난다.

(7) 증가하는 암호화

여러 통신계층communication layers에서 개인정보를 포함한 다양한 데이터를 보호하기 위해 암호화는 늘어나는 추세이다. 늘어나는 암호화는 네트워크 보안서버에 추가적인 부담을 주게 된다. 예를 들어, 클라우드 서비스에 접근하려면 네트워크 DLPData Loss Prevention가 오가는 트래픽을 일일이 검사해야 하는데 이것을 어떻게 수행할 것인가도 문제다. 이 과정에서 서비스의 처음부터 끝까지 완벽한 보안을 유지하려면 네트워크와 클라이언트기기 그리고 서버 등과 긴밀한 협업이 매우 중요하기 때문이다. 이를 위해서는 자사의 네트워크 보안을 네트워크의 끝에 있는 기기들, 웹보안, 모바일 기기들과 관련된 보안방식과 통합하는 네트워크 보안 전략의 수립이 필요하다.

(8) 탄력적인 네트워크

네트워크는 향후 4G, LTE, 5G, 무선접속지점, 홈오피스와 지점, 모바일 사용자, 클라우드 서비스, 자사의 웹 애플리케이션과 데이터에 접속하려는 불특정 사용자들까지 모두를 연결하기 위해 계속 팽창하고 있다. 네트워크의 규모와 복잡성이 도를 넘게 되면 모르는 사이에 네트워크 구성configuration과 통제 에러의 발생으로 보안이 뚫리는 일들이 생길 수 있다. 따라서 모든 기기 또는 인프라 지점point에서 적절한 임무를 수행할 수 있는 보안 솔루션을 배치해야 하며, 각 지점에서 인프라가 수요에 대해 탄력적으로 대응하고 다양한 계층에서 보안이 유지될 수 있도록 중앙집중적 관리를 필요로 한다.

4) 보안의 5개 축

오늘날 시스템 보안을 구성하는 5개의 축은 다음과 같다.

(1) 인증authentication	사용자가 합법적인 사람임을 증명하는 일.
(2) 확인identification	특정 시스템의 접근을 허락해야 할 사용자인지 확인하는 일.
(3) 프라이버시privacy	개인 정보나 비밀문서가 부적절한 사람이나 조직으로 넘어가지 않도록 하는 일.
(4) 무결성integrity	정보의 원래 형태를 보존하는 일. 즉 변조를 방지하는 일.
(5) 부인방지nonrepudiation	사이버상에서 취한 행동이나 결정을 부인하지 못하도록 하는 일.

(1) 인증(authentication)

거래를 할 때 참여하는 사람(또는 조직)이 그 일을 할 수 있는 합법적인 권한을 가진 사람(또는 조직)인지 여부를 확인하는 절차를 인증이라고 말한다. 인증을 위해서는 그 사람 또는 조직만이 아는 무언가를 확인하는 과정이 필요하다. 그것이 비밀번호가 될 수도 있으며 주민번호 뒤 7자리 숫자일수도 있다. 오늘날 전자상거래를 하면서 결제를 할 때 공인인증서를 요구한다. 사용자는 비밀번호를 입력하여 자신이 제출한 공인인증서의 합법적인 소유자임임을 증명하며 인증을 받게 된다.

기억해야 하는 비밀번호는 흔히 잊어버리게 마련이다. 이러한 문제를 해결할 수 있는 길은 사람의 신체 부위지문, 홍채, 음성 등의 특징을 가지고 인증하는 생체인증biometrics 방법도 있다. 어느 방법도 완전하지 않기 때문에 철저한 보안을 위해서는 위의 2가지 이상의 방법을 조합하여 사용할 필요가 있다.

(2) 확인(identification)

확인이란 특정 사용자에게 시스템이나 데이터에 접근할 수 있는 권한을 부여하는 과정을 말한다. 이는 마치 운전면허증을 교부받은 사람만이 운전을 할 수 있는 것과 같은 이치이다. 오늘날 확인 절차는 모든 애플리케이션이 요구하기 때문에 때로 사람들을 피곤하게 만들 수 있다. 사이트가 바뀔 때마다 ID와 password를 일일이 쳐 넣어야 하는 번거로움 때문이다. 그래서 기업들은 점차 전사적 포탈 시스템enterprise information portal을 구축하여 한 번의 패스워드의 입력single sign-on으로 모든 애플리케이션에 접근할 수 있도록 하고 있다.

(3) 프라이버시(privacy)와 무결성(integrity)

프라이버시와 무결성은 동전의 양면과 같다. 개인이나 기업의 고급 정보가 잘 보호되어야 정보의 원래 내용이 불법적으로 변형 없이 지켜질 수 있기 때문이다. 기업들은 거래를 하는 과정에서 취득한 개인정보를 잘 관리하지 않아 유출시키면 바로 개인정보법을 위반하게 된다. 위에서 말한 '인증'이나 '확인'절차가 부실할 경우, 부적절한 사람이 시스템에 접근하여 비밀정보를 빼내거나 정보를 변조하는 일을 할 수도 있다.

(4) 부인방지(nonrepudiation)

전자상거래나 정보교환이 발생한 후, 참여했던 당사자들이 그 행위를 부인할 수 없도록 하는 것은 전자상거래가 만연한 오늘날 신뢰사회를 만드는 데 중요한 일이다. 부인방지는 실제 정보를 보낸 사람(또는 조직)과 어떤 거래와 결정을 했던 사람임을 증명해 주는 서비스라고 할 수 있다.

5) 보안기술

오늘날 정보시스템 보안의 추세는 보안 정책을 수립한 후, 보안관리 제품이나 서비스 등을 활용하여 이 보안정책을 중앙부서의 통제하에 확실하게 집행해 나가는 것이다. 예를 들면, 사용자가 인증이 되어 일단 네트워크에 진입하면 그 사용자에게 허용된 애플리케이션에만 들어갈 수 있도록 하는 것이다. 즉 재무 및 회계 정보에는 회계 직원만이 접근할 수 있도록 할 뿐 생산 직원은 접근할 수 없도록 하는 것과 같다.

본 절에서는 세 가지 보안 기술, 즉 방화벽firewall, 암호화encryption, VPNVirtual Private Network, 무선침입방지시스템을 설명하고자 한다.

(1) 방화벽(firewall)

방화벽은 네트워크 게이트웨이 서버에 위치하고 있는 일련의 연관된 프로그램들로서,

다른 네트워크의 사용자들로부터 사설 네트워크에 연결되어 있는 컴퓨팅 자원들을 보호하기 위해 설치한다. 방화벽은 외부인이 공개되지 않은 컴퓨팅 자원에 접근하는 것을 막고, 자기회사의 직원들이 접속해야 할 외부의 자원들을 통제하기 위해 기업의 인트라넷과 인터넷 사이에 설치되기도 한다.

기본적으로 방화벽은 라우터 프로그램과 밀접하게 작동함으로써, 모든 네트워크 패킷들을 그들의 수신처로 전달할지 여부를 결정하기 위해 검사하고, 여과한다. 또한 방화벽은 컴퓨터 사용자 대신 네트워크에 요청을 해주는 프록시 서버proxy server의 기능을 포함하거나 또는 함께 상호 협력하여 동작하기도 한다.

방화벽의 작동 방식은 몇 가지가 있다. 단순한 방법 중 하나는 들어오는 요구가 수용할 수 있는(즉, 이전에 확인된) 도메인 이름이나 IP 주소로부터 오는 것인지를 확인하는 것이다. 이동 중인 사용자들을 위해서는 추가적인 보안접속절차나 인증 등을 통해 사설 네트워크에 원격접속할 수 있도록 허용한다.

(2) 암호화(encryption)

암호화는 허가받지 않은 사람들은 이해할 수 없도록 데이터를 암호문이라고 불리는 형태로 변환하는 과정이다. 암호화는 반드시 암호화된 데이터를 원래의 형태로 되돌려 이해할 수 있도록 만드는 복호화decryption 과정이 필요하다.

디지털 시대에 암호 코드는 데이터 비트들을 재배열하는 매우 복잡한 컴퓨터 알고리즘에 따라 조작된다. 암호화된 데이터를 복원하기 위해서는 암호해독키decryption key가 필요하다.

암호화와 복호화는 특별히 모바일 전자상거래에서도 중요하다. 무선 통신이 유선에 비해 상대적으로 도청하기가 더 쉽기 때문이다. 온라인상의 신용카드 결제, 또는 조직 내의 다른 부서들 간의 비밀스런 회사업무 토의 등과 같은 민감한 거래를 수행할 때 암호화와 복호화는 필수적이다.

(3) VPN(Virtual Private Network)

오늘날 가장 적은 비용으로 전사적 네트워크를 구축하기 원한다면 개방형 네트워크 프로토콜TCP/IP과 인터넷을 이용하는 방법이다. VPN가상사설망은 개방형 인터넷의 출현으로 가능해진 사설 네트워크라 할 수 있다. VPN은 공중 통신망 기반시설을 터널링 프로토콜과 보안 절차 등을 사용하여 개별기업의 목적에 맞게 구성한 사설 네트워크로서 오직 한 회사에 의해서만 사용될 수 있는 자체 전산망이나 전용회선과는 대비되는 개념이다.

VPN은 모든 회사들이 저마다 개별적으로 회선을 임차하는 것보다, 공공 네트워크를 공유함으로써 낮은 비용으로 전용회선과 거의 유사한 수준의 서비스를 제공하려는 아이디어에서 출발하였다. 통신회사들은 음성 메시지에 대해 보안이 유지되는 공유자원을 제공하면서 데이터를 위해서도 보안이 유지되는 공공 네트워크를 공유하도록 하고 있다.

VPN은 공공 네트워크를 통해 데이터를 송신하기 전에 데이터를 암호화하고, 수신측에서 복호화한다(암호를 다시 푼다). 암호화는 데이터뿐 아니라, 부가적인 차원의 보안으로서 송수신지의 네트워크 주소도 포함된다. 마이크로소프트, 3Com 그리고 몇몇 다른 회사들이 PPTP라는 표준 프로토콜을 제안하였으며, 마이크로소프트는 이 프로토콜을 윈도우NT 서버에 내장시켰다. 마이크로소프트의 PPTP와 같은 VPN 소프트웨어는 대개 회사의 방화벽 서버에 설치되는 보안 소프트웨어도 마찬가지로 지원한다.

VPN은 3가지 방식으로 서비스되고 있다.

원격접근remote access VPN은 먼 곳에서 이동 중인 직원이 특정 통신 서비스회사KT, LG파워콤, SK 브로드밴드 등에게 전화를 걸어 본사의 인트라넷에 접속하는 방식이다. 이때 통신 서비스 회사는 자사의 네트워크와 고객기업의 네트워크를 연결하는 안전한 터널을 설정해 준다. 이 방식은 네트워크 관리를 통신 서비스 회사에 아웃소싱하는 결과를 낳게 된다.

원격오피스remote office VPN은 원격에 위치한 지점 사무실과 본사를 연결하는 안전한 가상사설망을 만들어 주는 방식이다. 통신 서비스 회사가 보유한 VPN장비가 본사와 지점 간에 주고받는 모든 데이터를 암호화/복호화 해 주는 기능도 수행한다.

엑스트라넷 VPN은 기업들이 파트너 기업들협력업체, 전략적 제휴업체, 고객 등과 원활한 e-비즈니스를 할 수 있도록 해 준다. 파트너 기업들은 특정 통신 서비스 업체에 전화를 걸어 안전한 링크를 확보한 후, 상호 커뮤니케이션을 하게 되는 것이다.

(4) 무선침입방지시스템(WIPS: Wireless Intrusion Prevention System)

무선 해킹은 유선 인터넷망 '유선 해킹'과는 달리, Wi-Fi, 4G, 5G 등의 무선 통신 환경에서 일어나는 해킹을 말한다. 우리가 평소에 자주 접해온 많은 해킹 사례들이 유선 인터넷망에서 일어난 것에 집중되어 있다 보니, 무선 해킹에 대해서는 관심이 적다.

무선 통신 기술의 발달과 함께 무선 보안의 중요성이 점차 커지고 있다. 2015년 KISA 한국인터넷진흥원는 '정보보호 10대 기술' 중 하나로 '4G·5G WIPS 보안기술'을 언급하였다. 무선 해킹을 막는 대표적인 시스템으로 WIPSWireless Intrusion Prevention System, 무선침입방지시스템를 들 수 있다.

WIPS는 Wireless IPS, 즉 IPSIntrusion Prevention System 장비의 무선 버전으로 무선 네트워크 환경에서 보안을 담당하며, '관제-탐지-차단'의 3단계 메커니즘으로 작동한다.

[관제단계] 무선 네트워크를 이용하는 모든 장비의 트래픽·패킷을 실시간으로 관제한다.

- 무선 네트워크를 이용하는 휴대폰, 노트북 등의 장비가 어떤 행동을 하고 있는지를 보여주는 트래픽·패킷을 실시간으로 감지한다.

[탐지단계] 관제된 트래픽·패킷 중 유해성 여부를 판단한다.

- 관제된 트래픽·패킷의 내용을 확인하여, 악성코드 또는 해킹 공격의 의도가 있는 내용이 포함되었는지를 판단하고, 네트워크 과부하를 야기하는 비정상적으로 엄청난 양의 접속시도를 포착한다.

[차단단계] 유해성이 있다고 판단되면 해당 요청이나 요소를 차단한다.

- 1, 2단계를 거쳐 유해성이 있다고 판단된 트래픽·패킷, 그리고 해당 휴대폰, 노트북 등의 장비를 차단하는 역할을 수행한다.

6) 보안정책

최신의 보안기술도 중요하지만 그와 못지않게 적절한 보안정책을 수립하는 일도 중요하다. 기업이 보유한 데이터를 잘 활용하면 회사에 이익이 되지만 잘못 관리하면 치명적인 손해를 끼칠 수 있기 때문이다. 따라서 기업은 특히 고객들의 개인정보를 잘 지켜야 한다. 튼튼한 정보 보안을 위한 몇 가지 중요한 가이드를 들자면 다음과 같다.

첫째, 무조건 많은 정보를 가졌다고 좋은 것은 아니다. 불필요한 정보를 많이 가지고 있다가 유출될 경우 피해만 더 커질 뿐이다. 따라서 영업, 마케팅, A/S, 고객관계관리 등 기업의 경영목표와 전략을 실행하는 데 꼭 필요한 정보만을 선별하여 최소한의 정보만을 안전하게 보관하는 것이 좋다. 정보보호의 첫 걸음은 지켜야 하는 정보는 어떤 것인지, 그 정보는 조직 내 누가 보관하고 누가 생성하고 관리하는지, 유출 시 치명적인 정보는 어떤 것인지를 알아야 한다. 치명적인 정보 중 대표적인 것은 주민번호, 신용카드번호, 카드유효기간, CVC값신용카드 뒤쪽에 있는 숫자, 은행계좌번호와 비밀번호 등이다. 이런 치명적인 정보들은 대부분 첫 거래를 할 때 개인 식별을 위해 필요하고 이후에는 필요 없다. 따라서 처음에 등록한 후 각 기관, 기업별로 별도의 식별번호를 만들어 활용하면 보다 안전할 것이다. 민감한 개인정보를 서버에 저장해 두고 불안해 하기보다 공인전자문서센터나 백업센터에 넣어 두고 일상의 거래는 다른 개인 식별번호로 처리하는 것이 더 안전하다.

둘째, 개인정보에 접속할 수 있는 직원의 수를 최소화해야 한다. 업무를 보다 보면 많은 직원들이 개인정보에 접속하게 되고, 방만하게 관리하다 보면 전 직원의 60~70%가 개인정보 취급자가 되기도 한다. 취급자가 늘어나면 늘어날수록 당연히 보안은 취약해지고 위험은 증가한다. 따라서 매일 필요한 것인지 가끔 필요한 것인지, 아니면 직책에 따라 필요한 것인지 등 실질적인 활용 및 효용측면에서 엄격하게 분류하여 정보접근권한을 부여해야 한다. 그리고 접속 로그를 주기적으로 분석해 1개월 이상 사용하지 않은 개인정보 취급자에 대해서는 과감히 권한을 회수하는 것도 필요하다.

셋째, DB접속에 대해 실시간 로그분석을 수행해야 한다. 그렇게 확인된 DB접속자에게 수시로 수집한 정보를 어떤 용도로 활용했는지를 본인에게 물어볼 필요도 있다. 대부분 CEO들은 정보 보안을 외부해킹이나 APT[5]공격으로부터 방어하는 것이라고 생각하지만 사실 내부자들에 의해 자행되는 정보유출이 전체 건수의 80%를 차지한다.

다섯째, 보안도 기업문화의 일부이므로 보안과 관련하여 올바른 기업문화를 조성할 필요가 있다. 회사의 자산, 고객과의 관계와 약속을 소중하게 생각하는 기업문화를 가진 기업일수록 정보 보안 리스크는 줄어들 것이다. 회사에 대한 높은 충성심, 동료 간의 높은 신뢰도, 직업적 전문성, 회사의 발전을 자신의 발전과 동일시하는 자세 등이 정보 보안에 긍정적인 기업문화의 일부이다.

따라서 정보 보안은 단순히 CISO나 CIO의 책임이 아니다. 고객의 신뢰와 회사의 존폐

5) Advanced Persistent Threat, 지능형 타깃 지속공격

가 걸린 문제이므로 당연히 CEO의 주요 관심사가 되어야 한다.

[사례] 국내 통신 3사의 첨단 보안 기술

지난 10년간 사이버 공격 피해 금액이 3조 6000억 원 달하고 있다. 이렇게 해킹 위협이 커지면서 보안 시장도 함께 성장하고 있다. 시장조사업체 가트너에 따르면 국내 정보 보안 지출 규모는 2016년에 1조7400억 원에서 2020년 2조3500억 원으로 35% 증가할 전망이며, 같은 기간 아시아·태평양 지역의 지출 규모는 179억 달러20조5000억원에서 256억 달러29조4000억원로 늘어날 것으로 예측하였다. 통신업체 관계자는 "기업이나 개인이 보유하고 있는 정보의 가치가 커지면 커질수록 해킹의 위협도 증가할 것"이라며 통신업체들이 정보 보안 사업을 신성장 동력으로 삼고 앞다투어 관련 기술을 개발하는 이유도 거기에 있다.

인터넷으로 스마트폰·컴퓨터·가전기기·자동차 등 사실상 모든 사물을 제어할 수 있게 되면서 해킹 위협과 보안 기술의 중요성은 갈수록 커지고 있다. 기업들이 보유한 스마트폰 설계도, 자동차 도면 같은 고급지적재산이나 병원이 보유하고 있는 개인 의료 정보 등 민감한 데이터를 모두 컴퓨터 하드디스크나 클라우드가상 저장 장치에 보관하고 있기 때문에 이 정보가 한번 유출되면 그 피해는 걷잡을 수 없다. 실제로 2016년 2월 미국 로스앤젤레스LA에 있는 한 병원 전산시스템이 악성코드 일종인 랜섬웨어ransomware에 감염돼 환자 정보가 담겨 있는 DB에 접근할 수 없었다. 해커는 이를 풀어주는 대가로 360만 달러약 40억7000만원를 요구했다. 2주간 협상 끝에 병원은 1만7000달러약 1900만원를 해커에게 지불하고 시스템을 복구할 수 있었다.

SK텔레콤 종합기술원 산하 양자기술연구소은 2017년 2월 스페인 바르셀로나에서 열린 세계 최대 모바일 전시회 MWC모바일월드콩그레스에서 양자 암호 통신 기술을 선보였다. 양자 암호 통신은 빛 알갱이 입자인 광자光子를 이용한 기술이다. 이 물질의 특징은 누군가 해킹을 시도할 경우 양자의 성질이 아예 바뀌어서 읽지 못하는 정보가 된다는 점이다. 기존 통신의 경우, 해커가 암호키를 확보하면 기업의 데이터를 몰래 들여다 볼 수 있었지만 양자 통신은 암호키를 가로채더라도 정보를 볼 수 없다. SK텔레콤은 통신장비업체인 노키아와 양자암호기술 기반 통신 장비를 공동 개발해 2018년 자사의 통신망에 우선 적용하기로 했다. 이후 노키아와 함께 이 기술의 해외 판매에 나설 계획이다.

KT는 2017년 5월에 USB 형태의 휴대용 보안 기기인 '위즈스틱WizStick 2.0'을 출시할 예정이다. 이는 2016년 8월에 출시한 위즈스틱을 업그레이드한 기기다. 지문인식 기반의 위즈스틱은 보안에 많은 투자를 할 수 없는 기업에게 방화벽, 침입탐지시스템과 같은 보안 기능을 제공하고 유해 사이트 접속을 원천 차단할 수 있다. 위즈스틱 2.0에는 지문인증을 통한 대중교통 결제, 금융 결제, 건물 출입 인증 등 서비스를 추가할 수 있다.

LG유플러스가 2017년 4월에 개인정보 보안을 위해 출시한 '유플러스 개인정보팩'은 방화벽, PC백신, PC필터 등이 결합된 3중 보안 서비스다. 방화벽은 유해 사이트 접속을 차단하고, PC 백신은 PC에 문제가 발생했을 때 보안 전문 업체가 일대일 원격으로 문제를 해결하며, PC 필터는 PC에 저장된 개인정보를 찾아내 해킹이 불가능한 방식으로 암호화하거나 아예 삭제하는 기능이다. PC에 연결된 USB 메모리와 외장 하드디스크에 저장된 개인 정보까지 모두 암호화하거나 삭제할 수 있다.

[자료원] 조선일보, 더 이상의 해킹은 없다...'첨단 보안 기술' 선보이는 통신 3사, 2017. 5. 6.
http://biz.chosun.com/site/data/html_dir/2017/05/05/2017050501089.html

[전문가 인터뷰] 알렉스 스타모스 페이스북 최고보안책임자(CSO)

"매일 흔들리는 보안의 벽… 완벽한 보안은 없어. 신속 대응이 비결"

"전 세계 19억 명이 페이스북에서 친구들과 서로의 일상생활을 공유합니다. 보안security은 이런 수억 명의 개방과 연결을 보장하는 핵심 기술입니다."

서울에서 만난 페이스북의 알렉스 스타모스Stamos 최고보안책임자CSO는 "완벽하게 안전한 인터넷 사용 환경을 만드는 일은 힘들지만 수억 명의 사생활을 보호하는 매력적인 일"이라고 말했다. 페이스북은 하루에만 12억8000만 명이 접속하는 세계 최대 인간 네트워크다. 해커들에게는 가장 해킹하고 싶은 공격 대상인 것이다.

스타모스 CSO는 "페이스북은 회원이 한 번 로그인 할 때마다 IP 주소컴퓨터의 위치·기기 정보 등 접속 환경에 관한 80여 개 항목을 실시간으로 저장한다"며 "회원별로 이런 기록을 축적해 다음 접속 때와 비교해 수상한 접근을 잡아낸다"고 말했다. 예컨대 한국에서 쭉 접속했던 회원이 갑자기 호주에서 새로운 휴대폰으로 페이스북에 로그인한다면 보안 시스템은 본인이 아닐 가능성이 크다고 판단하고 즉각 회원에게 알리는 식이다. 수상한 접근 인지부터 회원 본인에게 통지할 때까지 30초가 안 걸린다. 그는 "최근에는 보안용 머신러닝기계학습을 활용, 막대한 로그인 정보를 사전에 분석·학습해 아주 미세한 로그인 차이만으로도 수상한 접근을 잡아낸다"고 했다. 그는 "보안 기술도 중요하지만, 보안의 생명은 신속한 반응에 달려 있다"고 했다. 현장 보안 실무자들에게 전권을 준다는 것이다. 그는 "페이스북을 향한 공격 징후가 발견되거나 보안 위험 상황이 발견됐을 때 모니터링 실무자는 윗선에 보고할 필요 없이 즉각 문제를 처리한다"고 말했다.

보통 온라인에서는 하루 20만 건씩 신종 사이버 공격 패턴이 생긴다. 페이스북은 이런 모든 공격에 대비하기 위해 '위협교환Threat Exchange'이란 비공개 홈페이지를 만들고 각국 정보기관이나 주요 인터넷 기업들과 사이버 공격 정보를 공유하고 있다. 신종 사이버 공격 패턴은 보안용 머신러닝을 통해 분석·학습해 추가적인 공격을 차단한다. 매일 20만 건 이상의 백신을 접종하는 셈이다.

페이스북은 신규 서비스의 개발에 착수하는 순간부터 보안 인력을 참여시킨다. 페이스북 전체 직원 1만7500명 중 10% 가까이가 보안 인력이다. 스타모스 CSO는 "대부분 인터넷 업체들은 신규 서비스 설계가 끝나면 마지막에 보안 엔지니어가 참여해 문제 없는지 확인하지만, 페이스북은 코딩 설계 때부터 보안 인력이 투입돼 버그bug·프로그램 오류를 최대한 줄인다"며 "거의 매일 새로운 코드가 추가되지만 보안과 관련한 큰 사고가 안 나는 이유"라고 했다. 그는 "페이스북의 모든 개발자는 입사하면 6주 동안 집중 보안 교육을 받아야 한다"고 말했다.

스타모스 CSO는 "보안이 완벽하다고 해서 안전safety한 것은 아니다"고 말했다. 페이스북에서는 대규모 회원 정보 유출 사건이 터진 적은 없지만, 타인 계정 탈취와 같은 해킹이 벌어졌다는 보도는 끊이지 않는다. 작년 6월에는 마크 저커버그 페이스북 최고 경영자(CEO)의 트위터와 인스타그램 계정이 해킹당하는 일도 벌어졌다. 그는 "회원 본인의 부주의로 피해가 생겼을 때 '보안 시스템 자체는 문제없었다'고 선을 긋는 게 '보안'이라면, '안전'은 회원들의 실수까지 감안하면서 방어하는 것"이라며 "모든 이용자가 선한 의도로만 페이스북을 이용하는 게 아니기 때문에 항상 최악의 경우를 생각해 보안 서비스를 구축한다"고 말했다. 그는 "페이스북의 보안팀은 미국 국방부에서 최첨단 해킹 공격을 막아냈던 전문가들로 구성돼 있지만, 네티즌들이 같은 비밀번호를 여러 웹사이트에서 돌려쓰는 원초적인 보안 구멍은 메우기가 어렵다"고 말했다. 그는 "비밀번호를 사이트마다 다르게 하고 주기적으로 바꿔주고 수상한 친구 요청이나 메시지는 거절해야 한다"고 했다.

사실 스타모스 CSO는 역대 최악의 인터넷 해킹 사건을 경험한 인물이다. 전前 직장인 야후에서 보안책임자로 있을 때 2013~2014년 2년간 회원 15억 명의 개인정보가 유출되는 사건이 터졌다. 그런 일이 왜 터졌느냐는 질문에 그는 "현재도 소송이 진행 중이라 아무 말도 할 수 없다"고 말했다. 스타모스 CSO는 "다만 보안은 신속한 대응이 정말 중요하다는 점을 거듭 말하고 싶다"고 했다.

[자료원] 조선일보, "매일 흔들리는 보안의 벽... 신속 대응이 비결", 2017. 5. 6.
https://m.chosun.com/svc/article.html?sname=biz&contid=2017050501053#Redyho

4.4 지속적 비즈니스를 위한 계획의 수립

철저한 보안의 궁극적인 목적은 기업이 비즈니스(거래처리)를 중단하는 일이 없도록 하는 것이다. 지속적인 비즈니스를 가능하도록 하기 위해서는 크고 작은 재해가 발생했을 때 시스템을 신속하게 복구하는 일 이외에 더 많은 준비들이 필요하다. 예를 들면, 재해가 발생했을 때 담당 직원을 보호하는 일, 비상시에 담당자가 없더라도 누구나 보안 절차를 집행할 수 있도록 체계적인 문서화 작업을 하는 일, 보안 문제가 발생했을 때 직원들이 적절하게 대처하는 데 필요한 도구와 공간을 제공하고 교육하는 일 등이다.

지속적인 비즈니스를 위해 고려해야 하는 사항들은 다음과 같다.

- 컴퓨터 및 통신설비를 담당하는 직원들을 위한 대체 공간
- 재난지역으로부터 적절한 거리에 있는 대체 데이터센터
- 모두가 인시하고 숙시하고 있는 소개 계획
- 기업의 많은 중요 정보들이 PC나 부서용 서버에 있으므로 백업용 노트북이나 서버의 구비
- 전화번호부, 이메일 리스트, 인스턴트 메신저 리스트에 쉽게 접근할 수 있도록 함으로써 사람들이 동료와 가족과 신속하게 의사소통할 수 있도록 돕는 일

한마디로 지속적인 비즈니스를 위한 계획은 가능성이 매우 낮은 위협으로 보기보다 사업적인 문제로 인식해야 한다. 따라서 본 절에서 주로 다룰 재해복구 이슈는 지속적인 사업을 위한 계획의 중요한 구성요소라 할 수 있다. 재해복구 전문가들은 한결같이 (1) 돌발적인 재해에 대한 계획은 사업을 수행할 때 빠뜨릴 수 없는 일부분이 되어야 하며, (2) 재해복구 프로세스에 대한 자원의 할당은 최고 경영자의 비용 대비 리스크의 판단에 기초해야 한다는 견해를 갖고 있다.

기업들은 기본적으로 재해복구를 위해 내부 자원을 이용하든가 아니면 외부 자원을 이용하는 두 가지 선택을 가지고 있다.

1) 내부 자원의 이용

재해복구를 위해 내부 자원에 의존하고 있는 조직들은 대체로 이 같은 계획을 시스템

계획 및 개발의 일부분으로 포함시킨다. 따라서 예견되는 비상사태 동안의 백업 처리와 텔레커뮤니케이션 활동에 드는 비용을 회사의 필요에 기초하여 비용지출의 타당성을 확보할 필요가 있다. 기업들은 컴퓨터 시스템, 소프트웨어, 데이터, 커뮤니케이션 링크를 백업하기 위해 다음과 같은 4가지 방법을 이용하고 있다.

- 다수의 데이터센터
- 분산처리
- 정보통신 설비의 백업
- LANs(근거리 통신망)

다수의 데이터센터 최근 기업들은 경비를 절약하기 위해 데이터센터를 통합하거나 외부 전문업체에 아웃소싱하는 경향을 보이고 있다. 9.11 테러 이후 경영자들은 기업의 모든 컴퓨팅 자원을 한곳에 두는 방식에 문제점이 있음을 자각하기 시작하였다. 다수의 데이터센터는 중요한 서비스에 대한 백업설비가 될 수 있을 것이다.

데이터 백업을 위해서, 기업들은 "DADS Direct Access Data Storage 팜 farm"이라고도 불리는 보호형 디스크 저장 설비를 준비한다. 이들 팜, 혹은 데이터웨어하우스는 현재 운용중인 데이터를 가지고 규칙적으로 대체함으로 다른 데이터센터에서 신속한 복구가 가능하도록 한다. 이 시설들은 보통 회사 소유이며, 무인으로 운영되며, 주 데이터센터들로부터는 떨어져 있다. 그들은 온라인으로 혹은 배치 방식으로 접근될 수 있는 디스크 컨트롤러들과 디스크 드라이브들을 가지고 있다.

분산처리 일부 기업은 갑작스런 재해에 대비하여 의도적으로 분산형 프로세싱을 채택하고 있다. 이런 기업들은 중요한 프로세싱을 한 센터에서 집중적으로 하기보다는 지역적으로 나누어 수행한다. 이와 같은 분산처리는 데이터센터에 재난이 닥쳤을 때라도 각 지역센터가 며칠간 중단 없이 계속 가동될 수 있도록 해준다. 이러한 방법을 이용하는 기업들은 원격지에 있는 하드웨어와 소프트웨어를 표준화함으로써, 지역별 분산처리 사이트가 다른 사이트를 쉽게 백업할 수 있도록 하고 있다.

재해복구를 위한 분산처리 방법은 중앙과 원격지 사이에 데이터를 이중으로 보관할 경우 상당히 비용이 많이 드는 방법이 될 수 있다. 따라서 이 방법은 주문처리, 예약, 금융

거래 시스템과 같이 가동이 결코 중단되어서는 안 되는 핵심 애플리케이션에만 적용되고 있다. 그렇지만 진정한 분산 데이터베이스 기술이 이용되기 전까지는 파일만을 효과적으로 분산하기란 쉽지 않다.

백업 정보통신 설비 기업들은 정보통신 백업으로 (1) 이중통신 설비를 구축하거나 또는 (2) 비상시 재배치하는 대체 기술을 이용해 처리하는 방법, 이 두 가지 방법을 쓰고 있다.

뉴욕시의 기업들은 대체가능한 통신회선을 보유한다는 측면에서 다수의 통신 서비스 기업들과 계약을 맺고 있었다. 그렇지만 9.11 테러사건 후 알게 된 것은 맨해턴에서 오가는 통신 트래픽의 30%가 특정 통신 기업의 특정 지점의 스위칭 시스템만을 사용하고 있었다는 사실이고, 스위칭 시스템이 테러로 인해 파괴되었던 것이다. 이는 KT의 아현지사 지하 통신구에 화재가 발행하였을 때 지역의 업체들이 어려움을 겪었던 사례와 비슷하다.

다른 회사들은 통신 장애가 발생했을 때 대체 통신기술을 이용했다. 예를 들면 미국 힌즈데일 일리노이 전화회사의 본사 교환국이 화재로 파손되었을 때에 그랬다. 교환국은 118,000개의 장거리 회선과 30,000개의 데이터 회선 그리고 35,000개의 지역 음성회선을 가지고 있었고, 그 교환국은 북동 일리노이주의 약 30개 지역 교환국에 대한 허브 역할을 했었다. 대형 화재는 지역의 전화 서비스를 4주간이나 교란시켰는데, 지역의 업체들은 아래 2가지 대체 방법을 통해서 비상 국면을 헤쳐 나갔다.

뉴욕주 시러큐스에 있는 MONY 금융서비스는 초소형지구국VSAT. Very Small Aperture Terminal 접시를 지붕에 설치함으로써 힌즈데일의 사무실과 푸에르토리코의 산후안에 있는 지점 사무실을 비상으로 연결하였다. 설치된 접시를 통해서 뉴욕에 있는 통신허브와 통신할 수 있게 되었고, 그곳부터는 지상회선을 통해 시러큐스로 연결될 수 있었다. 그리고 산후안의 사무실은 지상회선을 통해 시러큐스의 본사와 통신할 수 있는 자체 백업 통신 백업 계획을 구축하였다.

일리노이주 샴버그에 있는 취리히 보험회사는 다른 방법을 이용했다. 그들은 본사 사무실과 약 2마일 떨어져있는 AT&T 교환국 사이에 마이크로웨이브 링크를 설치했다. 38개의 임시 마이크로웨이브 링크가 시카고 지역에 설치되었다.

9.11테러 이후 이메일, 휴대용기기, 문자서비스, 심지어는 페이징 서비스와 같은 개인과 개인을 연결하는 통신수단도 매우 중요하다는 것을 깨닫게 되었다. 기업들도 더 이상

중앙의 데이터센터에 모든 데이터의 저장을 의존할 수 없고 대신 노트북, 부서 서버 등에 분산할 필요가 있게 되었다. 오늘날 클라우드 서비스는 이러한 부담을 많이 덜어주고 있다.

LANs LAN상에 물려 있는 서버는 다른 네트워크에 연결되어 있는 서버의 백업용으로 이용될 수 있다. 메인프레임이 있는 DADS Direct Access Data Storage팜처럼, 이와 같은 백업용 데이터 서버들은 데이터가 항상 최신의 것이어야 하므로 규칙적으로 업데이트되어야 한다. 공유 케이블을 이용하여 네트워크들을 추가 연장함으로써 이 작업은 가능하다. 네트워크의 마스터 제어 프로그램들은 주 장치들이 고장 났을 때 대체 장치들을 지정하는 일을 허락한다.

2) 외부 자원의 이용

대부분 확률적인 위험에 대한 비용분석은 우발적인 것으로 보므로 고정적 자원의 투입을 정당화하기 어려운 점이 있다. 따라서 기업들은 유사시 외부의 재해복구업체의 서비스를 이용을 전제로 계획을 세우게 된다. 이에는 다음과 같은 서비스들이 포함된다.

- 통합 재해복구 서비스
- 전문화된 재해복구 서비스
- 온라인 및 오프라인 데이터 저장 설비
- 서비스 기관, 컨소시엄, 비공식 협력 계약

통합 재해복구 서비스 미국의 경우, 재해복구서비스를 제공하는 주요 공급자들은 고속 정보통신회선으로 연결된 다중 복구 사이트를 갖추고 있다. 이 사이트는 재해가 통보된 후 24시간 이내에 완전 가동될 수 있는 데이터 처리 설비들을 갖추고 있다. 이들 공급자는 고객의 특수 장비를 보관하기에 알맞은 보관설비도 갖추고 있는 경우가 많다.

이런 설비를 이용하기 위해서는 매월 일정액의 가입비를 지불해야 하며, 실제로 설비를 이용하게 되면 추가 사용료를 지불해야 한다. 컴퓨터 장비를 갖춘 모바일 트레일러와 같은 이동식 설비들은 고객이 필요로 하는 장소로 이동할 수도 있다.

정보통신 네트워크의 중요성을 인식하여, 주요 재해복구 공급자들은 특별한 정보통신 장비를 구비한 소규모의 사이트 서비스까지 갖추고 있다. 이 사이트들은 사용자들이 재해복구 설비를 사용하고 있을 때 정보통신 서비스를 계속 쓸 수 있도록 지원한다. 이 사이트에는 복구 현장과 고객 현장을 연결하는 통신회선을 지원하는 데 필요한 제어 장비와 소프트웨어가 장착되어 있다.

전문화된 재해복구 서비스 일부 백업 서비스 공급자들은 중형급 시스템들의 백업이 필요한 메인프레임 사용업체의 필요에 응하기도 한다. 일부 업체들은 중형급 시스템들만을 위해서 설계된 백업 서비스를 제공하기도 하며, 어떤 공급자들은 고객의 시스템과 호환성을 갖춘 하드웨어와 소프트웨어가 실린 트레일러대형운송차량를 보내주기도 한다.

많은 회사들이 정보통신 백업설비의 중요성을 인식하고 있다. 통신서비스회사들은 네트워크 재구성 서비스라는 복구 서비스를 제공하고 있다. 고객기업은 이 서비스를 통해 T-1 회선 내의 각 개별 채널을 재구성할 수 있으며, 통신서비스회사의 네트워크 컴퓨터에 직접 연결된 PC나 단말기들을 통해서 통신경로route를 다른 곳으로 돌릴 수 있다. 즉 고객 사이트에 있는 정보통신 지원스텝들이 문제가 있는 통신경로를 피해 다른 회선으로 우회하여 돌려보냄으로써 일시적인 통신장애를 극복할 수 있는 것이다.

그 밖의 다른 전문적인 정보통신 백업 서비스도 많다. 예를 들면, 미국 메릴랜드 저먼타운에 있는 휴즈 네트워크 시스템사는 힌즈데일 전화 교환국 화재의 영향을 받았던 49개의 약국 체인점을 지원했다. 휴즈사는 72시간 내에 12개 사이트에 임시 VSAT네트워크를 설치했다. 나머지 37개소에는 조그만 위성 접시를 설치했다. 또 다른 회사들은 데이터 통신 백업 프로그램을 제공하고 있는데, 그들은 고객을 위해 특정 데이터 통신장비를 준비해서 필요할 때 그 장비를 고객의 복구현장까지 공수해 준다.

온라인 및 오프라인 데이터 저장 설비 중요한 데이터나 문서들을 다른 장소에 저장하는 것이 오랫동안 재해대비 계획의 일부가 되어왔다. 서비스는 대개 온도와 습도가 적절히 제어되는 내화성 볼트vault로 구성되어 있다. 일부 공급자들은 재난 발생 시 현재의 데이터를 딴 곳으로 옮겨야 할 필요가 있는 기업들을 위해 전자식 볼팅vaulting을 제공한다. 공급자들은 고객의 DB를 최신 것으로 유지해야 하는데, 이를 위해 현재 데이터를 입수하는 데 두 가지 방법을 쓴다. 하나는 계획된 일정에 따라 데이터를 받는 컴퓨터-컴퓨터 전송방식이다. 다른 하나는 고객의 컴퓨터에서 새로운 데이터가 만들어질 때마다 원격지에 데이터를 업데이트하는 전용장비를 이용하는 방법이다. 후자의 방법은 고객이 지정한 상시 대기 재난복구 설비로부터 언제라도 데이터에 접근할 수 있도록 해주는 편리함을 제공하므로 더 많은 비용이 요구된다.

서비스기관, 컨소시엄, 계약 서비스기관(예. 데이터센터 운영 대행업체)들은 제한적이지만 비상시 경제적인 대체 프로세싱 지원을 제공할 수 있다. 그들의 본래 임무는 고객들의 정상적인 운영 요구에 응하는 것이지만, 백업 목적으로도 이용될 수 있다. 그러나 재해의 신속한 복구에 우선순위를 두는 특별한 추가 용량이 준비되어 있지 않는 한, 그들은 몇 주씩이나 지속될 수 있는 대규모 비상사태 작업량을 다루기는 힘들 것이다.

다른 사용자 조직들과 컨소시엄을 맺는 것도 또 다른 선택이다. 예를 들어 금융기관들끼리 재해발생 시 복구작업의 협력을 위한 MOU를 체결하는 방법이 있지만 성공하기에는 한계가 있다. 이 방법은 제3의 조직이 있어 모든 것을 조정 관리해 줄 경우, 가장 효과적이다. 그리고 컨소시엄 조직의 하드웨어와 소프트웨어가 충분히 호환적이어서 서로 사용하는 데 어려움이 없어야 함은 물론이다.

모벅은 미국 미네소타주의 미니애폴리스에 있는 4개의 회사가 서로 제휴를 통해 음성통신 백업을 제공하고 예비 PBX임대를 공유하고 있는 경우를 설명하고 있다. 그들은 각자 똑같은 타입의 PBX를 이용하고 있고, 똑같은 업종이며, 비상시에는 서로에게 원격 통신설비를 제공하기로 합의했다. 한 컨설턴트(제3의 조직)가 계약을 성사시켰고, 지역의 한 정보통신 회사가 필요시 백업 설치를 수행하기로 하였다. 합의 내용을 2회에 걸쳐 시범적으로 가동한 후, 이들 4개 회사는 약 8시간 안에 300개의 전화 회선이 가능한 통신라인을 설치할 수 있다는 것을 알게 되었다.

재해복구의 필요사항이 항상 컴퓨터시스템의 아키텍처에 포함되어 있지는 못하기 때문에 시스템을 재구성해서 필요한 중복 및 백업을 제공할 수 있도록 한다는 것은 많은 비용이 든다. 이러한 경우 외부적인 백업 방법들은 보다 비용-효과적인 보험의 형태가 될 수도 있을 것이다. 그러나 오늘날 주요 네트워크와 시스템 강화를 계획하고 있는 기업들은 재해복구를 그들의 시스템 설계에 중요한 부분으로 포함시키고 있다. 예를 들면, 기업들은 그들의 외부 복구 사이트들을 회사 네트워크와 늘 접속시켜 놓고 있다. 대부분 기업들은 어느 한 가지 방법에 의존하기보다는 내부와 외부의 자원을 모두 적절하게 혼합 이용하게 될 것으로 예측된다.

[사례] KT 통신시설의 화재와 복구

| 사건 개요 |

오늘날처럼 초연결시대에 네트워크의 장애는 사회의 전 분야에 불편과 손실을 가져다준다. 소프트웨어의 오작동, 외부의 해킹, 하드웨어 및 네트워크 장비의 손실 등 네트워크의 장애를 일으키는 요인은 다양하지만 지난 2018년 11월 24일(토)에는 화재로 인해 KT의 통신설비가 유실되면서 발생한 네트워크의 장애였다.

서울 서대문구 충정로 KT 아현지사 지하 통신구 화재는 통신실비광케이블과 전화선의 보안과 유지보수가 인터넷 시대를 살고 있는 우리에게 얼마나 중요한지를 일깨워준 사건이었다. 지하 통신구에는 전화선 16만8000회선, 광케이블 220조(전선 세트)가 설치돼 있으며, 중구, 서대문, 마포, 용산 등 각종 지자체 시설 및 금융기관, 기업, 언론사가 밀집된 지역을 관할하는 설비이다. 지하 통신구는 정보통신의 모세혈관이라고 불릴 정도로 중요한 시설이다. 광케이블이 지나가는 통로 안에는 유·무선 인터넷 케이블과 인터넷 전화선, IPTV 선이 있고, 인터넷 케이블을 통해서는 카드 결제 정보도 오간다.

이렇게 중요한 시설임에도 스프링클러가 없었고, 최근 설치한 IoT사물인터넷 화재 감지기가 화재를 빨리 감지하긴 했지만, 좁은 통신구에 소방대원이 진입할 수 없어 진압이 늦어져 피해가 더욱 컸다.

| 사고의 여파 |

사고의 여파를 이 지면에 모두 적기에는 한계가 있다. 특히 이번 통신 장애는 'IT의존도'가 20년 전과는 비교할 수 없이 높은 상황에서 일어나 모든 분야에서 불편이 더욱 컸다. 인터넷, IPTV, 휴대전화를 하나의 패키지로 상품에 가입한 가구가 크게 늘었고, 와이파이 환경에서 작동하는 결제기가 대폭 늘었기 때문이다. 기업 내 IT 연결성이 매우 커져 주말이 아닌 주중에 사고가 일어났다면 그 피해와 불편함은 배가되었을 것이다.

1) 전자거래의 불통

카드결제를 포함한 일반 인터넷 회선과 기업용 인터넷 회선을 통한 데이터통신이 불통으로 중구·용산구·서대문구·마포구 일대와 은평구·경기도 고양시 일부 지역의 도시 기능 상당 부분이 멈춰 서버렸다. 무인주유소, 지하철 물품 보관함, 주차장 결제시스템 등 네트워크를 통해 거래 자료를 주고받아야 하는 모든 시설이 작동을 멈추었다. 어떤 직장은 유료주차장 차단기가 열리지 않아 다른 통신망을 쓰는 카드결제기를 가져올 때까지 1시간 가까이 주차장에 묶기기도 하였다. 서대문, 마포, 용산 등 일대 점포들은 '대목'인 주말 장사를 망쳤다. 통신이 영업 밑천인 일부 PC방은 영업을 접기도 했다.

2) 소통의 단절

유·무선전화와 데이터통신의 불통으로 사람과 사람끼리 소통이 중단되고 편리하게 사용하던 SNS가 모두 중단될 수밖에 없었다. 병원에서 스텝진과 의사와의 긴밀한 소통은 매우 중요하다. 특히 종합병원은 치명적이다. 화재가 난 24일 오후 7시 신촌 세브란스 병원은 분分 단위로 안내방송이 울려 퍼졌다. 의료진 연락수단인 '콜 폰'이 통신대란으로 먹통이 된 것이다. 응급상황이 빚어지자 스텝들은 안내방송으로 의사들을 다급히 찾았다. 환자들은 불안해질 수밖에 없었다. 특히 소아과 병동에서 고통을 참지 못하는 어린 환자들이 울기 시작했다.

3) 일상의 불편

25일 오전 9시, 논술고사가 치러진 서울 이화여대는 출입문 관리시스템이 먹통이 됐다. 전날 발생한 화재로 '출입문 인식기'가 작동하지 않은 것이다. 이대는 교내 모든 통신을 KT망으로 쓰고 있다. 시험 종료 후 자녀와 학부모들이 서로 소통을 하는 데 큰 어려움을 겪었다. 이 외에도 이화여대에서는 KT망을 사용하는 도서관 출입문 관리시스템, 도서관 자리 발급기, 와이파이 연결, 식당 결제기, ATM 등이 모두 먹통이 돼 재학생들도 불편을 겪었다.

KT망을 사용하는 경찰 통신망에도 장애가 발생했고, 심지어 일부 경찰서의 112 신고 시스템까지 단절됐다. 만일 이 시간에 강력 범죄가 발생하였고, 신고가 제대로 전달되지 않아 피해가 발생했다면 심각한 문제로 비화할 수 있을 것이다.

아침부터 밤까지, 오늘날 젊은 세대에게 '와이파이'는 "공기와 같은 것"이다. '스마트폰' 세대들이 태어나서 처음 겪는 통신두절 상황에 '멘탈 붕괴멘붕'를 느꼈다고 호소하였다.

| 복구와 향후 대처 방안 |

KT는 지하에 화재로 끊긴 통신케이블을 지중으로 연결하기가 어려워 주위 빌딩들의 협조를 받아 공중으로 올려 통신교환기와 연결하는 가복구 방식을 택했다. 가복구된 케이블들은 화재 원인 조사가 끝나는 대로 다시 원상 복구된다. KT는 또한 이동기지국들을 추가로 배치해 통신 장애를 최소화하였다.

이렇게 피해가 클 수밖에 없었던 것은 통신장비와 회선을 분산하지 않고 중앙집중해서 관리하였기 때문이다. KT 같은 이동통신 사업자들은 모두 우회망을 갖추고 있다. 사고가 난 KT 아현 지사의 경우 문제가 생기면 여의도 지사 쪽으로 돌려서 사용하게 돼 있다. 주말에 아현 쪽에서 처리해야 하는 정보가 여의도 지사로 몰려 통화량이나 카드 결제 요청이 폭증해 여의도 지사의 서버가 과부하가 걸렸을 가능성도 컸다.

방화벽이나 연기를 밖으로 빼내는 배연 시설이 필요하지만 대부분 이동통신기업의 통신구에는 이런 시설들이 미비한 것으로 알려져 있다.

| 교훈 |

이번 사태는 지난 11월 22일에 발생한 AWSAmazon Web Services 장애 사태와 비슷하다. AWS 서울지역에서 일부 도메인네임서버DNS 설정 오류로 인해 84분 동안 주요 인터넷 서비스 사이트들의 접속 장애가 발생했다. 쿠팡, 배달의민족, 업비트, 코인원 같은 주요 인터넷 사이트가 먹통이 되면서 고객들의 피해 사례가 이어졌다. 특히 암호화폐를 거래하는 업비트나 코인원의 경우 고객들이 막대한 금전 피해를 입을 수도 있었다. 더구나 전 세계 190여 개국을 포함해 수백만 이상의 고객들이 AWS를 사용하고 있기에 예상보다 큰 피해가 발생할 가능성도 높다.

이러한 상황에서 클라우드 기반으로 전자거래를 지향하는 모든 기업들은 자사의 시스템 보안전략을 재고해야 할 필요가 있다. KT와 같은 ICT 대기업에 고객들이 몰리는 현상은 당연하지만, 이처럼 사고가 발생했을 때 그만큼 큰 피해가 예상된다. 이러한 피해를 최소화하려면 백업을 활용해 인프라를 이중화하고 사고 관련 대응책을 수시로 업데이트가 필요하다.

[자료원] 조선일보, KT '통신망 허브' 절반은 백업회선 없어... 사고 나면 속수무책, 2018. 11. 26.
https://news.chosun.com/site/data/html_dir/2018/11/26/2018112600139.html

4.5 CIO와 CISO

보안이 중요해지면서 새롭게 출현한 직책이 CISOChief Information Security Officer이다. 더구나 최근 일련의 대형 개인정보 유출 사고를 겪은 후, 정부가 일정 규모 이상의 기관과 기업은 CISO를 임명할 것을 요구하고 있다.

세월호 침몰 사고 이후, 오늘날 사회적 안전은 우리 사회에 있어 큰 화두가 되고 있다. 개인정보보호도 이 사회적 안전의 범주에 들어간다. 기업의 가장 큰 목적들 중에 하나가

'지속경영'이라면 정보 보안은 기업의 생존(재정), 이미지, 브랜드, 마케팅 등에 지대한 영향을 미칠 수 있는 이슈이다. 따라서 CISO를 임명하는 것은 필요하다.

그렇다면 CIO가 있는 조직에서 CISO를 별도로 임명해야 하는지, 한다면 어떤 위상과 임무를 부여해야 하는지 말이 많다. 아직도 많은 조직은 CISO의 업무범위, 자격, 육성계획 등에 대해 정리하고 있지 못하다. 그래서 CIO가 CISO를 겸직하고 있기도 하며, 독립된 CISO가 CEO에게 직접 보고를 하는 조직도 있다. 정보 보안이 IT부분만의 일이 아니라 전사적인 제도와 문화, 임직원에 대한 교육까지 포함하고 있다면 CIO로부터 독립하여 CEO에게 바로 보고하는 것도 적절할 것이다.

많은 사람들은 정보 보안을 중요하게 생각하지 않고 있다가 문제가 터지면 그 중요성을 새삼 깨닫는다. 그래서 금융기관에서는 퇴직이 가까운 말년 중역이 CISO를 맡는 경우가 많은데 이는 바람직한 현상은 아니다. CISO가 영광스럽고 책임이 무거운 자리로 인식하게 될 때 비로소 기업의 정보 보안이 완벽해질 수 있을 것이다. CISO를 맡는 사람은 IT전문가는 비IT전문가는 상관없다. 정보 보안은 IT뿐만 아니라 제도, 문화, 사람 전반에 대한 업무로 볼 때 비IT전문가라 해도 문제가 없다. 사실 정보 보안은 범위가 매우 넓기 때문에 CISO는 현업 조직을 잘 알고 있어야 하고, 협력업체의 서버와 유지보수를 담당하는 아웃소싱 업체 직원들까지도 관리해야 하는 자리이다.

CISO에게 예산에 대한 권한도 부여하는 것이 좋다. 정부는 IT예산의 5% 이상을 보안에 투자하도록 지도하고 있다. 그런데 대부분 회사에서는 정보 보안 예산을 IT부서가 관리하므로 CIO의 승인절차를 받아야 한다. 결국 CIO의 눈치를 보며 예산을 집행하다 보면 부실한 보안으로 사고로 이어질 수 있다.

제5장　IT 아웃소싱

제5장 IT 아웃소싱

1980년대 말경 정보시스템 분야에 나타난 새로운 현상은 아웃소싱이었다. 이것은 기업의 컴퓨터 운영, 네트워크 운영, 또는 기타 정보시스템 기능을 특정 기간-일반적으로, 최소 3년간- 어떤 전문 서비스 공급자에게 맡기는 것을 말한다. 아웃소싱은 대부분의 CIO들이 효율적이고 효과적인 운영관리를 위해서 고려해야 할 필요가 있는 하나의 대안이 되고 있다.

최근에 미국 시카고 정보관리 협회의 한 모임에서, TSC의 멜 벅스타인은 아웃소싱에 대해 말한 바 있었다. 그의 주요 메시지는 아웃소싱이 일시적 유행이 아니라 정보시스템 분야의 발전에 또 하나의 도약이라는 것이다. 그는 시스템 통합과 아웃소싱, 이 두 가지가 1990년대 정보시스템 관리에 있어 중심 주제가 될 것이라고 믿고 있다.

5.1 아웃소싱 추세의 원인

아웃소싱은 1980년대 활발한 인수합병M&A의 여파가 정보시스템 관리부문에 영향을 미치면서 발생한 현상이다. 1960년대 미국 경제의 10%만이 글로벌 경쟁을 해야 했지만, 1970년대가 되면서 그 경쟁은 70%로 높아졌다. 그 결과 1980년대에 이르러 기업들은 핵심사업에 더욱 자원을 집중하고, 비용절감을 위해 수많은 인수합병이 이루어졌다.

이러한 변화를 이끌었던 두 가지 추진력-집중과 가치focus & value-은 기업들로 하여금 치열한 구조조정을 하도록 만들었다. 치열한 경쟁적 환경에서 기업들은 부가 가치를 더 많이 생성할 수 있는 핵심 사업에 자원을 집중하고 부수적인 업무들은 아웃소싱을 하기 시작하였다. 예를 들어, 패션의류기업의 경우, 더 이상 옷감을 자르고, 바느질하고, 제조하는 등의 봉제는 자신들에게 핵심가치로 보지 않았고, 대신 디자인과 마케팅 역량이 자신들의 핵심역량으로 보고 자원을 집중하였다. 따라서 봉제를 포함한 제조부문은 아웃소싱의 대상이 된 것이다. 또한 출판사는 인쇄와 제본을 더 이상 자신들의 핵심적 가치로 판단하지 않았고, 대신 신규 도서를 기획하고 자금을 조달하고 마케팅에 모든 자원을 집중하였다. 마찬가지로 정보시스템 관리 분야에도 선택과 집중 그리고 가치의 잣대가 적용될 수밖에 없었다. 기업의 입장에서 창출하는 가치는 적으면서 비용을 많이 쓰는 정보부문은 아웃소싱의 대상이 되었던 것이다.

정보관리의 아웃소싱 역시 집중과 가치 측면에서 봐야 하는 전략적 선택이므로 단지 정보시스템 문제로만 국한하지 말고 사업적인 문제로 확대해서 바라봐야 한다. 최고경영자는 정보관리의 여러 기능들 중에 적은 비용으로 핵심적인 가치를 제공하는지 여부가 아웃소싱의 판단기준이 될 것이다. 따라서 일반적으로 비전략적 기능들은 아웃소싱의 대상이 될 것이다.

5.2 아웃소싱의 역사와 유형

IT아웃소싱은 시간이 지나면서 다양한 형태로 발전했다. 본 절에서는 IT 아웃소싱의 역사를 간략하게 짚어보기로 한다. 역사라고 하여 초창기의 아웃소싱 형태가 지금은 모두 사라진 것으로 보면 안 된다. 기업의 환경과 여건에 따라 여전히 과거의 아웃소싱 방식이 유효한 경우도 많이 있기 때문이다.

1) 빅뱅 방식

원래 IT아웃소싱은 기업의 데이터센터를 통째로 최대 10년 계약으로 전문업체로 옮겨버리는 '빅뱅'방식으로 시작되었다. 기업들은 자체 보유하고 있는 장비를 아웃소싱 업체(신규 IT기업)에 팔았고, 모든 소프트웨어 라이선스와 상당수의 자체 IT인력도 아웃소싱 업체로 넘겼다. 이를 위해 고객과 아웃소싱업체가 분담해야 하는 비용을 결정하고 적절한 서비스 수준에 합의하고 서비스의 질을 측정하는 방법도 정해야 했다.

초창기에 이루어진 대형 데이터센터의 아웃소싱 계약은 재정적인 측면이 매우 컸다. 기업들은 IT인프라에 들어가는 대규모 투자를 피하고, 하드웨어 등 장비에 투자되는 고정비를 변동비로 전환하면서 최소 15% 이상의 경비절감을 목표로 하였다. 아웃소싱 계약을 체결한 전문업체들은 계약 초기 단계에는 이윤을 낼 수 없지만 몇 년이 지나면서 기술비용이 하락하고 다른 기업으로부터 더 많은 계약을 따내면서 차츰 이윤을 낼 수 있게 되었다.

그러나 이러한 빅뱅 방식의 아웃소싱은 몇 가지 문제점을 내포하고 있다. 이 문제는 근본적으로 회사가 자신의 IT부서의 일부를 떼어내 독립된 법인으로 설립하면서 발생한다고 볼 수 있다. 기업과 분리된 IT업체아웃소싱 전문업체 사이에는 어제의 아군이 오늘의 적이라는 미묘한 갈등관계가 형성되어 전환기를 적절하게 관리하지 못해 여러 가지 문제가 발생할 수 있다. 계약서에 포함되어 있지 않은 서비스를 제공한 후 비용을 청구하면 고객기업은 이에 대해 불만을 제기하며, 서비스 수준에 대해서도 고객기업은 기대에 미치지 못한다며 불평하며, 계약서의 내용에 대한 해석도 각기 달라 이견을 보였던 것이다.

두 기업의 다른 문화가 충돌하는 경우도 잦다. 과거 같은 회사의 직원이었던 사람이 아웃소싱 업체의 직원으로 소속이 바뀌면서 그 사람을 대하는 태도와 기대치가 달라지기도 한다. 고객기업의 사용자들은 자사의 IT부서로부터 기대하는 것 이상으로 아웃소싱 업체에 대한 기대가 커지고 평가의 잣대도 달라진다. 한마디로 새롭게 형성되는 공적 및 사적 인간관계로 발생하는 많은 갈등을 관리하는 일이 쉽지 않은 것이다.

오늘날 IT아웃소싱 산업은 성숙기에 접어들었다. 고객기업과 아웃소싱 업체들도 그간 많은 것을 체험하면서 민감한 전환 시기를 조심스럽게 다룰 수 있게 되었다. 고객기업의 변호사들도 계약서에서 무엇이 중요하고 민감한지 잘 알아서 공급자를 바꾸기보다 계약을 재협상하여 아웃소싱 서비스를 계속 받는 경우도 늘어났다.

2) 과도기적 아웃소싱

1990년 초반, 분산처리 아키텍처의 하나인 클라이언트-서버C-S 방식의 컴퓨팅이 대두될 무렵, CIO는 기업의 과거 시스템legacy system을 C-S방식으로 전환할 때 아웃소싱을 하는 경우가 많았다. 이때 전환을 위해 택한 아웃소싱 방식은 2가지가 있었다. 첫째는 과거 시스템을 유지·보수하는 일은 외부업체에 맡기고 새로운 C-S 시스템은 자체 인력으로 개발하는 방식이었다. 둘째는 새로운 C-S시스템을 개발하는 일은 외부 전문가들에게 맡기고 자체 인력으로는 기존 시스템을 유지·보수하는 방식이었다.

1990년 후반, Y2K문제가 대두되면서 대부분의 기업들은 Y2K문제 해결을 외부업체에 맡겼다. 노동이 많이 요구되는 작업량이 많았기 때문에 인도, 아일랜드와 같은 해외에 아웃소싱하는 사례가 기하급수적으로 늘어났다. 이러한 아웃소싱은 전통적인 아웃소싱과는 달리 계약기간이 짧았고 시스템의 운영은 포함되지 않았다.

3) 선택적 아웃소싱

1990년대 기업들의 IT부서는 다양한 IS서비스를 분할하여 아웃소싱하였다. 그런 과정에서 CIO가 알게 된 사실은 다양한 능력을 보유한 한 아웃소싱 업체를 선택하여 대부분의 IS업무를 맡기는 것이 편하고 관리하기는 쉽지만 그 업체가 모든 면에서 최적의 선택은 아니라는 점이다. 따라서 기업들이 한 업체에게는 PC관리를 맡기고, 다른 업체에게는 데이터센터의 운영을 또 다른 업체에게는 네트워크 관리를 맡기는 '선택적 아웃소싱'이 출현하게 되었다. 그러나 특정 분야에 최고의 서비스 업체만을 선정하여 일을 맡긴다는 아이디어가 좋기는 하지만, 그 많은 업체들의 서비스를 계약하고 상호 조정하는 일이 결코 쉽지는 않았다.

이후 선택적 아웃소싱의 문제를 극복하기 위한 대안으로 '협력적 아웃소싱collaborative outsourcing'방안이 출현하였다. 한 업체가 주계약자가 되는 한편, 이 주계약자는 다른 IT전문업체때로 ESP, External Service Provider라 부르기도 함들과 협력하여 종합서비스를 제공하는 방식이다. 협력적 아웃소싱에 의하면 주계약자와 협력하는 다양한 파트너, 즉 개발 파트너, 서버운영 파트너, 네트워크 파트너 등이 공동으로 아웃소싱 입찰에 임하게 된다. 따라서 여러 ESP들이 모인 팀이 다른 팀들과 입찰에 경쟁하게 되는 것이다.

4) 해외 아웃소싱

1990년 후반, 유능한 IT인력의 공급도 부족하고 Y2K문제를 해결해야 하는 긴박한 상황에서 기존의 애플리케이션을 유지·보수하기 위해 해외 아웃소싱 업체에 많이 의존하게 되었다. 기업들이 해외 아웃소싱에 의존하게 된 직접적인 원인으로는 아일랜드, 인도, 필리핀과 같은 나라는 임금수준이 낮은 양질의 고급인력을 공급할 수 있었기 때문이었다. 특히 미국 기업의 경우, 이들 국가들이 영어를 잘 사용하는 나라이기도 했기 때문이다. 해외 아웃소싱은 4단계를 거쳐 성숙되어 간다.

첫 단계인 관망기업offshore bystanders은 해외로 아웃소싱을 하지 않고 오로지 국내 기업들에게만 아웃소싱하는 기업들을 말한다. 미국의 포춘 500대 기업 중 30-59%가 여기에 해당된다. 해외 아웃소싱을 주저하게 되는 주된 이유는 국내지향적인 패쇄적 마인드와 지리적으로 널리 분산된 아웃소싱 기능을 관리하는 데 필요한 경험이 부족하기 때문이다.

두 번째 단계는 특별한 방식으로 접근하는 실험기업offshore experimenter들이다. 그냥 한두 기능을 비용절감 차원에서 해외로 이전하지만 이러한 프로젝트들을 조율하는 기능은 없다. 10-20%의 기업들이 이 단계에 해당되는데 이러한 기업들은 실험 후 첫째 단계로 돌아가거나 아니면 다음 단계로 약진할 수도 있다.

셋째 단계는 적극적 비용절감형 기업proactive cost focus들이다. 이 기업들은 해외 아웃소싱 업체들과의 관계를 관리하는 데 필요한 역량과 지식을 개발하기 위해 적극적이다. 일반적으로 아웃소싱 기능은 비핵심적인 것으로 현 시스템을 유지·보수하거나 새로운 시스템을 테스트하는 프로젝트들이다. 경영진은 주로 비용 절감을 위해 이 방법을 이용하며, 때로 자사의 IS부서와의 경쟁을 유도하기 위한 목적으로 활용하기도 한다. 또한 기업들은 해외 아웃소싱 업체들이 보유하고 있는 첨단 시스템개발 기술을 배우기 위해 이 방법을 택하기도 한다. 인도에는 최고 수준이라고 할 수 있는 5단계의 기술을 보유하고 있는 IT기업들이 많이 있다. 미국의 포춘 500대 기업의 30-60%가 이 단계에 와 있다고 본다.

마지막 넷째 단계는 적극적 전략형 기업proactive strategic focus들이다. 이 기업들은 해외 아웃소싱을 단순히 비용절감 차원에 보지 않고 혁신을 자극하고, 새로운 제품과 서비스를 개발하고 신시장을 개척하기 위해 해외 아웃소싱을 활용하는 기업들이다. 따라서 이 기업들은 비핵심적인 기능이 아닌 새로운 시스템의 개발까지 해외 업체에 의뢰하기도 한다. 따라서 해외 아웃소싱 파트너가 단순히 IT지식만으로 지원하는 것이 아니라 상당한 영역지식domain knowledge까지 보유해야 하는 경우가 많다.

넷째 단계의 기업들은 IT센터의 글로벌 네트워크의 구축을 지향하며 각 센터는 고유의 역량들을 보유하며 단일 서비스를 창출하기 위해 정교하게 조율되고 있다. 구글, 삼성전자, 애플 등 10%의 기업이 이 단계에 와 있다고 볼 수 있다. 많은 미국 기업들은 네 번째가 아닌 세 번째 단계로 이동할 것이나, IT를 경쟁적 차별화 도구로 이용하는 소수의 기업들은 넷째 단계로 이동할 것이다. 이러한 기업들은 글로벌 운영체제를 제대로 가동하기 위한 정교한 메커니즘을 개발하는 데 요구되는 비용을 충분히 정당화할 수 있다고 생각하기 때문이다.

[사례] 중국의 개인정보보호법과 IT아웃소싱 비즈니스의 관계

중국은 전 세계에서 가장 큰 IT시장을 갖고 있는 만큼 IT아웃소싱 시장도 매우 크다. 특히 외국기업들이 중국의 아웃소싱업체의 서비스를 많이 이용하고 있다. 한편 2011년에 중국 정부는 자국민의 개인정보 보호와 중국에서 비즈니스를 하고 있는 기업들을 위해 개인정보보호 가이드라인을 만들었다(물론 지금은 완성된 개인정보보호법이 집행되고 있다). 이 가이드는 개인정보의 저장, 처리, 이관과 관련된 규칙과 원칙을 포함하고 있다. 그렇지만 외국기업의 비즈니스 관계자들은 이 가이드가 지나치게 엄격해 중국의 IT산업과 비즈니스 프로세스 아웃소싱 업체와 고객기업 모두에게 큰 타격을 줄 것으로 걱정하였다.

해외 아웃소싱을 할 때 데이터보안과 지적재산권 보호는 늘 주 관심사인데 특히 이 부분에 있어 중국은 악명이 높다. 소프트웨어개발과 유지보수 분야에서 중국의 아웃소싱 업체의 경우, 직원들의 이직률이 매우 높은데 이는 특히 지적재산권에 대한 낮은 인식수준과 맞물려 문제를 더욱 악화시키고 있다.

제안된 개인정보보호 가이드 중에 특히 외국기업들이 관심을 갖고 봐야 하는 조항들은 다음과 같다

- 기업은 보유하고 있는 개인정보를 잘 보호해야 할 뿐만 아니라 개인정보를 공개해야 할 때는 이해관계자(제3자) 모두로부터 동의를 얻어야 한다.
- 개인정보의 수집, 처리, 사용, 이관과 유지에 대한 구체적인 원칙들.
- 단지 스토리지에 저장된 하드카피 정보만이 아닌 거래를 위해 네트워크상(클라우드)에 저장되어 있는 개인정보의 보호에까지 적용.
- 법이 허용하지 않거나 정부기관이 허락하지 않은 모든 개인정보의 해외반출은 금지.

이 정도의 규정은 미국에 비해서도 훨씬 엄격한데, 미국에서는 데이터가 국내에 있든 국외에 있든 국경을 넘어 옮기는 것에 대한 규제가 없다. 특히 이

규제가 적용되면 거래를 마무리하기 위해 기업들끼리 네트워크상에서 개인정보를 공유해야 하는 상황에서조차 당사자의 동의를 얻어야 하는 번거로움이 크기 때문에 해외 아웃소싱 비즈니스에 큰 걸림돌이 될 수 있다. 이처럼 한 나라의 개인정보보호 규정이 그 나라에서 아웃소싱을 해야 하는 외국기업들, 아웃소싱 업체들 모두에게 큰 영향을 미칠 수 있다.

5) 공유서비스(Shared Service)

IT 아웃소싱이 기업들로부터 신뢰를 얻어가면서 경영자들은 비핵심 기능들을 분리하여 공유할 수 있는 하나의 서비스 그룹으로 모아 규모의 경제를 얻을 수는 없는지를 고민하게 되었다. 그래서 기업들은 IT서비스, 법률서비스, 시설관리, 부동산, 이메일 등 그룹웨어, 재무관리 같은 다양한 기능들을 수행하는 공유서비스 조직을 만들기 시작하였다. 공유서비스의 목적은 효율성을 높이고 비용을 절감하기 위한 것으로 대기업의 경우 특히 경비절감차원에서 추진하고 있다. 일반적으로 대기업들은 각 분야별로 전문지식 센터를 만들고 각 센터들의 장은 공유서비스 부사장에게 보고한다.

일부 중역은 IT를 공유서비스로 이용하게 되면 다른 서비스들도 IT를 도구로써 적극 활용하는 능력을 기르게 된다고 생각한다. 공유서비스는 또한 아웃소싱된 기능들의 관리를 집중화하는 역할을 하기도 한다. 그래서 공유서비스 그룹은 아웃소싱 계약 및 아웃소싱 업체와의 관계를 협의하고 관리하는 데 매우 민첩한 조직이 될 수 있다.

6) 비즈니스 프로세스 아웃소싱

IT 아웃소싱 시장이 성숙되면서, 데이터센터 아웃소싱, PC관리 아웃소싱, 기타 표준적 아웃소싱들은 점차 일용품commodity이 되어가고 경쟁업체들은 점점 늘어남에 따라 이윤도 차츰 박하게 된다. 따라서 아웃소싱업체들은 보다 부가가치가 높은 서비스로 이동하는데 그중에 하나가 특정 비즈니스 프로세스와 그것과 연계된 IT를 전문적으로 관리하는 일이다. BPOBusiness Process Outsourcing로 부르는 IT 아웃소싱은 기업들이 리엔지니어링하게 된 프로세스의 대부분 또는 일부를 전문적으로 관리하는 것을 말한다.

BPO는 단순 비용절감 목적만이 아닌 특정 프로세스에만 집중하는 전문업체가 전문지식을 총동원하고 투자를 함으로써 고객기업에게는 비핵심적인 프로세스의 효율성을 향상시키는 것을 목적으로 한다. 많은 기업들이 로지스틱스logistics. 물류 및 운송, 고객서비스콜센터 등 그리고 많은 핵심적인 기능들을 전문업체에 아웃소싱하고 있다. 미국 샌디에고에 위치한 발보아 트레블여행사는 항공권 발권 계정을 Unisys에 아웃소싱하였다. 여행사는 매주 발권한 항공권을 Airline Reporting Corporation에 보고해야 하는데, 매우 중요한 일임에도 불구하고 여행사 입장에서 볼 때 성가신 일이 아닐 수 없다. 발보아 트레블사 사장은 이 일을 처리하기 위해 프로그래머를 고용하고 별도의 시스템을 운영하고 싶지 않아 Unisys에 아웃소싱 하였던 것이다. Unisys는 여행사가 자체 인력을 두고 제공하는 서비스보다 더 양질의 고급서비스를 제공할 수 있었다. 예를 들면, Unisys는 여행사들에게 발권정보를 분석한 결과를 근거로 (기업)고객들의 여행 습관에 관한 정보를 엑스트라넷을 통해 제공할 수 있었으며, 다양한 발권정보를 데이터마이닝한 결과를 가지고 새로운 여행트렌드를 발견함으로써 더 나은 여행서비스를 제공할 수 있도록 도울 수 있었다.

BPO는 고객기업의 여러 부서들의 참여가 있어야 가능한 서비스를 제공하므로 때로 IS부서의 영역을 넘나드는 특징이 있다. 특히 BPO는 고객기업의 사용자들이 아웃소싱 업체가 설계한 프로세스에 맞출 것을 요구하기 때문에 단순한 IT 아웃소싱에 비해 훨씬 관리가 복잡할 수 있다. 특히 프로세스의 일부를 고객이 통제하기를 원할 경우, 아웃소싱 업체가 관리하는 프로세스와 조율을 해야 하기 때문에 전체 프로세스의 운영이 복잡해 질 수 있다.

BPO는 고객기업과 아웃소싱업체 간의 관계 설정에도 큰 변화를 가져다줄 수 있다. 전통적인 IT 아웃소싱의 경우, 서비스공급자와 고객기업이 긴밀하게 협조할 필요는 있지만 공동의 목표를 가지고 일을 하는 것은 아니다. 고객기업은 경비를 더 절약하려 하지만 서비스공급자는 더 많은 이윤을 남기려 하므로 이해관계가 상충하기 때문이다. 그렇지만 BPO의 경우는 다르다. 서비스공급자가 전 프로세스를 책임지며 그들의 성과는 객관적으로 측정되어 그 결과에 근거하여 대금이 지불된다. 이렇게 성과에 근거한 아웃소싱 계약은 양쪽 모두가 공동의 목표를 의식하도록 함으로써 고객은 필요한 서비스에 초점을 두게 되고, 아웃소싱업체는 그것을 어떻게 비용효과적으로 수행할지에 관심을 갖게 되는 것이다.

7) e-비즈니스 아웃소싱

개방형 인터넷이 비즈니스를 위해 활용됨에 따라 웹 사이트를 구축하고 이를 활용하는 일을 아웃소싱하는 경우가 많아졌다. 대기업의 경우, 마케팅 부서가 외부업체에 웹사이트의 개발을 위탁하기 시작하였으며, 구축이 끝난 다음에는 IT부서가 운영하는 경우가 많았다. 그렇지만 닷컴기업이나 인터넷을 기반으로 비즈니스를 운영하는 기업들은 아래와 같은 이유로 IS 기능의 모두 또는 대부분을 아웃소싱하기도 한다.

첫째는 웹사이트의 구축과 서버운영을 아웃소싱을 함으로써 기업들은 보다 기민하게 핵심적인 업무에 몰입할 수 있기 때문이다. 시스템을 구축하기 위해 일 년 이라는 시간조차도 길 경우, e-비즈니스 인프라 구축을 아웃소싱하면 몇 달 또는 몇 주만에 시스템을 구축할 수 있다. 둘째로 핵심적인 비즈니스모델의 구축과 운영에만 초점을 맞추고 민첩하게 움직일 수 있는 작은 규모로 남아 있을 수 있기 때문이다. 셋째, 아웃소싱을 하게 되면 금방 낡아져 쓸모가 없게 될 수 있는 컴퓨터 및 네트워크 장비에 자금이 묶일 필요가 없기 때문이다. 쉽게 선택적 아웃소싱을 할 수 있을 뿐만 아니라 아웃소싱 업체를 필요에 따라 쉽게 바꿀 수도 있기 때문이다.

e-비즈니스 아웃소싱과 전통적인 IT 아웃소싱 간의 핵심적인 차이는 고객기업으로부터 사야 하는 장비나 이동 배치해야 하는 IT요원, 이전해야 하는 소프트웨어 라이선스 등이 거의 없다는 점이다. 결론적으로 지난 20여 년에 걸쳐 IT 아웃소싱은 빅뱅 방식의 데이터센터 운영에서부터 비즈니스 프로세스의 아웃소싱에 이르기까지 환경변화와 기술변화에 따라 많은 변화를 겪어 왔다.

오늘날 거대한 아웃소싱 시장에서 큰 몫을 차지하고 있는 클라우드cloud 서비스는 분산시스템의 한 종류로 간주하여 6장 분산시스템에서 깊게 다룰 예정이다.

5.3 아웃소싱의 관리

성공적인 아웃소싱은 고객과 아웃소싱업체 간의 관계관리가 매우 중요하다. 따라서 아웃소싱의 성공적인 관리에 적용될 수 있는 여러 이론들을 이해할 필요가 있다.

1) 아웃소싱업체의 서비스의 범위와 통제력

아웃소싱업체들은 고객기업의 내부 정보시스템 부서가 수행하는 것의 일부나 전부를 똑같이 수행한다. 아래 〈그림 5-1〉 아웃소싱업체-고객기업 관계에서 볼 수 있듯이 다양한 규모의 아웃소싱 계약이 성립되며, 오른쪽으로 갈수록 더 많은 IT업무를 아웃소싱업체가 수행하게 된다.

전통적으로 기업들은 아웃소싱업체로부터 전문적인 서비스를 단품으로 구매하는 경우가 많다. 애플리케이션의 기획 및 컨설팅, 애플리케이션의 구축 또는 유지관리, 네트워크의 구축 및 유지, 사용자/고객 훈련 및 교육, 플랫폼(시스템 기반) 운영, 행정서비스 제공, 상품의 구축과 사용 등이 단품으로 구매할 수 있는 전문서비스 목록이다. 두 번째 관계는 상품(패키지)을 구매하는 것인데, 여기에는 교육이 포함될 수도 있고 그렇지 않을 수도 있다. 세 번째의 관계는 거래처리 서비스구매이다. 아웃소싱업체에게 급여처리나 결산을 위탁하거나, 신용평가업체로부터 신용평가보고와 같은 서비스를 구매하는 것이다. 세 번째 유형의 관계는 아웃소싱업체에게 지불하는 서비스비용이 가변적이며 통제가 가능하므로 구매자 입장에서 더 유리하다 할 수 있다. 한편 여러 가지 사업적, 기술적 위험을 안고 서비스를 공급하는 아웃소싱업체는 규모의 경제를 통해 더 높은 이익을 추구할 수 있다.

정보서비스를 구매하는 네 번째 방법은 시스템 프로젝트를 위한 계획, 개발, 유지관리, 교육 등 전체 패키지를 다루는 시스템 통합업체System Integrator를 이용하는 것이다. 마지막으로, 아웃소싱계약인데, 여기서 고객기업은 정보서비스의 일부 또는 전부를 해 주기로 계약하는 것이다. 네 번째와 마지막 방법의 차이점은 시스템 통합은 프로젝트 중심인 반면, 아웃소싱은 시간(계약기간) 중심이라는 것이다.

〈그림 5-1〉이 보여주는 5가지 유형의 관계를 보면 왼쪽의 전문서비스에서 오른쪽 아웃소싱으로 옮겨가며 기업들은 필요에 따라 적절한 관계를 선택할 것이다. 고객기업의 선택이 전문적 서비스에서 아웃소싱으로 옮겨갈수록 아웃소싱업체-고객기업 관계에는 다음 4가지의 변화를 관찰할 수 있다.

- 보다 많은 IT 관련 활동이 외부로 넘어가기 때문에 정보시스템 관리는 점점 더 통제력을 잃을 수 있다.
- 아웃소싱업체는 오른쪽의 관계로 나아갈수록 더 많은 사업적, 기술적 위험부담을 안

게 된다.

- 아웃소싱업체는 오른쪽의 관계로 나아갈수록 규모의 경제적 이익을 추구할 수 있어, 이익이 증대되는 기회를 가질 수 있다.
- 오른쪽 관계로 갈수록 고객기업에게 올바른 아웃소싱업체를 선택하는 일이 더욱 중요해진다. 자신의 정보자원관리를 위해 외부조직을 이용하는 데는 더 큰 위험 부담이 따르기 때문이다.

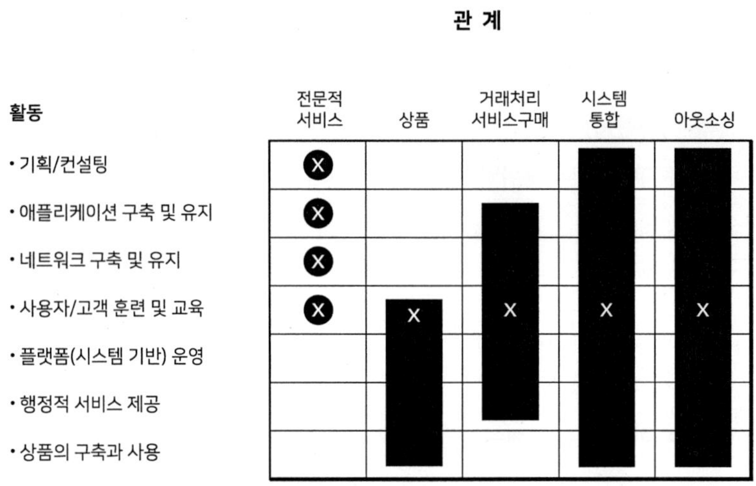

<그림 5-1> 아웃소싱업체-고객기업의 관계

2) 아웃소싱의 계약

아웃소싱 계약은 다양한 선택이 가능하다. 아웃소싱업체는 고객의 네트워크 장비나 데이터센터를 맡아 운영할 수도 있고, 모든 애플리케이션의 유지보수를 대행할 수도 있으며, 리엔지니어링재설계된 프로세스를 관리 및 운영할 수도 있다. 계약서에는 실제 업무수행할 장소를 고객업체의 데이터센터로 할 것인지 아니면 아웃소싱업체가 정한 임의의 장소에서 할 것인지, 고객업체의 애플리케이션을 이용할 것인지, 아니면 아웃소싱업체의 것을 사용할 것인지 등을 명시할 필요가 있다. 끝으로 아웃소싱은 계약, 합작투자를 통한 제3의 법인의 설립 또는 고객업체의 정보처리부문의 인수합병도 가능할 것이다.

과거 사례를 보면, 코닥과 IBM의 합의 내용에는 IBM이 코닥의 데이터센터를 하나의 유틸리티로, 코닥의 현장에서, 코닥의 애플리케이션을 이용하여 서비스를 제공하는 것이었다. 이와는 달리 GM사와 EDS사의 아웃소싱 거래에서는 EDS사는 GM사의 시스템을 유틸리티 조건으로 운영함과 동시에 GM사의 일부 비즈니스 프로세스를 리엔지니어링하고 애플리케이션 개발은 GM사의 현장에서 수행하는 것이었다. 이 계약은 GM사가 EDS사를 인수하는 조건이었다.

3) 아웃소싱 관리조직

아웃소싱을 관리하는 일은 상이한 목적을 가진 양측이 협력해야 한다는 점에서 단순히 내부 직원을 관리하는 것과는 다르다. 따라서 양측은 사인한 계약을 어떻게 공동으로 잘 관리할 수 있을지를 염두에 두고 협상할 필요가 있다.

일반적으로 양 기업은 여러 수준의, 다양한 목적의 조인트 팀joint team을 구성할 필요가 있나. 최상위 팀은 분쟁이 발생했을 때 최종적인 합의를 협상하는 양측의 중역들로 구성된다. 양측의 운영요원으로 구성된 팀은 일상적으로 시스템이 잘 돌아가도록 하는 일을 맡는다. 이들은 적어도 매주 정례모임은 갖는 것은 물론 수시로 접촉해야 하는 사람들이다. 특별히 다루어야 하는 문제해킹, 재해 등가 발생하면 특수목적 조인트 팀special joint team을 구성할 필요도 있을 것이다. 예를 들어 필요 시 가격협상위원회 또는 변화관리 절차를 감독할 변화관리위원회 등을 설치할 수도 있을 것이다.

비록 조인트 위원회나 팀이 일반적인 관리조직이지만 각 기업은 관계관리에 있어 최종적인 책임을 질 중역을 둘 필요가 있다. 고객기업의 경우, 관계관리 매니저를 둘 필요가 있다. 관계관리 매니저는 IS분야에서는 다소 생소한 직책이며, 갖추어야 하는 자질도 데이터센터 관리자와는 상당히 다를 수 있다. 이들은 협상 및 소통능력이 있어야 하며, 서비스 제공업체와 자사의 사용자를 잘 연결해 주는 능력을 구비하여야 한다. MeadWestvaco사의 사례 마지막에도 비즈니스 관계관리자에 대한 이야기가 나온다.

4) 거버넌스(governance)

아웃소싱 관계를 거버넌스관리 및 통제하는 데 필요한 기초적인 사항들은 수백 페이지에 달하는 계약서에 기술되어 있다. 계약서 내 주요 항목은 서비스 제공업체의 성과를 측정하는 SLAService Level Agreement이다. 모든 계약서의 SLA는 양측의 책임, 요구되는 성과, 벌칙, 보너스 등을 명기하고 있다. 좋은 계약서가 되기 위해서는 빈틈이 없이 완벽해야 하며 서비스의 제공시간, 서비스 제공자와 수혜자 등 상세한 내용까지 기술하여야 한다.

SLA의 또 다른 중요한 측면은 성과를 측정하는 데 쓰는 메트릭스metrics의 설정이다. 흔히 많은 기업들이 자신들의 내부 IS 서비스에 대한 성과조차 잘 측정하지 못하고 있기 때문에 이 메트릭스를 설정하는 데 애를 먹는다. BPOBusiness Process Outsourcing의 경우, 기업들은 특정 프로세스에 몇 명이 배치되고, 부서별로 소요되는 IT 비용에 대한 상세한 자료가 없다면 상황은 더욱 악화된다. 벤더vendor. 아웃소싱업체가 제공하는 서비스가 얼마나 향상되는지를 알기 위해서는 벤치마크(기준치)가 필요하며 이를 위해서는 객관적인 측정도구가 절실하다. 고객기업이 스스로의 성과를 잘 측정하고 있지 못하면 아웃소싱 협상을 할 때 유리한 입장에 설 수 없을 것이다. 게다가 나중에 추가 비용을 가져올 중요한 부분을 간과하는 경우도 발생할 수 있다.

Goo 등(2009)은 아웃소싱 계약서에 담긴 SLAService Level Agreement에 구체적으로 어떤 내용을 담느냐에 따라서 고객과 아웃소싱업체 간의 원활한 관계가 결정된다고 하였다. 성공적인 아웃소싱 관리를 위해서는 SLA가 포함된 공식적인 계약formal contract과 관계지향적 통제기능relational governance function 두 가지가 상호보완적인 역할을 해야 한다.

공식 계약인 SLA는 11가지의 계약적 요소가 있으며 이것들은 다시 기초foundation, 변화change, 통제governance로 분류될 수 있다. 기초적 요소에는 1) 서비스수준의 목표, 2) 프로세스 주관자ownership, 3) 서비스수준의 내용이 포함된다. 이 기초적 요소를 잘 설정해야 아웃소싱업체와 고객업체가 건전한 아웃소싱관계의 구축에 필요한 공동의 비전과 목표가 만들어질 수 있다. 이 조항들은 이해당사자들의 역할과 책임을 분명히 함으로써 향후 아웃소싱을 관리할 때 행동지침이 되어줄 수 있다.

변화적 요소는 4) 미래수요관리, 5) 예상되는 변화, 6) 혁신계획, 7) 피드백 프로세스로 구성되는데, 예측이 어려워 갑작스럽게 발생할 수 있는 요구사항과 갈등을 해결하는 데 필요한 조항들이다. ICT와 사업 환경은 때로 급변하기 때문에 이에 대처하는 데 필요한 임의계획contingency plan, 변화를 도입하는 과정과 절차, 필요시 신속한 계약서의 수정, 그런 일들에 동반되는 인센티브 등을 규정하는 것이다.

끝으로 통제적 요소는 8) 소통, 9) 측정차트measurement charts, 10) 갈등중재, 11) 집행enforcement으로 구성된다. 통제적 요소는 성과의 측정, 보상과 페널티, 출구옵션과 책임, 소통절차, 잠재적 분쟁을 찾아 해결하는 과정을 분명히 하기 위한 것들이다.

공식적인 계약서에다 양측이 1) 적절한 관계적 규범relational norm을 설정하고, 2) 갈등이 발생했을 때 쌍방이 만족할 수 있는 갈등해결책을 내놓을 수 있는 능력harmonious conflict resolution이 있고, 3) 교환관계에 있는 쌍방이 서로에게 이익을 제공하는 상호의존성mutual dependence이 있을 때 계약서를 보완할 수 있는 관계적 통제가 가능해진다. 여기에서 관계적 규범이란 쌍방이 양해하고 받아들일 수 있는 행동의 패턴, 예를 들면 단합, 정보교환, 유연성 등을 말한다.

SLA에 추가하여 양측은 각자가 결정을 할 때 적용하는 거버넌스 규칙governance rule을 제정하여 같은 악보를 보고 노래를 부르듯이 조화를 이룰 수 있어야 한다. 일반적으로 좋은 관계를 유지하는 기업들은 사인한 계약서는 서랍에 넣어 두고 신뢰와 합의된 규칙과 관행을 근거로 일을 한다. 서로 간에 신뢰에 금이 간 경우에만 계약서에 눈을 돌리는 것이다.

5) 일상적인 운영

양측의 직원들이 일상적으로 협력할 때 바람직한 직무관리원칙은 다음과 같다.

직원이 아닌 기대치(목표)를 관리하라. 아웃소싱 업체 직원들을 더 이상 고객기업이 감시해야 하는 대상으로 봐서는 안된다. 명령과 통제 방식은 적대적인 관계만 낳기 때문에 현명한 선택이 아니다. "이 일을 해라"라는 방식보다 "이 문제를 어떻게 함께 풀까"로 접근하는 것이 나은 방법일 것이다. 게다가 관계관리 매니저가 있다면 이들은 고객기업의 사용자들의 기대치를 조율하는 역할을 잘 수행함으로써 공급되는 서비스가 사업목적과 문제해결에 잘 부합되도록 하여야 한다.

지나친 공식적인 일처리 방식을 경계해야 한다. IT서비스의 질이 측정되고 거버넌스(통제) 시스템이 강화됨에 따라 양측의 관계는 점차 딱딱해지고 공식화된다. 서비스를 받는 과정이 공식화되면 아웃소싱업체가 정한 절차를 따라 서비스를 받아야 하므로 과거에 비공식적으로 쉽게 서비스를 받았던 일부 사용자들에게는 매우 불편하고 충격적으로 느껴진다. 특히 아웃소싱업체가 분사되어 나온 경우, 옛날에는 같은 조직 내 IT부서의 친한 동료로부터 쉽게 서비스를 받을 수 있었는데 아웃소싱 업체의 직원이 된 동료는 계약서가 정한 절차를 따라 서비스를 제공해야 하므로 번거로움이 발생하는 것이다. 양측은 이러한 경향이 최소화될 수 있도록 노력해야 한다.

비공식적인 일처리 방식을 줄여 업무수행의 엄격성을 강화한다. 업무수행의 엄격성을 강화하다보면 업무의 질을 높일 수는 있다. 어떤 서비스를 요청하기 전에 사용자는 두 번 생각하게 되고 원하는 서비스를 더 잘 정의하려고 노력하게 되기 때문이다. 프로세스를 개선하면 일처리 과정에 군더더기가 없어지고 업무의 효율성도 증진된다. 아웃소싱업체가 새로운 변화(일을 하는 방식과 절차의 변경)를 시도하면 고객기업은 직원들로 하여금 변화에 준비하도록 하고 새로운 방식에 적응할 수 있도록 도와야 한다. 따라서 최소한의 중단과 불편으로 고객기업의 직원이 새로운 절차에 잘 적응할 수 있도록 돕기 위해서 전환 계획transition planning이 필요한 것이다. 앞의 제언과는 상충되는 듯 하지만 업무의 성격에 따라 공식화와 비공식화의 적절한 균형이 필요한 것으로 이해하면 된다.

양측 직원들의 긴밀한 협력이 가능하도록 구체적인 행동지침을 정한다. 양측의 협력은 분명한 가이드라인을 정해놓지 않으면 나올 수 없다. 예를 들면, i) 아웃소싱 직원이 접근할 수 있는 작업장의 범위를 적절하게 정해 주는 일, ii) 공동회식이나 이벤트, iii) 모임에 상대방의 직원은 초청하는 일, iv) 고객 기업의 중역이 아웃소싱업체로 자리를 옮겨 1~2년 정도 아웃소싱 업체의 상황을 체험해 보는 일 등이 포함될 수 있다. 협력은 중요하기 때문에 중단 없이 진행되어야 하지만 고객기업은 여전히 양측의 관계를 관리하고 통제할 수 있어야 한다.

정보시스템의 일상적인 운영이 원활히 진행되기 위해서는 빈번한 소통이 제일이다. 어떤 중역은 자신의 포켓에 매주 수정하는 Top-10 리스트를 가지고 다닌다고 한다. 그 리스트에는 그가 다루어야 하는 가장 중요한 데이터센터 운영관련 항목들로 채워져 있다고 한다. 이런 리스트를 가지고 다니는 일은 업무수행에 초점을 잃지 않도록 돕는 최상의 비공식인 경영기법이라 할 수 있다.

5.4 아웃소싱 결정에 대한 조언

IT 아웃소싱은 결혼과 같아서 사소하게 내릴 수 있는 결정은 아니다. 데이터센터 운영, PC 및 클라이언트 지원, 애플리케이션 개발, 네트워크 관리, 지원센터, 애플리케이션 유지관리, 혹은 기타 시스템 활동 등을 외주하는 결정은 다음과 같은 4가지 질문을 한 후 이루어져야 한다.

- 어떤 정보시스템 활동들이 우리 회사의 사업에 전략적일 수 있는가? 기본적으로 전략적이지 않은 것들이 아웃소싱의 후보가 된다.
- 아웃소싱으로 최소한 15%의 예산 절약을 할 수 있는가? 그렇지 않다면 아웃소싱은 현명한 선택이 되지는 못한다. 아웃소싱업체는 규모의 경제를 최대한 이용하고, 표준을 강제적으로 적용하고, 가격 대비 성능이 우수한 장비를 최대한 이용함으로써 저렴하게 서비스를 공급할 수 있기 때문이다.
- 우리 회사는 필요한 기술과 전문성을 자체적으로 확보할 수 있는가? 만일 그렇지 못하다면, 이런 자원을 얻기 위해 아웃소싱이 그 해답이 될 수 있다.
- 아웃소싱이 우리 회사의 재무적 유연성을 신장시킬 수 있는가? 아웃소싱은 자본적 예산(고정비)을 운영경비(변동비)로 전환시켜 주기 때문에 회사에게 높은 재정적 유연성을 가져다 줄 수 있다. 더 나아가서 아웃소싱은 외부업체들이 기존의 시스템을 유지·관리하도록 하고, 자기 직원들은 현업 사용자의 애로사항을 청취하고 미래의 시스템을 연구하는 일에 더 많은 시간을 쓰도록 해야 한다. 그로 인해 회사의 유연성이 향상되고 새로운 기술들을 더 빨리 습득할 수 있을 것이다.

그렇지만 관리자가 아웃소싱해서는 안 될 4가지의 IT/IS 활동이 있다. 그것은 전략 즉 시스템(네트워크를 포함)의 아키텍처, 신규 IT를 조직에 도입할 시점에 관한 결정들, 그리고 아웃소싱 업체의 결정과 관리 등이다. 경영진은 정보시스템의 개발과 운영을 아웃소싱할 수는 있지만, 그들의 정책적, 전략적 역할은 결코 아웃소싱 해서는 안 된다. 그리고 시스템부서가 잘 관리되고 있고, IT/IS가 핵심 경쟁적 무기가 되는 경우에는 더더욱 아웃소싱이 옵션이 되어선 안 된다.

5.5 아웃소싱 관리역량

IT아웃소싱은 조직 내 IT/IS 인프라 전체 또는 일부와 관련된 인적, 물적 자원을 외부 공급자로부터 공급받는 것을 의미한다(Loh & Venkatraman, 1992). IT아웃소싱 과정에서 고객 기업의 추진조직이 아웃소싱업체로부터 제공받는 서비스에 대한 이해와 지식이 부족할 경우, 고객기업은 제공받는 서비스에 대한 전문성을 잃게 되거나, 협상과정에서 아웃소싱 업체를 제대로 평가할 수 없는 등 IT아웃소싱 성과를 제대로 얻을 수 없다(Carr, 2004; 이강태, 2015). 따라서 IT아웃소싱의 제대로 된 성과를 얻기 위해서는 고객기업의 추진조직의 역량과 역할이 매우 중요하다. Feeny & Willcocks(1998)는 IT/IS환경의 변화에 따라 IT/IS부서의 역할이 IT아웃소싱 계약과 성과달성을 위한 아웃소싱 추진조직으로서의 기능을 함께 가져야 한다고 주장하면서, 정보시스템부서의 기능을 9가지 역량Capability으로 정의하였다. 이 9가지 역량은 〈그림 5-2〉와 같이 i) 비즈니스부문, ii) 기술부문, iii) 서비스 부문으로 크게 구분된다.

1) IT/IS거버넌스(IT/IS Governance) 역량

3가지 영역비즈니스부문, 기술부문, 서비스부문에 공통적으로 포함되는 역량이다. 이것은 IT/IS 부서가 정보시스템을 총괄하는 기능으로서, IT/IS부서의 활동을 조율하고 통제하는 정보 관리전략에 관한 역할이다.

2) 비즈니스 시스템 사고(Business Systems Thinking) 역량

비즈니스 또는 경영에 속하는 역량으로서, 비즈니스 프로세스를 기술적으로 실현할 수 있는 역량을 의미한다. 기업의 사업전략과 정보기술 전략을 서로 통합하고, 업무처리와 프로세스에 정보기술을 효과적으로 활용하는 능력을 의미한다.

3) 관계구축(Relationship Building) 역량

비즈니스부문과 기술부문을 연결하는 역량으로서 업무를 추진할 때 현업(사용자)부서와 협력하는 역량과 현업부서와 정보기술에 관한 정보와 지식을 이해하고 공유하는 역량을 말한다. 소통기술이 특별히 요구되는 역량이다.

4) 기술적 아키텍처 설계(Designing Technical Architecture) 역량

IT/IS에 대한 장기적인 계획을 수립하고, 정보시스템 계획수립에 필요한 방법론을 개발하는 등 장기적인 전략적 아키텍처 계획을 수립하는 능력을 의미한다.

5) 기술적 문제해결(Making Technology Work-fixer) 역량

기술부문과 서비스부문을 연결하는 역량으로서 기술적인 문제가 발생했을 때 해결자fixer의 역량을 말한다. 즉 현업의 비즈니스적 요구에 맞는 IT솔루션은 어떤 것이 있는지, 현재의 정보시스템이 가진 문제가 무엇인지, 문제가 있다면 자체 인력으로 해결할 수 있는 문제인지 아니면 외부의 도움을 받아야 하는 문제인지 그리고 외부의 도움이 필요하다면 그 도움을 받을 수 있는 곳은 어디인지를 파악할 수 있는 능력을 말한다.

6) 합리적(정보에 근거한) 구매(Informed Buying) 역량

비즈니스, 기술, 서비스부분 모두 연결된 역량으로서, 아웃소싱시장을 잘 분석하여 최적의 아웃소싱 서비스를 확보하는 능력이다. 외부 IT전문업체들과 좋은 관계를 형성하고 그들에 대한 자세한 정보를 확보하는 능력이다.

7) 계약촉진(Contract Facilitation) 역량

비즈니스와 서비스부문에서 공통적으로 요구되는 기능으로서, IT/IS 서비스(아웃소싱) 계약이 원만하게 체결될 수 있도록 현업부서의 사용자들과 아웃소싱업체들 사이에 있을 수 있는 이견을 조정하고 문제와 갈등을 공정하게 해결하는 역량이다. 계약의 법적인 측면도 검토할 수 있는 역량도 포함된다.

8) 계약 모니터링(Contract Monitoring) 역량

아웃소싱업체의 서비스가 계약에 따라 제대로 집행되는지를 관리·감독하고 평가하는 일이다. 양측이 합의한 평가기준을 개발하고 적절한 방법으로 성과를 객관적으로 측정하고 문서화하는 일이 포함된다.

9) 아웃소싱 업체 개발(Vendor Development) 역량

지속적으로 IT/IS 서비스 아웃소싱 벤더공급자의 잠재적인 가치를 확인하고, 이들을 선발할 수 있는 객관적인 절차나 평가기준을 개발하는 역량을 의미한다.

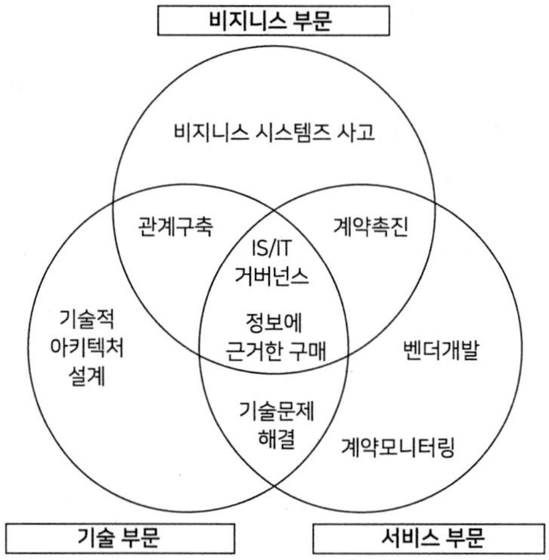

<그림 5-2> 성공적인 IT아웃소싱 관리를 위한 IT/IS부서의 역량

자료원: Feeny와 Willcocks(1998)

5.6 아웃소싱 프로젝트의 발주와 관리

기업의 IT아웃소싱은 신규 시스템개발, 기존 시스템 업그레이드와 유지보수, 하드웨어 및 소프트웨어 구매, 웹서비스 구매, 경영컨설팅에 이르기까지 매우 다양하다. 일반적으로 아웃소싱 프로젝트를 발주하기 전에 고민해야 하는 것은 해당 프로젝트를 통해 기업이 현재 겪고 있는 경영 및 정보화문제를 적절한 투자비용으로 해결할 수 있는가이다. 그리고 이 문제를 해결할 수 있는 내부 자원은 없는지, 없다면 이 문제의 해결책을 밖에서 구하더라도 기업의 전략적 이익을 훼손하는 점은 없는지 검토해야 한다.

아웃소싱 프로젝트는 다음과 같은 과정을 거쳐 발주되고 관리된다.

1) 아웃소싱의 필요성과 타당성의 검토

이를 위한 주요 검토사항들은 다음과 같다.

- 아웃소싱의 이유와 목적은 분명한가? 즉 아웃소싱을 해야 하는 충분한 사유가 있는가?
- 최고경영자가 지지하는가?
- 예산은 충분한가?
- 도입 후 기대효과는 무엇인가? 15% 이상의 경비절감 효과가 있는가?
- 기존의 IT프로젝트와 경영혁신프로그램과 잘 조화되는가? 기술적, 조직문화적 문제는 없는가?
- 계약사항의 검토와 아웃소싱 관리를 맡을 수 역량 있는 내부직원이 있는가?
- 조직이 아웃소싱으로 인한 변화를 수용할 준비가 되어 있는가?

2) 요구사항 분석

아웃소싱의 필요성과 타당성이 검증되고 나면, 아웃소싱업체에 제안해야 하는 요구사항들을 도출하고 이를 근거로 제안요청서를 만들어야 한다. 이를 위해서는 첫째, 기업현황을 진단함으로써 현재의 정보서비스와 시스템의 문제점을 조사하는 것이다. 둘째, 요구사항을 정의하기 위해서는 업무요구분석과 정보화요구분석이 병행되어야 한다. 업무요구분석은 부서별 또는 기능별 업무수행상의 문제점을 프로세스 관점에서 파악하는 것이며, 정보화요구분석은 정보시스템과 정보서비스의 문제점과 요구사항을 파악하기 위해 부서별, 사용자별 요구를 파악하는 것이다.

3) 제안요청서(RFP: Request for Proposal) 작성과 배부

도출한 요구사항을 근거로 아웃소싱업체들에게 배부할 제안요청서를 작성한다. 일반적으로 제안요청서는 다음과 같은 내용으로 구성되지만 아웃소싱의 대상과 방식에 따라 다양하게 구성될 수 있을 것이다.

- 사업개요

사업명, 사업기간, 사업목적·필요성, 사업자선정 및 계약방법, 주요 사업 내용, 자사의 추진체계, 추정소요예산, 기대효과 등을 기술한다. 사업명은 '2019년 교육비지원정보시스템 및 나이스NEIS-행복e음 연계기능 개선'처럼 구체적으로 명시한다. 공개경쟁입찰이나 수의계약은 사업자선정 및 계약방법에 속한다. 상세한 추진체계는 고객업체가 제안요청서를 작성할 때, 계약 체결 후 사업을 추진할 때 결재를 요하거나 문의와 상담을 할 때 접촉해야 하는 부서나 사람에 대한 정보이므로 매우 중요하다.

- 현 시스템의 현황

현재 사용하고 있는 시스템의 현황을 소개한다. 시스템의 기능, 개념도, 업무흐름도, 시스템의 구성도 및 하드웨어, 소프트웨어 현황을 소개한다. 사업자가 발주업체가 필요한 부분을 정확하게 파악하여 양질의 RFP를 제안하고 추후 빈틈없는 계약을 수립하기 위해서는 최대한 상세한 정보를 숨김없이 제공하는 것이 중요하다.

- 제안 요청 내용

제안 요청 내용은 요구사항과 일반사항으로 나눌 수 있다. 요구사항은 시스템장비구성과 애플리케이션별 기능명칭, 내용, 산출정보 등을 기술하므로 시스템과 서비스의 규모에 따라 RFP 중에 가장 큰 분량이 될 수도 있다.

일반사항은 제안일정, 사업기간, 참여자격, 사업자 선정 및 평가방식을 기술한다. 일반적으로 정부기관은 입찰과 협상에 의한 계약체결방식을 따른다. 사업자에게 제안서 평가기준(예: 사업이해도, 개발방법론, 기능요구사항, 시스템운영요구사항, 교육훈련 등)과 각각의 배점은 매우 중요한 사항이다. 일반적으로 자격평가는 입찰자격을 심사하는 것이어서 일단 자격평가를 통과하여야 기술평가를 받을 수 있다. 때로 가격평가를 하는 경우도 있다.

- 제안 안내

제안서의 효력, 제안서 작성지침, 제안서 제출 방법 등을 안내하며 입찰 및 제안 관련 서식을 첨부할 수 있다.

4) 아웃소싱업체 선정

업체로부터 제안서를 받은 후 이를 평가하여야 한다. 평가를 위해서는 객관적인 평가

절차를 수립하고 타당한 평가항목을 설정하여야 한다. 평가팀은 조직내부 인력과 외부 전문가들로 균형적으로 구성하는 것이 좋다. 일반적으로 다음과 같은 평가항목이 포함될 필요가 있으며 각각은 중요도에 따라 가중치weight가 다를 것이다.

- 재무건전성(신용등급), 보유기술인력, 경험 및 레퍼런스사이트 등
- 프로젝트 관리능력
- 기술역량 및 방법론
- 시스템(패키지)의 기능
- 가격
- 교육 및 훈련
- 사후관리 등

일반적으로 고객기업의 내부사정을 잘 아는 사람(과거 전산실 직원)이 아웃소싱 업체에 있다면 더 좋을 것이다. 현장 업무를 잘 모르는 외부업체의 직원이 와서 갈팡질팡하면 현업 사용자들이 더 힘들어지기 때문이다. 특히 아웃소싱업체 직원들의 이직률을 유심히 관찰할 필요가 있다. 임금, 업무량, 근무시간 등에서 급여와 균형이 맞지 않으면 이직률이 높고 그로 인해 서비스의 질은 떨어질 수밖에 없을 것이다.

제6장 분산시스템: 아키텍처와 유형

제6장 분산시스템: 아키텍처와 유형

도입

분산시스템에 대해서 이야기하기 전에 혼돈하기 쉬운 두 가지 용어, '아키텍처architecture'와 '인프라infrastructure'대한 정의를 먼저 내리고자 한다.

> IT*아키텍처*란 일종의 청사진blueprint을 말한다. 청사진이란 정보시스템, 주택, 자동차 또는 제품이 어떻게 보일 것이며 그것들을 구성하고 있는 요소part들이 어떻게 상호 연결되어 있는지를 잘 보여준다.

> IT*인프라*란 이 아키텍처를 구현한 것을 말한다. 도시로 말한다면 인프라란 도로, 가로등, 병원, 학교, 공원, 수도·전기·가스를 포함하는 공익시설, 경찰서, 소방서 등을 지칭한다. 기업에 있어 IT인프라는 처리기컴퓨터 하드웨어, 소프트웨어, 데이터베이스, 전자적 링크네트워크, 데이터센터, 그리고 이러한 구성요소들이 서로 연계되어 작동하는 데 필요한 표준과 절차를 말한다.

IT아키텍처는 IT인프라 구성요소들이 분산되어 있는지, 집중되어 있는지를 보여주는 설계도와 같다.

분산시스템의 진화

과거의 IT아키텍처는 배치batch 또는 온라인on-line 작업을 하는 메인프레임대형시스템과

'dumb'터미널과의 통신이 주를 이루어 단순한 편이었다. 사용자가 쓰는 'dumb'터미널은 정보 프로세싱 기능을 가지고 있지 않고 단순히 원격에서 대형컴퓨터의 소프트웨어와 데이터에 접근할 수 있도록 연결해 주는 역할만 수행할 뿐이었다. 사용자는'dumb'터미널을 통해 메인프레임의 자원에 접근한 후 급여처리, 대금청구서발행 등 대량의 자료를 처리할 수 있었다. PC나 모바일 기기와 같은 소형컴퓨터의 출현으로 컴퓨팅 파워가 다른 부서와 개인사용자들에게 많이 분산되기는 하였으나 여전히 메인프레임은 데이터처리에 중요한 자리를 점하고 있다.

소형컴퓨터의 확산으로 처리능력processing power이 데스크톱, 노트북, 스마트폰, 게임기 등으로 많이 이동하게 되었다. 이러한 처리기능의 분산은 1990년대에 이르러 서비스를 요청하는 클라이언트와 서비스를 제공하는 서버라는 기능적 역할분담형태로 나타났다.

흥미로운 것은 최근 중앙집중식 정보처리방식으로 회귀하는 현상도 목격할 수 있다는 것이다. 수많은 서버(메인프레임이 아닌 중형급 컴퓨터)들이 네트워크로 연결됨에 따라 다양한 종류의 클라이언트들이 개방형 인터넷을 통해 각종 서버들에게 정보처리를 요청하고 또 서비스를 받고 있다.

오늘날 우리는 글로벌 수준으로 분산처리를 가능하게 하는 막강한 인터넷을 가지고 있다. 다양한 규모의 클라이언트와 서버 컴퓨터들이 적절한 표준만 채택할 경우, 인터넷을 이용하여 파일을 서로 주고받을 수 있으며, 서로를 위해 데이터를 처리해 주고 데이터를 저장해 줄 수 있을 뿐만 아니라, 메시지를 상호교환할 수 있다. 현재 인터넷은 분산시스템의 중심이 되어있다.

6.1 분산시스템의 속성

정보시스템이 어느 정도 분산되었느냐는 다음 4가지 기준에 의해 결정된다.

1) 분산처리: 어디에서 데이터처리가 발생하는가?
2) 처리기의 연결interconnectivity: 처리기와 다른 기기들이 어떻게 연결되어 있는가?
3) 분산DB: 정보는 어디에 어떻게 저장할 것인가?
4) 전체 시스템에 적용되는 규칙과 표준들: 어떠한 규칙과 표준이 사용되는가?

분산처리란 하나의 애플리케이션을 실행하거나 거래를 처리할 때 네트워크로 연결된 두 개 이상의 원격 컴퓨터(서버)를 활용하는 것을 말한다. 분산처리의 목적은 처리기능을 가급적 현업 사용자에게 가깝게 이동시키고, 특정 처리업무를 가장 잘 할 수 있는 기기에 그 기능을 위임하는 것이다.

분산처리는 네트워크, 운영체제, 컴퓨터 등이 서로 다르다 하더라도 하나의 애플리케이션을 수행하는 데 전혀 문제가 없는 속성, 호환적 운영성interoperability을 지녀야 한다. 호환적 운영이 가능하면 기기들끼리 명령어나 기능을 변경하거나 물리적 간섭도 없이 표준화된 방법과 절차로 서로 정보를 교환할 수 있다.

찰리 백맨은 2종류의 호환적 운영성을 지적하고 있다. 첫 번째 호환적 운영성은 프로토콜이 상이한 시스템들끼리 커뮤니케이션이 가능한 것을 말한다. 이는 ISOInternational Standard Organization의 OSIOpen System Interconnection 참조모델을 도입한 기업들의 시스템은 이러한 호환적 운영성을 얻을 수 있다. OSI 참조모델은 호환적 운영성을 실현하기 위해 필요한 표준 파일 및 작업job 이동에 요구되는 표준 프로토콜을 규정하고 있기 때문이다.

두 번째 호환적 운영성이란 사용자들의 애플리케이션들끼리 메시지를 양방향으로 주고 보내는 데 문제가 없는 것을 말한다. 예를 들면, 사용자 A가 쓰는 애플리케이션이 사용자 B의 애플리케이션으로부터 어떤 메시지를 받은 후 작동되는 경우를 말한다.

처리기의 연결이란 분산시스템에서 각 처리기컴퓨터들이 데이터나 메시지를 전자 커뮤니케이션 링크를 통하여 주고받을 수 있는 능력을 말한다. 전체 분산시스템의 신뢰성을 높이기 위해서는 이러한 전자 커뮤니케이션 링크를 복수로 둘 필요가 있다. 대부분 폐쇄적인 사내 LAN은 이러한 면에서 취약성을 지니고 있으나 개방형 인터넷망은 이러한 취약성이 없다는 것이 특징이다.

분산DB는 2가지 방법으로 실현된다. 첫째는 자료 전부를 복제하지 않고 어떤 기준에 근거하여 데이터베이스를 분할하여 전 시스템에 분산 저장하는 방법이다. 단 어떤 노드클라이언트에서라도 특정DB에 쉽게 접근할 수 있도록 설계되어야 할 것이다.

둘째 방법은 한 사이트에 마스터 백업파일을 두면서 어떤 기준에 근거하여 데이터베이스를 나누어 전사적으로 분산 저장하는 방법이다. 이 방법은 데이터를 동기화synchronization해야 하는 복잡한 문제가 있어 실시간 업데이트가 필요한 데이터가 아닌 경우에는 선호하지 않는 방법이지만, 시스템보안과 신속한 재해복구를 위해서는 반드시 필요한 방법이다.

전 시스템에 적용되는 규칙과 표준이란 노드node. 서버와 클라이언트 기기들들 사이의 통신, 보안, 데이터접근, 파일이전, 공통적인 운영절차에 적용되는 것들이다. 1990년대 이후 규칙과 표준은 개방형시스템Open System 개념에 근거하고 있다.

개방형시스템의 개념은 시대에 따라 변천해 왔다. 80년대에는 개방형시스템이란 통신에 관한 개념으로써 OSIopen system interconnection 참조모델을 적용한 통신기기를 의미하였다. 90년대에는 개방형시스템이 운영체제로 확대되었는데, 당시 개방형시스템의 대명사는 UNIX였다. 동시에 데이터베이스에 있어서는 다양한 IT기업들이 관계형DB를 다룰 때 사용되는 언어인 SQL구조적질의어. Structured Query Language을 의미하기도 하였다. 오늘날 '개방'이라는 것은 정보처리기의 연결성interconnectivity을 말한다. 개방형시스템으로 가장 익숙하게 알려진 시스템은 인터넷의 TCP/IPTelecommunication Protocol/Internet Protocol이다. 오늘날 TCP/IP를 기반으로 한 월드와이드웹WWW 인터넷에 연결되어 상호 정보를 교환할 수 있는 모든 시스템을 개방형시스템이라 한다.

한편 기업들은 인터넷과 더 쉽게 연동될 수 있도록 자신의 폐쇄형 LAN과 WAN을 TCP/IP로 전환하고 있다. '개방성'의 핵심은 다양한 IT기업하드웨어, 소프트웨어, DB, 네트워크 장비 등들이 공급한 다양한 정보기기들이 상호 협력하여 정보업무를 분산처리하는 것이기 때문에 '개방성'의 의미는 계속적으로 팽창하고 있다

6.2 언제 컴퓨팅 책임을 분산할 것인가

정보시스템 책임자는 시스템의 기획, 개발과 운영, 애플리케이션의 유지보수를 언제 어떻게 분산할 것인지를 결정하는 데 필요한 정책을 세울 책임이 있다. 이는 시스템들의 상호연결성interconnectivity이 매우 중요한 시점에 이러한 결정을 개인 사용자나 부서에 맡겨 둘 수만 없기 때문이다.

컴퓨팅 책임을 분산해야 할 당위성의 하나는 의사결정권이 조직의 하위 계층으로 이양됨에 따라 그들이 사용하는 IT자원에 대한 재량권도 같이 이양되어야 한다는 점이다. 즉

사업적(비즈니스) 운영에 관해 의사결정권을 지닌 사람(현업부서 사용자)이 그 사업을 지원하는 IT/IS에 대한 결정권도 함께 가지는 것이 해당 사업부서의 필요에 가장 잘 부응할 수 있기 때문이다. 정보시스템부서와 현업부서의 긴밀한 팀워크는 사업 목적의 달성을 지원하는 분산처리 아키텍처를 설계하는 데 매우 중요한 요소이다.

분산을 통한 자치autonomy는 기업company, 사업부문division, 사이트site, 부서department, 팀, 개인이라는 여섯(6) 수준에서 일어난다. 이는 분산결정을 위한 2가지 틀framework 중 조직적 틀에서 다시 설명할 것이다.

분산처리를 결정하기 전에 물어야 할 질문은 다음 3가지이다.

- 운영이 상호의존적인가?

  한 곳(사업부, 부서, 영업점 등)을 운영하기 위해서 다른 곳이 어떻게 운영되는지를 알아야 한다면, 이는 운영이 상호의존적이며 이러한 경우 분산처리는 어려울 것이다. 계획, 소프트웨어개발, 하드웨어 도입, 운영은 서로 조정되어야 하는 활동이기 때문에 상호의존적이라 할 수 있다. 따라서 이러한 활동은 집중화하는 것이 나을 것이다.

- 사업이 정말 유사한가?

  한 곳(사업부, 부서, 영업점 등)을 운영하기 위해서 다른 곳이 어떻게 운영되는지를 알아야 할 필요가 없다면, 운영이 독립적이므로 분산처리를 하여도 문제가 없을 것이다. 패스트푸드업체나 편의점의 경우 각 영업점이 수행하는 정보처리는 거의 유사하며 다른 영업점의 운영과 직접적인 관계가 없으므로 정보처리를 분산할 수 있을 것이다. 다만 비용절감을 위해 전체적인 계획, 하드웨어 구입, 소프트웨어의 개발은 중앙에서 집중해서 할 수도 있을 것이다.

- 기업문화가 분산화에 적합한가?

  비록 사업조직들이 각기 다른 일들을 하고 있고 다른 조직이 수행하는 일을 알아야 할 필요가 없다 하더라도 조직문화가 허용하지 않으면 분권화 내지 분산화하기가 힘들 것이다. 예를 들어, 다양한 사업체를 운영하고 있는 대기업의 경우, 사업조직별로 분산을 해야 하는 것이 당연한 것 같으나 재무관리, 인사관리, 시스템 계획 등은 중앙집중화하는 경우가 많다. 중앙집중화된 조직에서는 승진의 사다리가 더 많아 보다 다양한 커리어기회를 제공할 수 있어 유능한 인재를 유치하는 데 더 유리하기 때문이다.

6.3 분산결정을 위한 2가지의 틀(framework)

이제 분산결정을 할 때 도움을 줄 수 있는 2가지 지침, 즉 조직적 틀과 기술적 틀을 설명하고자 한다.

1) 조직적 틀

처리기능processing power과 데이터를 저장할 수 있는 조직의 계층은 〈그림 6-1〉과 같이 여섯 개로 나눌 수 있다. 기업의 규모에 따라 일부 계층은 있을 수도 없을 수도 있다.

① 전사적 기업(사업부문)corporate or division
② 국가 또는 지역country or region
③ 사이트 (공장, 창고, 지점)plant or site
④ 부서 또는 프로세스department or process
⑤ 팀work group or team
⑥ 개인individual

오늘날 많은 기업들이 부서department 중심이 아닌 프로세스process를 중심으로 전환하고 있기 때문에 최근 논란이 많은 계층은 네 번째 계층이다. 예를 들어, 공급망관리SCM를 할 경우, 기업은 협력업체와 고객의 주문정보와 내부 운영데이터를 전자적으로 공유하기를 원하고 이를 위해서는 고립되어 있는 시스템들을 연결할 필요가 생겨난다. 프로세스적 사고란 여러 조직에서 분리되어 있는 것들을 연결하는 사고방식을 말한다. 이러한 연결은 협력업체와 일대일 관계를 맺거나 인터넷에서 브로커 역할을 담당하는 전자 장터e-마켓플레이스를 통하여 가능해진다. 대기업은 이를 위해 독자적 B2B사이트를 구축하여 효율적으로 구매활동을 하기도 하며, 제3의 조직이 이러한 프로세스를 대행하기도 한다. 이는 앞서 배운 BPOBusiness Process Outsourcing 사례이기도 하다. 오늘날 인터넷은 이러한 목적을 위해 핵심적인 역할을 담당하고 있다.

다섯 번째 팀 계층에서도 많은 변화가 일어나고 있다. 독자적인 그룹이 효율적으로 일을 할 수 있도록 돕는 시스템그룹웨어, 다자동시편집 워드프로세스, 그룹게시판, 그룹톡방 등이 더욱 필요해지고 있다. 예를 들어, 자가관리업무팀self-managed work team은 자발적으로 운영되는 그룹의 일종으로 더 많은 자치권과 의사결정권을 위임받은 조직이다. 팀은 생산, 마케팅, 고객서비스 부서에서 차출된 사람들로 구성되어 특정 제품이나 고객집단을 서비스하는 일에 전념하는 조직이다. 이러한 조직을 위해서는 독립된 시스템을 제공해 줌으로써 고객의 필요에 보다 빨리 대응하고 개인화된 서비스를 제공할 수 있을 것이다. 패션의류업체 ZARA는 빠른 패션의 변화를 반영하기 위해 디자이너, 구매전문가, 제품개발 인력 등으로 구성된 팀이 빠르게 디자인을 바꿀 수 있도록 하고 있다.

위의 세(3) 수준에서 발생하는 데이터처리는 주로 메인프레임(대형시스템)에 의해서 처리될 수 있는 영역이라 할 수 있으며, 아래 세(3) 수준에서 발생하는 데이터처리는 주로 중소형 시스템(서버, PC, 모바일 기기 등 개인컴퓨팅)에 의해서 처리될 수 있는 영역이다.

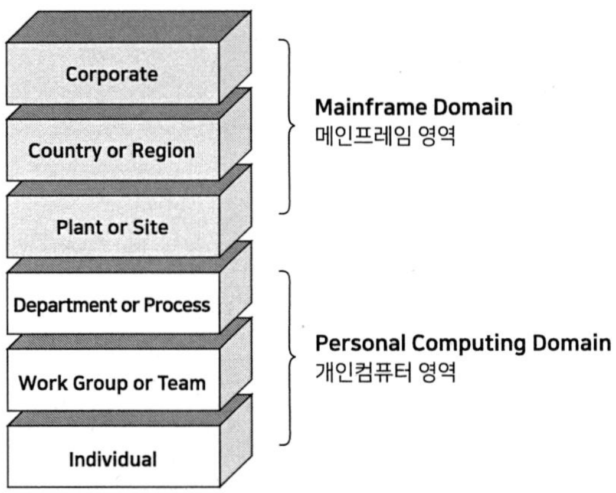

<그림 6-1> 조직적 틀의 5 계층

2) 기술적 틀

분산시스템의 기술적 틀을 SUMURUSingle User, Multiple User, Remote Utility를 이용하여 표

현할 수 있다. 이 틀은 처리기processor, 네트워크network, 서비스service, 표준standard이라는 4가지로 구성되어 있다. 〈그림 6-2〉는 SUMURU 분산시스템 아키텍처의 구성요소를 보여주고 〈그림 6-3〉은 그 아키텍처를 그림으로 보여주고 있다.

- 처리기processors

  단일 사용자 시스템single user system이란 LANLN에 연결되어 독립적으로 운영되는 개인용 시스템들을 말하며, 다중 사용자 시스템multiple user system은 그룹이 공동으로 사용하는 서버를 말한다. MU는 다른 MU를 위한 백업 역할을 할 뿐만 아니라 SU가 처리하기 어려운 작업을 도와준다. 아울러 MU는 SU를 위해 프로그램 라이브러리 역할을 하며, 중앙의 파일들을 위한 데이터베이스관리시스템DBMS의 역할을 수행하기도 한다.

  원격 유틸리티 시스템remote utility system은 막중한 컴퓨팅 파워를 요구하는 전사적 정보처리 업무, 전사적 DB, 원격처리지원, MU를 위한 백업 역할을 담당한다.

- 네트워크network

  로컬 네트워크Local Network는 여러 개의 SU를 MU와 묶어 서로 통신할 수 있도록 해 준다. 주로 엄격한 보안기준이 적용되어야 하는 기업의 내부망인트라넷. intranet에 해당된다. 원격 네트워크Remote Network는 다수의 MU를 연결하며, 자기 회사의 RU 또는 외부의 상업용 RU(클라우드 포함)를 연결한다. 오늘날 RN은 MANMetropolitan Area Network, WANWide Area Network, 휴대폰셀룰러 및 위성 네트워크, 클라우드 등을 모두 지칭하는 개념으로 엑스트라넷extranet과 인터넷을 모두 포함한다.

- 서비스services

  서비스는 크게 3 종류가 있다.

  □ SU, MU, RU에 접속하는 서비스

  □ 파일을 보내고 받을 수 있는 파일 트랜스퍼 서비스

  □ e-mail 서비스

  오늘날 이러한 모든 서비스는 개방적 인터넷 환경에서 가능하다.

- 표준standards

IS 표준은 세(3) 영역에서 이루어진다. 첫째가 운영체제인데 프로그램과 데이터를 이전하는 데 운영체제가 걸림돌이 되어서는 안 되기 때문이다. 둘째는 통신 프로토콜이다. 네트워크에 접속, 파일 트랜스퍼, e-mail 등을 할 수 있는 표준 통신 프로토콜이 필요하다. 대표적인 개방형 통신 프로토콜이 TCP/IP라 할 수 있다.
셋째는 데이터베이스관리시스템DBMS이다. 현재 DBMS를 위한 표준화된 데이터관리 언어는 SQLStructured Query Language이다.

처리기(Processors) 단일 사용자 시스템(SU) 다중 사용자 시스템(MU) 원격 유틸리티 시스템(RU)	**서비스** 터미널 액세스 파일 트랜스퍼 컴퓨터 메일
네트워크 로컬 네트워크(LN) 원격 네트워크(RN)	**표준** 운영체제 통신 프로토콜 데이터베이스 시스템

<그림 6-2> SUMURU 분산시스템 아키텍처

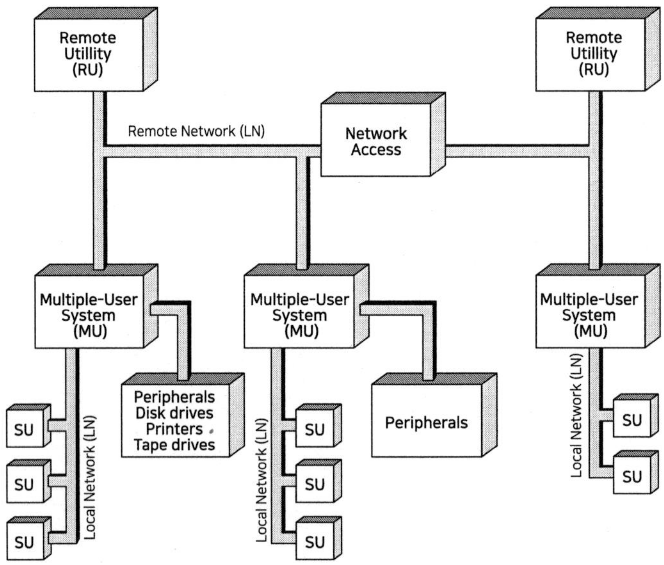

<그림 6-3> SUMURU 아키텍처

6.4 분산시스템의 유형

분산시스템을 분류하는 방법은 매우 다양하지만 여기에서는 1) 호스트기반 계층적 처리기, 2) 분권형 독립시스템, 3) peer-to-peer LAN기반 시스템, 4) 혼합형 전사적 시스템, 5) 클라이언트-서버 시스템, 6) 인터넷 중심 컴퓨팅, 7) 클라우드 컴퓨팅으로 나누어 설명하고자 한다. 오늘날 기업의 분산시스템은 여기서 소개되는 여러 유형들이 복합적으로 나타난다고 보면 된다.

1) 호스트 기반 계층적 처리기(Host-Based Hierarchy)

각 처리기processor, computer는 주인-노예master-slave라는 주종 관계를 이루는 분산처리 형태이다. 즉 호스트 기기(중앙컴퓨터)는 모든 처리기능을 총괄하는 기기이며, 호스트에 물려있는 중간급 컴퓨터(부서용 컴퓨터)와 PC와 터미널은 호스트가 처리하지 못하는 부서와 개인적 업무를 처리하며, 호스트의 애플리케이션이나 데이터에 접근하기 위한 도구라 할 수 있다.

이러한 분산처리 유형에서 주요 이슈는 처리기에 자료를 어떻게 나누어 저장하는가이다. 앞서 분산DB에서 설명하였듯이 첫째 방법은 모든 데이터를 호스트 기기에만 집중적으로 저장하는 방식이고, 두 번째 방법은 호스트와 중간급 컴퓨터에 분산하여 저장하는 방법이다. 분산해서 저장할 경우, 분산DB에 변경이 생기면 호스트 기기에 있는 마스터 파일도 실시간 또는 주기적으로 업데이트해야 할 것이다.

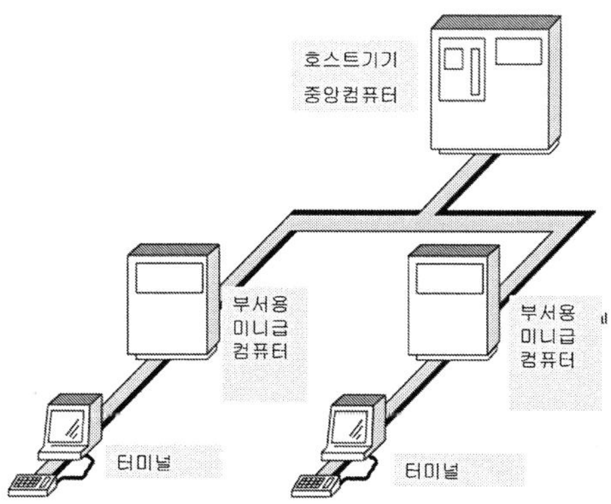

<그림 6-4> 호스트 기반 계층적 처리기

2) 분권형 독립 시스템(Decentralized stand-alone systems)

기업들이 컴퓨터를 도입하던 초창기에 부서별 필요에 따라 독자적으로 컴퓨터를 설치·운영하였던 방식으로서 중앙컴퓨터나 다른 부서의 시스템과의 연결성interconnectivity을 고려하지 않고 독립적으로 구축·운영되는 시스템이다. 따라서 진정한 분산시스템으로 보기가 어렵기 때문에 분산distributed이라는 단어가 아닌 분권decentralized이라는 단어를 썼음에 유의하기 바란다.

이 유형의 단점은 부서별 필요에 따라 독자적으로 시스템이 구축되어 오랜 시간이 운영되면서 통합되지 못한 채 고립된 자동화 시스템islands of automation으로 남아 있는 경우가 많다. 초창기에 많은 데이터를 처리해야 했던 회계부서나 엔지니어링부서가 도입한 시스템회계시스템, CAD 등이 이러한 형태를 띠었다. 1990년 중반부터 출현한 ERP전사적자원관리시스템은 이렇게 고립된 정보시스템재무정보시스템, 생산정보시스템 등들을 통합하기 위해 사용되었다.

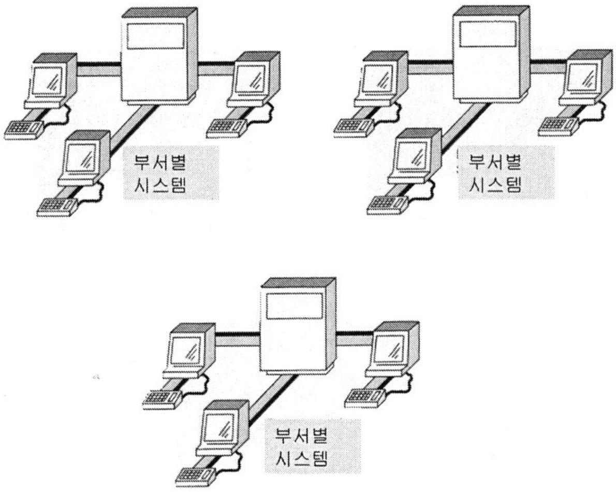

<그림 6-5> 분권형 독립 시스템

3) Peer-to-Peer LAN기반 분산시스템

이 시스템은 LANLocal Area Network. 폐쇄형 근거리통신망이 도입되면서 기존의 PC, 각종 서버 그리고 다른 네트워크로 나가는 게이트웨이를 연결하면서 생겨난 분산시스템의 한 유형이다. LAN은 서버나 데스크톱(PC)을 기반으로 하는 분산시스템이며, LAN에 묶여 있는 모든 서버나 PC의 역할이 위계가 없으며 동등한 역할(peer-to-peer)을 수행한다는 의미에서 Peer-to-Peer라는 명칭이 붙었다. 오늘날 수많은 LAN기반 시스템들이 계속 연결되고 거대한 인터넷에 편입되면서 마치 대규모 네트워크의 기본 단위시스템이 되어 있다.

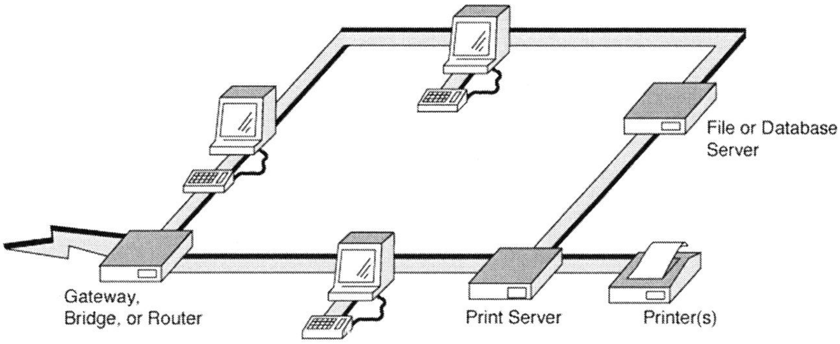

<그림 6-6> Peer-to-Peer LAN기반 분산시스템

4) 혼합형 전사적 시스템

이 유형(〈그림 6-7〉참조)은 앞에서 설명한 호스트기반 계층적 처리기, 제조부서 또는 엔지니어링부서 등이 선호하는 분권형 독립시스템, PtoP LAN기반 분산시스템, 웹기반 처리시스템 등이 3종류의 네트워크, 즉 LAN, MAN Metropolitan Area Network, WAN Wide Area Network 등의 네트워크로 연결된 통합형 분산시스템이다. 이러한 시스템은 조직 내에서 독립적으로 구축되어 온 고립된 정보시스템들을 연결하는 데 필요한 중간적 혼합형 분산시스템으로 이해할 수 있다.

이 구조에서 반드시 호스트컴퓨터(중앙컴퓨터)에 다른 기기(중형급 서버와 PC)들을 종속시킬 필요는 없다. 많은 기업들은 호스트컴퓨터(대형시스템)의 역할을 축소하고 대신 애플리케이션들을 부서의 중형급 서버에 분산시키는 경향도 있다.

여러 부서를 거쳐 처리되는 기능 cross-functional 들을 연동함으로써 비즈니스 프로세스의 자동화를 추구할 수도 있다. 영화입장권을 인터넷 사이트에서 예매한다고 가정하자. 먼저 예약사이트에 로그인하는 작업, 예약에 필요한 정보를 선택하면 입력된 정보를 확인하는 작업, 좌석이 남아 있는지 여부를 확인하는 작업, 결제하는 작업, 마지막으로 e-티켓을 발행하는 작업 등이 각기 다른 시스템에서 수행된다. 이렇게 하나의 거래를 여러 시스템애플리케이션들이 나누어 처리하는 방식을 우리는 협업처리cooperative processing라고 부르며, 이렇게 개별적으로 구축된 애플리케이션과 각종 기기들을 통합하는 일을 시스템통합system integration이라 부른다.

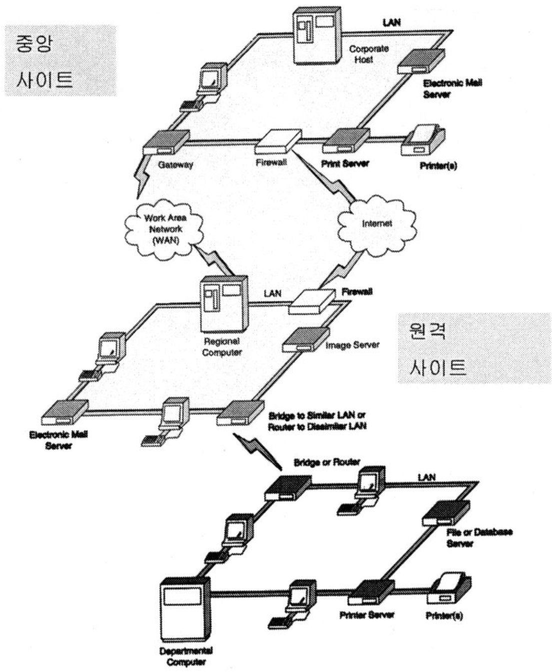

<그림 6-7> 혼합형 전사적 시스템

5) 클라이언트-서버 시스템

이 유형은 클라이언트 기기(PC, 모바일 기기 등)가 강력해지고 네트워크의 속도가 빨라지면서 90년대에 출현한 분산시스템이다. C-S 시스템은 서버(중대형 시스템)와 클라이언트 기기들의 강력한 성능을 충분히 활용하는 시스템이다. 대형 호스트컴퓨터는 거대한 데이터베이스를 저장하고 주문(거래) 처리를 하는 한편, PC, 노트북, 소형정보기기들은 그래픽, 음성, 비디오 등의 데이터를 분담 처리해 준다. 즉 C-S 시스템은 정보처리작업을 클라이언트와 서버가 나누어 실행하는 구조로서 클라이언트는 작업을 요청하고 서버는 그 요청에 응하는 방식이다. 그러나 초창기 C-S방식은 폐쇄형 네트워크에서 작동되는 구조여서 오늘날 개방형 인터넷 환경에서 스마트폰의 앱app으로 작업을 요청하고 결과를 받는 방식과는 다르다. 이는 다음 유형인 '인터넷 중심 컴퓨팅'에서 더 자세히 설명할 것이다.

서버와 클라이언트가 분담하는 구성요소는 인터페이스구현presentation 소프트웨어, 애플리케이션 소프트웨어, 데이터관리 소프트웨어이다. 이러한 구성요소를 어떻게 서버와 클라이언트가 분담하느냐에 따라서 〈그림 6-8〉과 같이 5종류의 C-S가 있을 수 있다.

- 인터페이스구현기능 분산distributed presentation

  모든 데이터, 애플리케이션, 약간의 인터페이스 소프트웨어를 서버에 두는 형태를 말한다. 이 방식은 메인프레임(대형컴퓨터)을 기반으로 하는 기존의 시스템을 두고 그래픽 스타일의 사용자의 화면(인터페이스)만을 클라이언트 기기에 구현하는 경우에 해당한다. 무선 웹기반 컴퓨팅도 여기에 해당된다.

- 원격 인터페이스구현remote presentation

  모든 인터페이스구현 소프트웨어를 클라이언트에 두고 모든 데이터와 애플리케이션은 원격 서버에 두는 형태를 말한다. 이 방법은 기존의 시스템을 그대로 두면서 사용자 인터페이스만 클라이언트 기계에 맞춤하여 애플리케이션과 데이터를 쉽게 쓸 수 있도록 하였다. 기업의 전통적인 거래처리시스템(예: 예약시스템)을 인터넷(웹)에 연동할 때 사용된다.

- 애플리케이션 분산distributed application function

  모든 인터페이스구현 소프트웨어는 클라이언트에 두고, 모든 데이터는 서버에 두되, 애플리케이션은 서버와 클라이언트로 나누어 저장하는 방식이다. 이 형태는 애플리케이션을 분할하여 처리하기 때문에 두 기계(서버와 클라이언트)를 조정coordination해야 하는 매우 복잡한 시스템을 낳을 수 있다.

• 원격데이터관리(remote data management)

모든 인터페이스와 애플리케이션은 클라이언트에 두고 모든 데이터관리부분을 서버에 두는 형태이다. 이 형태는 모든 애플리케이션을 한 클라이언트에 두고 있어 오늘날 강력한 PC(또는 모바일 기기)의 기능을 잘 활용할 수 있다. 이러한 클라이언트 PC(또는 모바일 기기)를 'fat client'라고 한다. 그렇지만 업그레이드된 새로운 소프트웨어가 출시될 때마다 모든 클라이언트를 업그레이드해야 하는 번거로움도 없지 않아 있다.

• 분산DB

모든 인터페이스구현 소프트웨어, 애플리케이션 그리고 일부 데이터관리를 클라이언트에 두는 형태이다. 이는 매우 복잡한 방식인데 여러 클라이언트에 분산되어 있는 데이터를 지속적으로 업데이트하는 일은 기술적으로 매우 복잡하다. 그럼에도 클라이언트 기기에 일부의 데이터를 둬야 하는 애플리케이션의 경우 택하는 방식이다.

C-S 시스템의 이점과 단점

C-S 시스템은 사용자에게 컴퓨팅 서비스가 필요할 때 언제라도 데이터에 접근할 수 있는 환경을 제공해 준다. 특히 영업사원이 자신의 모바일 기기를 이용하여 어떠한 장소에서도 주문 처리에 필요한 정보를 다운받고 보낼 수 있다는 이점이 있다.

C-S 시스템은 전통적인 기존 시스템에 적용되는 규칙과 연결성을 갖춘 PC의 자율성 autonomy을 보유하고 있기 때문에 전통적인 호스트컴퓨터와 클라이언트의 역할이 바뀔 수도 있다. 즉 강력한 PC의 경우, 클라이언트 기기로 쓰이면서 동시에 호스트(서버)의 역할도 수행할 수 있기 때문이다.

C-S 시스템은 네트워크를 통하여 그룹이 협업을 원활하게 할 수 있도록 작업 플로 workflow를 원활하게 만들어준다. 즉 작업자가 필요로 하는 처리기능과 내부 및 외부 정보DB에 접근할 수 있는 기능을 제공해 주기 때문이다. 무엇보다도 지리적으로 멀리 떨어져서 일을 하는 작업자들이 쉽게 협업을 할 수 있도록 공동의 플랫폼을 제공해 준다는 이점이 있다.

그렇지만 C-S를 제대로 가동하기 위해서는 많은 조정기능이 필요하기 때문에 메인프레임 중심의 시스템보다 비용이 저렴하지는 않다. 비록 사용자 입장에서 볼 때 C-S는 매우 편리한 시스템이지만 시스템을 관리하고 개발하는 사람의 입장에서는 C-S 인프라는 매우 복잡하다.

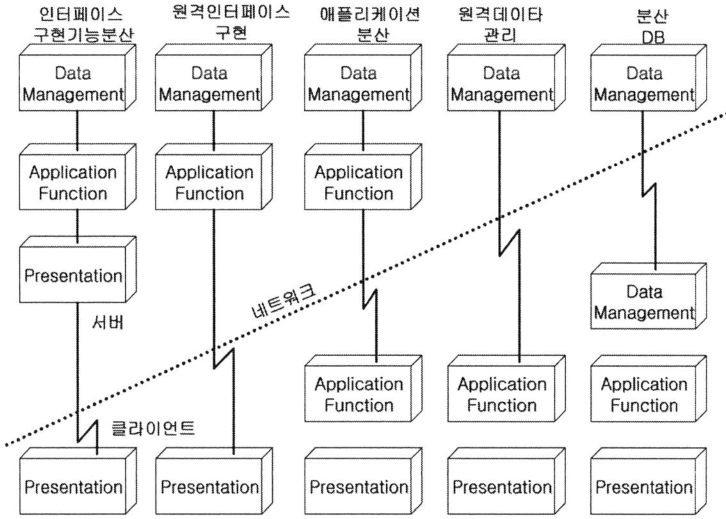

<그림 6-8> 클라이언트-서버 시스템의 유형

6) 인터넷 중심 컴퓨팅(Internet-Centric Computing)

90년대 후반에 들어와 폐쇄형 네트워크 기반의 C-S 시스템은 개방형 인터넷의 확산으로 주춤하게 된다. 인터넷이 커뮤니케이션을 위한 보편적인 플랫폼을 제공해 주었기 때문이다. 이제 인터넷은 분산시스템의 핵심요소가 되었다. 인터넷을 모든 비즈니스와 경영 활동에 활용함에 따라 네트워크 중심의 컴퓨팅network-centric computing이 출현하였고 이는 새로운 형태의 분산시스템으로 볼 수 있다.

초기의 네트워크 컴퓨터는 대형 하드디스크 없이 주기억장치RAM, 입출력장치, 모뎀 등의 단순한 장치를 이용하며 인터넷을 통해 각종 서버에 접근함으로써 모든 일을 처리할 수 있을 것으로 기대했다. 즉 네트워크를 통해 서버에 있는 각종 애플리케이션과 데이터를 불러오거나 다운로드 받아서 정보작업을 할 수 있을 것으로 생각했으나 이는 성공적으로 정착되지 못하였다. 그렇지만 네트워크 컴퓨터는 적어도 인터넷을 통해 필요한 프로그램과 데이터를 다운받아 활용한다는 개념을 정착시켰으며 이는 오늘날 클라우드 컴퓨팅의 개념으로 발전하는 징검다리가 되었다.

여기서 정보처리에 필요한 모든 프로그램애플리케이션을 내장하고 있는 팻 클라이언트fat client와 원격에 있는 프로그램을 당겨와 사용하는 신 클라이언트thin client의 차이점을 이해할 수 있다. 휴대폰과 같은 이 신 클라이언트thin client는 자바Java로 짜여진 소형 프로그램들(앱)을 웹 서버(인터넷)로부터 다운받아 사용하는 개념을 말한다. 인터넷 중심 컴퓨팅은 서버 기반 컴퓨팅과 Peer-to-Peer 컴퓨팅으로 구분하여 설명하고자 한다.

서버 기반 컴퓨팅

네트워크로 묶여진 서버에 프로그램들을 저장시킨 후 사용자들이 다운받아 사용하는 방법은 오늘날 클라우드 컴퓨팅 환경에서 보편화되었다. 이러한 컴퓨팅 방식은 휴대용 소형기기(스마트폰, 태블릿PC)를 이용하여 인터페이스presentation를 구현하고 데이터와 프로그램을 서버에 둠으로써 유효한 방식이 될 수 있으며, 기업의 컴퓨팅에도 적용될 수 있다(C-S시스템 중 '원격 인터페이스구현'과 같다.). 예를 들어, 직원은 자기 회사의 인트라넷을 통하여 기업 포탈(클라우드 서버)에 저장되어 있는 애플리케이션과 데이터를 활용하기 위해 자기 PC의 인터넷 브라우저나 스마트폰과 같은 모바일 기기의 앱을 이용할 수도 있다. 이럴 경우, 정보시스템부서는 직원들이 자신의 PC 또는 모바일 기기에서 사용되고 있는 각종 애플리케이션사무자동화 S/W, e-mail, 그룹웨어 등을 유지·보수하는 일이 훨씬 수월해 질 수 있다. 즉 정보시스템부서는 서버에 있는 소프트웨어를 업그레이드해 두기만 하면 모든 직원들이 즉시 공유할 수 있기 때문이다.

Peer-to-Peer 컴퓨팅

네트워크에 연결된 모든 PC와 서버에 정보처리를 분산하는 방식이다. 이 방식으로 운영되던 사이트 중에 가장 문제가 된 예는 중앙 음악 디렉터리를 운영한 넵스트(국내의 경우 '소리바다')일 것이다. 사람들은 넵스트(소리바다)의 디렉터리에서 음악파일이 저장된 개인 PC(서버) 리스트를 확인하고 그곳에 저장된 각종 지적재산권이 걸려 있는 파일을 보안절차나 결제 없이 무료로 다운받을 수 있었다. 이 비즈니스모델은 인터넷 전자상거래의 확산과 지적재산권에 심각한 위협이 되기에 이후 법적으로 금지되었다.

전통적인 경제에서는 구매자와 판매자로 구성되지만 디지털 경제에서는 서버와 클라이언트로 구성된다고 볼 수 있다. 서버에 저장해 두고 판매하는 디지털 상품음악, 게임, 동영상, 각종 콘텐츠 등은 복제하고 유통하기가 쉬워 재고관리, 포장, 유통 등 서비스 과정에서 생산 및 거래비용이 현저히 낮다. 기업의 입장에서 이러한 peer-to-peer환경에서 어떻게 상품의 불법복제를 방지하며 수입을 창출해 낼 수 있는가가 중요한 이슈이다. 오늘날 네티즌들에게 디지털 상품은 구독subscription할 뿐이지 물리적으로 소유를 한다는 개념은 점차 사라지고 있다. 구독경제에서 유료로 할 서비스와 무료로 제공할 서비스를 잘 구분하여 매출과 수익을 동시에 창출하는 비즈니스모델의 개발이 계속 요구된다.

웹 서비스(Web Services)

앞서 설명한 인터넷 기반 컴퓨팅은 1세대 인터넷 기반 분산시스템이라 할 수 있으며, 인터넷을 기반으로 한 2세대 분산컴퓨팅을 '웹 서비스'라 구분하여 부른다. 이 용어는 인터넷 주소인 URLUniform Resource Locator[1])을 가진 소프트웨어 모듈을 말하는 것으로 인터넷을 통해 호출하던 프로그램된 기능, 즉 서비스를 수행하는 것이다. 오늘날 사람과 컴퓨터가 교신하기 위해서는 이 웹 서비스를 이용하며 URL을 입력하면 원하는 웹 서비스 페이지에 쉽게 접근할 수 있다.

웹 서비스는 컴퓨터와 컴퓨터끼리 교신하는 것도 포함한다. 하나의 프로그램이 인터넷을 통해 다른 특정 프로그램의 실행을 요청할 수도 있고 실행 결과를 돌려주기도 한다. 예를 들어, 인터넷 전자상거래를 위해 대금 결제를 할 때 전자상거래 업체의 서버가 대금 결제에 필요한 고객의 정보를 신용카드 회사의 서버로 전달한 후 결제요청을 하면 처리 결과를 다시 전자상거래 업체의 서버로 보내는 주는 것과 같다.

전문가에 따라서 웹 서비스는 독자적인 기능을 수행하는 수많은 소프트웨어 모듈들을 모아 거대하고 복잡한 시스템을 만들 수 있어 차세대 분산처리 플랫폼으로 보는 시각도 있다. 또한 이 웹 서비스는 기업들끼리 수행하는 수많은 컴퓨팅을 쉽게 실현할 수 있도록 하는 허브로써 인터넷의 위상을 격상시키고 있다. 웹 서비스가 점점 발전하면 기업들은 자체

---

1) 인터넷에서 접근 가능한 자원의 주소를 일관되게 표현할 수 있는 형식을 말한다. 자원의 형태는 인터넷 프로토콜에 따라 다를 수 있다. 즉, WWW 프로토콜인 HTTP를 사용하는 경우, 자원이란 HTML 페이지, 이미지 파일, CGI나 자바 애플릿과 같은 프로그램, 기타 HTTP가 지원하는 다른 파일들이 될 수 있다. URL은 자원에 접근하는 데 필요한 프로토콜의 이름, 인터넷에서 특정한 컴퓨터를 식별하기 위한 도메인 이름, 그리고 컴퓨터 파일의 위치를 계층적으로 나타낸 경로명 등으로 구성된다. 예를 들면, http://www.metro.seoul.kr/kor

적으로 프로그램 코드를 개발하여 축적할 필요가 없게 된다. 마치 잡화점에서 도구를 구매하듯 필요한 기능을 수행하는 소프트웨어를 웹 서비스를 통해 구매하면 되는 것이다. 뿐만 아니라 웹 서비스는 기업들이 보유하고 있는 기존 시스템의 기능(프로그램 모듈)을 재포장하여 다른 조직이 쓸 수 있도록 할 수 있다. 예를 들면, 한 금융기관이 개발한 결제시스템을 재포장wrapping하여 다른 은행이 쓸 수 있는 웹 서비스로 제공할 수도 있으며, 한 인터넷 쇼핑몰이 자신의 고객들이 선택한 물건들을 장바구니에 넣을 수 있도록 하는 프로그램을 개발하였다면 이것을 다른 쇼핑몰 회사에 대여할 수도 있는 것이다.

웹 서비스 표준

전 세계적으로 웹 서비스가 가능하게 된 것은 다음 3가지 소프트웨어 표준XML, WSDL, UDDI과 3가지 통신 프로토콜SOAP, HTTP, TCP/IP이 있었기 때문이다.

- **XML**eXtended Markup Language. XML은 표준화된 방식으로 데이터를 기술하므로 애플리케이션이 달라도 데이터를 그대로 쓸 수 있도록 하는 언어이다. 어떤 기능을 수행하는 소프트웨어를 이 XML을 이용하여 포장하면 웹 서비스가 가능해진다. 향후 XML은 웹 기술상에 있어서 가장 핵심적인 발전을 가능하게 하며, 웹의 근본을 송두리째 바꿀 것이다. XML은 안전한 전자상거래 구축을 가능하게 하고, 새로운 분산 애플리케이션 시대를 이끌어 나갈 것이다. 또한 XML은 소프트웨어 개발자와 고객의 관계를 새롭게 변화시킬 것이다. 다시 말해서 XML은 어떤 플랫폼에서나 읽을 수 있는 포맷을 제공하기 때문에 특정 회사의 제품과 관련된 특정 환경에 얽매이지 않아도 된다.

- **WSDL**Web Services Definition Language. 웹 서비스가 가능하기 위해서는 XML문서에 수행해야 하는 서비스에 관한 사항들을 기술할 필요가 있다. 즉 서비스 요청 방법, 작업에 필요한 데이터, 전달해야 하는 결과물 등을 이 WSDL을 이용하여 기술하는 것이다. WDSL은 웹 서비스의 요청자가 이해할 수 있도록 이런 항목들을 기술하는 XML을 기반으로 하는 표준 언어이다.

- **UDDI**Universal Discovery, Description, and Integration. 수행해야 하는 일에 대한 기술사항을 웹 서비스의 디렉터리라 할 수 있는 UDDI 레지스트리에 등록한다. 애플리케이션이나

웹 서비스가 다른 웹 서비스를 찾을 때 요청하는 서비스가 있는지를 확인하기 위해서 UDDI 등록처나 URL을 확인함으로써 가능해진다.

- **SOAP**Simple Object Access Protocol. 웹 서비스는 XML기반 개방형 통신 프로토콜인 SOAP를 이용한다. 하나의 웹 서비스가 완전하게 수행되기 위해서는 다른 웹 서비스를 요청하는 등 항시 상호작용을 해야 한다. SOAP을 기반으로 하고 있기 때문에 이런 상호작용에 전혀 걸림돌이 없다. 이 프로토콜은 HTTP를 사용하여 인터넷에 텍스트 명령어를 보내기 위해 XML 구문을 쓴다.

- **HTTP**Hypertext Transfer Protocol. 웹WWW상에서 파일텍스트, 그래픽 이미지, 사운드, 비디오 그리고 기타 멀티미디어 파일을 주고받는 데 필요한 프로토콜로서 TCP/IP와 관련된 하나의 응용 프로토콜이다. 모든 웹 사이트는 이 HTTP 프로토콜을 사용하는 주소를 가진다.

- **TCP/IP**Transmission Control Protocol/Internet Protocol. 인터넷의 기본 통신 프로토콜이다. 수많은 네트워크를 통해 메시지를 보내려면 하나의 동일한 프로토콜을 사용해야 하는데 TCP/IP가 바로 그 프로그램이다. 웹 서비스도 당연히 TCP/IP를 필요로 한다.

7) 클라우드 컴퓨팅[2)]

오늘날 대세 컴퓨팅 환경으로 일컬어지는 클라우드 컴퓨팅cloud computing이라는 용어는 2006년 구글의 크리스토프 비시글리아가 처음 사용하였다. 인터넷 기반 컴퓨팅의 일종으로서 클라우드 컴퓨팅은 개인과 기업이 다양한 컴퓨팅 자원(예: 네트워크, 서버, 데이터 스토리지, 애플리케이션, 웹서비스)에 어디서나 주문형on-demand으로 접근할 수 있는 환경을 제공한다. 2009년부터 초고속 네트워크, 저비용 컴퓨터 및 스토리지를 이용할 수 있게 되었으며, 하드웨어 가상화, 서비스 지향 아키텍처SoA, 유틸리티 컴퓨팅이 널리 채택됨에 따라 클라우드 컴퓨팅의 성장은 계속될 수 있었다. 2013년 클라우드 컴퓨팅은 하드웨어의

2) '클라우드'는 인터넷(네트워크)을 비유한 단어이다. 컴퓨터 네트워크 다이어그램을 보면 네트워크를 표현할 때 구름을 자주 사용해 왔으며, 차츰 인터넷을 표현하는 데 구름(클라우드)을 사용면서 클라우드라는 용어가 정착되었다. 유사용어로 유틸리티 컴퓨팅, 클라이언트-서버 컴퓨팅, 포그 컴퓨팅 등이 있다.

강력한 정보처리능력, 값싼 서비스 비용, 높은 확장성, 접근성, 편리성으로 그 수요가 계속 증가하고 있다.

클라우드 컴퓨터는 다음과 같이 3가지 방식으로 서비스되고 있다.

1) IaaSInfrastructure-as-a-Service는 클라우드 서비스 공급자로부터 종량제 방식으로 서버, VM, 저장소, 네트워크, OS 등의 IT인프라를 대여하는 것을 말하며 가장 일반적인 서비스 형태이다.

2) PaaSPlatform as a Service는 소프트웨어애플리케이션를 개발, 테스트, 관리하기 위한 주문형 환경을 제공하는 서비스이다. 기본 인프라를 설정하거나 관리할 필요 없이 더 쉽고 빠르게 웹앱, 모바일 앱을 만들 수 있다.

3) SaaSSoftware as a Service는 인터넷을 통해 소프트웨어와 데이터를 제공하는 방식이다. 예를 들어 오늘날 ERP업체는 자신들의 솔루션을 인터넷을 통해 공급하기도 하는데 그 매출이 계속 늘어나고 있다. IBM은 자신들의 인공지능AI 플랫폼 'Watson왓슨'을 클라우드를 통해 사용자에게 제공하고 있다. IBM은 32개의 왓슨 API를 외부에 제공해 벤처기업들이 쉽게 '왓슨' 기술을 사용하여 새로운 인공지능 서비스를 개발할 수 있도록 하고 있다.

장·단점

기업들은 인프라구축(예: 웹 서버, 웹애플리케이션 등)과 같은 초기투자비용을 줄일 수 있으며, 예측이 어려운 컴퓨팅의 수요에 맞춰 자유롭게 클라우드의 규모를 늘리거나 줄일 수 있으며, 시스템의 운영과 업그레이드에 소요되는 노력과 비용을 최소화할 수 있다는 이점이 있다. 그러나 클라우드 서비스 제공업체들은 일반적으로 종량제pay as you go 모델을 사용하는데, 이 가격구조에 잘 맞지 않을 경우 예상 밖의 높은 비용을 지불할 수도 있다. 그리고 서버가 해킹당할 경우 개인정보가 유출될 수 있으며, 백업해 두지 않은 데이터가 손상되면 완전히 정보를 상실할 수도 있으며, 사용자가 원하는 애플리케이션을 설치하는 데 제약이 있다는 단점도 있다. 현재 클라우드 컴퓨팅은 아직 초기 단계에 있다. 따라서 서비스의 신뢰성을 더 높이고 사용자 친화적으로 만들어야 할 필요가 있다.

[심층 사례] 국내 클라우드 시장의 특징과 미래

클라우드 서비스가 외국에서 각광을 받고 있는 만큼 국내에서는 크게 히트를 치지 못하고 있다. 이강태(2017)는 클라우드 서비스의 장점을 다음과 같이 정리하였다.

첫째, 비용이 절감된다. 기업이 업무용 소프트웨어를 개발할 때 피크 타임에 프로세싱 수요가 늘거나 사업규모가 커지는 것에 대비해서 미리 충분한 서버를 구매해야 한다. 그렇게 하지 않으면 거래처리속도에 문제가 발생하기 때문이다. 그러나 클라우드 서비스를 사용하면 필요할 때 필요한 만큼 쓰고 비용을 지불하면 되므로 하드웨어와 같은 고정자산에 투자할 필요가 없다.

둘째, 자체 운영 및 관리 리스크를 줄일 수 있다. 데이터센터 운영, DB보안, 재난복구와 같은 기능을 수행하는 데이터센터 관리를 보다 전문적인 회사가 체계적으로 관리하므로 자체 관리 때 보다 리스크가 줄어든다.

셋째, 유연성이 뛰어나다. 클라우드 서비스는 다양한 규모의 회사를 상대하므로 IT표준을 잘 준수한다. 그러다 보니 클라우드 서비스 이용자도 이 IT표준을 잘 따르게 되는데, IT가 발전할 때마다 기본 아키텍처 자체를 업그레이드하므로 이용자는 힘들이지 않고 개선된 IT표준을 계속 따를 수 있어 생산성을 높일 수 있다.

넷째, 유니버설, 유비쿼터스 서비스의 실현이 가능하다. 언제 어디서나 어떠한 기기를 갖고도 서비스에 접속할 수 있다.

일부 기업은 원래 클라우드 서비스를 목적으로 시작한 것은 아니지만 자연스럽게 클라우드 서비스 공급자로 변신하는 경우도 있다. 특히 IT 기반 기업(예: 아마존, 애플, 네이버 등)들은 서버와 운영인력에 엄청나게 많은 투자를 해 왔다. 이렇게 투자된 서버와 인력을 활용하기 위해 IT사업 확장 차원에서 클라우드 센터를 설립하기도 한다.

클라우드 고객들은 대부분 장기 계약을 체결하므로 일단 계약이 맺어지면 다른 기업이 끼어들기 힘들고, 계속 고객군을 확대할 수 있다면 매우 안정적이고 전도유망한 서비스 사업이다. 현재 대부분 IT기업들이 클라우드 시장 진출을 위해 영업력을 쏟아붓고 있다. 아마존도 처음에는 자체 데이터센터를 운영하다가 자연스럽게 클라우드 서비스로 확장한 케이스이다. 클라우드 서비스는 구매보다는 임차를 선호하는 '소유의 종말 시대'와 맞아떨어지면 대박을 치고 있다.

우리나라는 2015년 9월에 클라우드 발전법이 통과되었지만 기대만큼 법 제정의 효과는 적은 편이다. 공공기관들이 일정 비율로 클라우드를 써야 한다는 법 제정에 업계는 많이 고무되어 있었지만 산업 전체로 보면 매출이 왼쪽 주머니에서 오른쪽 주머니로 옮겨지는 효과밖에 없었다. 즉 예전에는 SI^{System Integration}업체들이 가져가던 하드웨어 매출을 이제는 클라우드 운영업체가 가져간다는 점만 다를 뿐이다. 그렇다면 왜 우리나라는 클라우드가 잘 먹히지 않는 것일까?

첫째, 우리나라의 SI·SM^{System Management}업체의 폐쇄성에 기인하다. 원래 클라우드 사업은 '규모의 경제'가 경쟁력을 결정하는 비즈니스이다. 그런데 구조적으로 재벌(그룹)의 계열사는 다른 그룹에 속한 SI·SM업체의 클라우드 서비스를 사용할 수 없다. 결국 그룹의 SI·SM업체는 그 그룹의 계열사에 한정된 매출을 올릴 수밖에 없다. 지금도 계열사 서버를 모두 관리하고 있는데 굳이 클라우드라는 이름으로 통폐합을 해야 할 이유가 별로 없기 때문이다. 즉 계열사가 지불하는 IT비용이 그룹 SI·SM업체의 매출이 되는 폐쇄적 구조이기 때문이다.

둘째, 클라우드 발전법은 특별법이므로 여전히 다른 법의 규제는 받아야 한다. 예를 들면, 금융기관은 고객 및 거래정보를 외부로 내보낼 수 없기 때문에 외부 클라우드를 원천적으로 사용할 수 없다.

셋째, 클라우드는 넓게 봐서 아웃소싱이므로 아웃소싱이 갖고 있는 한계점을 그대로 가지고 있다. 예를 들면, 고객이 서비스 개선을 요구했을 때 여러 고객들 중 우선순위 문제, 서비스의 객관적인 평가 문제, 계약 범위에 따른 추가비용 산정 문제, 클라우드 업체의 비효율성으로 인한 가격인상, 장기계약에 따른 타성 등의 문제를 안고 있다.

앞으로 공공기관이 클라우드를 쓰게 되면 재벌(그룹)사 클라우드보다 기관들의 협의체가 구축한 주인 없는 기업의 클라우드를 쓰게 될 가능성도 높다. 이럴 경우 치열한 혁신과 효율적인 관리에 대한 동기부여가 없어져 오히려 비용은 늘어나고 효율성은 떨어지는 문제가 발생할 수 있다.

넷째, 표준화된 플랫폼을 제공하는 PaaSPlatform as a Service가 부재하여 개발비용이나 유지보수 비용을 획기적으로 줄이기가 힘들다. SaaSSoftware as a Service, IaaSInfrastructure as a Service형 서비스는 비교적 쉽게 갖출 수 있지만, PaaS는 기술표준화와 체계화된 업무프로세스가 전제되어야 하기 때문이다. 이 PaaS가 제대로 갖춰져 있지 않다면 클라우드의 장점을 제대로 활용하기 어렵다.

나섯째, 클라우드로 가야 하는 애플리케이션을 찾기가 쉽지 않다. 외국의 경우, 대부분 고객접점 관련 애플리케이션을 클라우드로 전환하였지만 우리 공공기업의 경우, 눈에 띄는 고객접점 애플리케이션이 별로 없다. 그런데도 법으로 클라우드를 하라고 하니까 별로 중요하지 않거나 쓰지 않는 애플리케이션을 클라우드에 올리고 수치상으로 목표 달성했다고 하는 상황이면 클라우드로 가야 할 의미가 없다.

여섯째, 공공기업 IT 직원들이 반발할 가능성이 크다. 공기업 IT 직원들의 담당 업무는 잘 바뀌지 않고 자체개발보다는 대부분 외주로 개발된다. 시간이 지나면서 내부에서는 오직 현업업무 담당자만이 전체적인 내용을 알고 있는 경우가 많은데, 그중에 일부를 클라우드로 넘겨주라고 하면 강하게 반발할 가능성이 있다. 클라우드 때문에 업무량과 예산이 줄어들 것 같으면 처음부터 클라우드의 문제점을 앞세워 반대할 것이기 때문이다.

결론적으로 클라우드는 전 세계의 IT추세이다. '소유의 시대'가 끝나고 '임대의 시대'가가 도래한 만큼 기업들은 정보시스템을 위해 내부 투자와 외부 임대를 적절히 활용해야 할 시대가 되었다. 특히 해외의 클라우드 업체들이 호시탐탐 국내진출을 탐색하고 있는 상황에서 국내기업들도 클라우드 시장을 키우고 서비스 역량을 갖추어야 할 것이다.

6.5 IT아키텍처와 인프라

아키텍처는 일종의 청사진blueprint이라고 앞에서 설명하였다. 따라서 아키텍처는 정보시스템, 주택, 자동차 또는 제품 등이 어떻게 보이고 또 그것들을 구성하고 있는 요소part들이 어떻게 연결되어 있는지를 보여준다. 특히 IT아키텍처는 정보시스템을 구성하는 복잡한 요소하드웨어, 애플리케이션, 네트워크, DB 등들을 배치하는 데 필요한 가이드나 표준의 역할을 해준다. 원래 시스템 아키텍처를 설계하는 일은 상당히 기술적인 일이었지만 오늘날에는 기술적인 것에 머물지 않고 경영전략과 사업(비즈니스)의 운영방식을 지원하고 반영할 수 있어야 한다. 이는 경영환경에 변화가 발생하면 IT아키텍처도 함께 변해야 함을 의미한다.

1) CTO(Chief Technology Officer)의 역할

IT아키텍처의 중요성이 대두되면서 CTO라는 새로운 직책이 생겨났다. 이 CTO는 CIO에게 보고하는 기술책임자라고 할 수 있다. 어떤 경우에는 CIO의 직무 중에 기술분야가 강조되면서 CIO라는 직책이 CTO로 변경되는 사례도 있다. 때로 기업에 따라 이 기술이 IT/IS에 한정되지 않고 포괄적인 용어로 사용될 경우, 기업의 모든 기술제품, 공정, IT 등을 총괄하는 직책이 되기도 한다.

e-비즈니스가 주 업종인 기업의 경우에는 대부분 CTO라는 직책을 더 많이 사용한다. CIO가 일반적인 기업에서 정보시스템을 운영하고 유지·보수하는 일을 책임지는 직책이라는 의미가 강하기 때문이다. 오늘날 기업들은 웹WWW 환경에 돌아가는 애플리케이션들로 가득 찬 정보시스템의 전체 아키텍처를 관장하는 전략적 역할을 수행한다는 측면에서 CTO라는 직책을 더 선호한다. 더구나 정보시스템의 운영부분이 상당 부분 아웃소싱된 요즈음 CTO라는 직책이 더 적절할 수 있다. 전자상거래가 보편화되고 있는 오늘날, IT아키텍처는 특히 사업계획에 중요한 부분이라 할 수 있다.

2) IT인프라

IT인프라는 앞서 설명하였듯이 IT아키텍처를 실제로 구현한 것을 말한다. 기업에 있어 IT인프라는 처리기컴퓨터 하드웨어, 소프트웨어, 데이터베이스, 네트워크, 데이터센터, 그리고 이러한 구성요소들이 서로 연계되어 작동하는 데 필요한 표준과 절차를 말한다. 그러나 오늘날 IT인프라는 아래 4개의 층layer 또는 요소component를 거쳐 가면서 처음에는 사용자(경영자)들에게 딱딱하게 느껴질 수 있는 기술적인 IT인프라에서 사용자들이 친숙하게 쓸 수 있는 공유 애플리케이션으로 전환된다. 따라서 오늘날 IT인프라는 "전사적 IT포트폴리오의 기반이 되는 신뢰할 수 있는 공유 서비스"로 정의되기도 한다.

- IT 구성요소components

이 층은 기업의 IT인프라의 기초가 되는 요소들로서 각종 하드웨어, 소프트웨어, 네트워크, DBMS, 운영체제 등을 말한다. 일반적으로 IT인프라라고 하면 이 부분을 연상하는 데 주로 IT엔지니어들이 이해하고 다루는 기술적인 영역이어서 현업의 경영자들은 잘 이해하지 못하는 층이다. 따라서 IT엔지니어와 경영자들이 이 부분을 논의할 때 서로 이해를 못하고 갈등이 많이 표출되는 층이기도 하다.

- 인간 IT 인프라human IT Infrastructure

기술적인 IT 구성요소들이 사업적인 용어로 변환되는 층이 바로 이 층이어서 IT엔지니어와 현업사용자들의 협업이 가장 많이 이루어지는 과정이기도 하다. 이 층의 인프라는 IT전문가들의 지식, 기술, 경험, IT 구성요소를 하나로 묶어 재해석함으로써 경영자가 이해할 수 있는 정보서비스를 창출하는 데 필요한 표준들로 구성된다. 경영정보학MIS은 이러한 인간 IT인프라를 정의하는 데 유용한 학문분야라 할 수 있다.

- 공유 IT 서비스shared IT services

이 층은 IT인프라를 사업적인 측면에서 재해석하는 부분이다. 사업(비즈니스)을 수행하는 데 필요하고 여러 부서나 사람들이 공유해야 하는 서비스로써 IT인프라를 이해하는 수준이다. 따라서 구체적인 IT 서비스인 웹사이트(수주 및 발주 시스템), 모바일 애플리케이션(무선조회시스템), 게이트웨이에 설치하는 방화벽(인증시스템), 대형 정보처리시스템(POS) 등을 말한다.

• 공유 표준 IT 애플리케이션shared and standard IT application

이 층의 IT인프라는 자주 변하지 않는 성격을 띠며, 현업 사용자들이 주로 사용하는 최상위에 있는 표준화된 애플리케이션을 말한다. 비교적 안정적인 애플리케이션들로는 회계정보시스템, 예산시스템 그리고 인사정보시스템이라 할 수 있다.

3) IT투자의 4유형

기업은 경영목표와 사업전략에 맞도록 시스템 및 정보전략을 수립하고 필요 시 끊임없이 수정해야 한다. 이는 예산의 일정부분을 지속적으로 IT인프라와 정보시스템에 투자해야 함을 의미한다. 이러한 투자들은 아래와 같이 4가지 유형으로 나뉠 수 있으며, 이 유형의 비율이 적절한 균형을 이룰 때 그 기업은 건강한 IT포트폴리오를 구성할 수 있다.

(1) 전략적 투자(Strategic Investment)

전략적 투자란 기업이 경쟁하는 방법, 제품이나 서비스의 전달방법, 수입을 올리는 방법을 변화시킬 목적으로 하는 IT투자를 말한다. 이러한 투자는 장기적인 관점에서 시행되며 가시적인 성과를 얻기까지는 시간이 많이 걸릴 수 있다. 따라서 의미 있는 ROI투자수익분석이 쉽지 않은 투자라 할 수 있다. 예를 들어, 오프라인으로 비즈니스를 주로 하던 제조업체가 전자상거래사이트를 구축하여 BtoB, BtoC 등 온라인 비즈니스로 확장하기 위한 투자는 전략적 투자라 할 수 있을 것이다.

(2) 정보적 투자(Informational Investment)

정보적 투자란 직원들이 기업을 관리하고 통제하는 데 필요한 정보를 제공하는 일에 투자하는 것을 말한다. 즉 직원들의 판단과 의사결정능력을 향상시킴으로써 현장에서 신속하게 대응할 수 있도록 하는 데 필요한 투자라 할 수 있다. 이러한 투자의 예는 데이터웨어하우스/데이터마트, 회계정보시스템, 커뮤니케이션지원시스템그룹웨어, 전자결제, 전자게시판 등, 모바일애플리케이션의 개발 등이다.

(3) 거래적 투자(Transactional Investment)

거래적 투자란 기업에서 매일 발생하는 거래 및 운영활동을 지원하는 데 필요한 투자를 말한다. 수작업이 아닌 자동화를 통하여 대량의 데이터를 효율적으로 처리함으로써 규모의 경제를 추구하고 비용을 절감하려는 투자이다. 거래적 투자에 해당되는 것은 주문처리시스템, 예약시스템의 구축 그리고 그것과 연계되어 있는 재고관리, 외상매출 및 외상매입관리 등을 위한 시스템들이다. 이러한 투자는 주로 단기간의 ROI투자수익분석이 가능하다.

(4) 인프라적 투자(Infrastructure Investment)

인프라적 투자란 기업이 축적한 IT역량을 발휘하는 데 필요한 기초를 제공하는 투자라 할 수 있다. 위에서 설명한 전략적, 정보적, 거래적 투자가 그 효과를 발휘하려면 이러한 투자를 통해 구축된 애플리케이션들이 분산환경에서 원활하게 작동될 수 있는 충분하고 적질한 하드웨어, 애플리케이션, DB, 스토리지, 네트워크, 보안, 표준화 등에 대한 투자가 이루어져야 가능할 것이다. 아래 게임업체 블루홀의 사례를 보면 게임운영에 필요한 충분한 서버, 개발에 필요한 우수한 장비에 대한 과감한 투자가 성공의 밑거름이었다.

[사례] 게임업체 블루홀의 아낌없는 인프라 투자

블루홀(장병규 의장)은 한물간 PC게임으로 1년 만에 1조 4000억 원의 매출대박을 쳤다. 경위는 다음과 같다. KAIST 전산학 박사출신 김창한 박사(당시 블루홀지노게임즈 프로듀서; 현 펍지 대표)는 지노게임즈를 운영하면서 수많은 게임을 개발했지만 대부분 실패로 끝났다. 고심 끝에 장병규 블루홀 이사회 의장에게 2015년 5월에 회사를 넘기고 마지막이란 심정으로 신작(배틀그라운드)에 뛰어들었고 대박을 쳤다. '배틀그라운드(Battleground)'는 1명 또는 팀을 이뤄 총을 갖고 적을 해치우면서 생존하는 생존 슈팅(survival shooting) 게임이다. 출시 1년 만에 4200만장을 판매했고 연매출 1조4000억원을 기록하면서 2017년 최고의 화제작이 되었다. 게임을 잘 모르던 장병규 의장이 이런 대박을 칠 수 있었던 것은 다음과 같은 비결이 있었기 때문이었다.

| 한물간 PC게임 공략한 역발상 |

배틀그라운드는 PC게임이다. 많은 게임업체들이 PC게임을 퇴물 취급했지만 블루홀은 그러한 무관심을 오히려 이점으로 보았다. 경쟁업체가 비교적 없기 때문이다. 덕분에 개발팀은 원하는 게임을 빠르게 간섭받지 않고 부담 없이 도전할 수 있었다.

| 공동의사결정으로 독선 방지 |

게임업계는 소비자의 변심이 빨라 그 변화를 빨리 알아차리는 게 중요하다. 그래서 의사결정이 빨라야 한다. 블루홀은 장병규 의장, 최고경영자(CEO), 경영기획확실장 등 4인이 공동으로 차기 게임 개발프로젝트를 결정한다. 이는 빨리 게임을 개발하고 출시해야 하는 업계의 특성과 잘 맞지 않다는 분석도 있지만 이번에는 이 약점이 강점으로 작용하였다. 단독이 아닌 4인 공동결정을 거치면서 독선의 오류를 피할 수 있었고, 결과적으로 배틀그라운드가 세상에 선보일 수 있는 계기가 되었다.

| 10년 동고동락한 팀워크 |

개발을 주도한 김창한 대표는 스스로 "17년간 실패만 했다"고 자평한다. 어렵게 신작개발 기회를 잡은 그에게는 위기의식이 팽배해 있었다. 핵심개발팀이 10년간 그대로 유지됐다는 것도 강점으로 작용했다. 해외의 게임마스터 브랜든 그린을 전격 영입한 것도 도움이 되었다. 그린은 슈팅게임으로 유명한 아르마3를 개발한 주역이다. 그는 영입제안을 받았을 당시 받은 인상을 다음과 같이 표현했다. "개발팀 열정이 남달랐다. 전폭적으로 재량권을 준다고 한 것도 맘에 들었다."

| 아낌없는 인프라 투자 |

인터넷 게임에선 서버, 그래픽, 시나리오를 3대 성공 인프라로 꼽는다. 우선 서버의 경우, 전 세계 수백만 사용자가 동시에 접속하므로 안정적이어야 하고, 사용자가 늘어나면 신속하게 서버를 늘릴 수 있어야 한다. 그런 점에서 아마존 웹서비스(AWS)가 최적으로 꼽히지만 다른 클라우드 서비스와 비교할 때 10배 비쌌다. 그럼에도 블루홀은 서버 비용문제를 해결해 주었다. 다음으로 그래픽처리능력이 뛰어난 고사양의 컴퓨터이다. 언리얼 엔진 4라는 컴퓨터는 게임 개발자에게 꿈의 장비다. 개발할 때 한 번에 아이폰, 갤럭시, PC, 게임기(콘솔) 모두에 작동하는 코드를 동시에 작성할 수 있기 때문이다. 배틀그라운드 개발진은 모회사 지원 아래 30억 원짜리 언리얼4를 구매했다. 보통 다른 게임업체는 1억원짜리 컴퓨터를 사용하는 것과는 비교된다. 덕분에 개발진의 사기도 올라갔고 개발기간도 단축할 수 있었다. 장비가 고성능이다 보니 보통 대작 게임을 제작하는 데 3-4년이 걸리지만 1년 만에 결과물을 내놓을 수 있었다. 고성능의 인프라 지원이 상당부분 역할을 한 것이다.

[인프라 사례] 고급사양 컴퓨터 - 언리얼 엔진 4

위 사례에서 소개된 컴퓨터 「언리얼 엔진 4」는 PC, 가정용 게임기, 스마트폰은 기본이고, VR을 비롯한 대중적인 기기와 향후 유행을 고려한 신규 기기, 그리고 게임을 넘어서 CG 영화 & 애니메이션 제작, 건축 설계, 실내&실외 디자인, 조경, 가상&증강현실 및 그것을 이용한 군사훈련용 시뮬레이션이나 기타 다양한 용도의 시뮬레이션 등 비게임 분야에도 진출하고 있다. 2014년 누구나 사용가능하도록 소스코드까지 완전 공개했으며 빠르고 지속적인 업데이트 또한 계속 무료로 제공되고 있다. 대형개발사는 분기별 5%의 로열티를 지불해야 하는데, 로열티를 줄이거나 없애는 커스텀 라이센스는 여전히 존재한다. 그리고 매출이 발생하지 않는 무료 앱 개발이나 건축 설계, 영화 제작, 시뮬레이터 같은 개발은 완전히 공짜라고 한다.

[자료원] 조선일보 Weekly Biz, 한물간 PC게임으로 1년만에 1조4000억 '매출 대박' 낸 비결, 2018. 6. 2.
http://weeklybiz.chosun.com/site/data/html_dir/2018/06/01/2018060102016.html

제7장 정보시스템 계획

제7장 정보시스템 계획

급변하는 경영 환경과 기술 환경으로 미래의 정보시스템의 계획system planning은 더없이 중요한 IT부서의 역할이 되었다. 향후 기업의 정보처리 수요가 어떻게 변할지, 내·외부 사용자의 요청사항이 어떻게 변해 가는지, 첨단 IT가 기업의 현재와 미래의 경영방식과 비즈니스모델에 어떠한 영향을 미칠지, 경쟁업체가 어떠한 IT/IS를 도입하는지 등을 사전에 분석·예측하여 미래를 위한 IT투자를 면밀하게 계획하지 않는다면 기업들은 경쟁적 우위를 계속 유지해 갈 수 없을 것이다.

7.1 계획의 종류

계획이란 일반적으로 3가지 계획기간planning horizon에 따라 세(3) 유형으로 나뉜다. 이 계획기간에 따라 계획의 성격과 내용은 많이 달라진다. 〈그림 7-1〉은 계획의 유형과 특징을 요약해서 보여주고 있다.

계획 기간	명칭	초점	주요 이슈	책임자
3-5년	장기	전략적	비전, 아키텍처, 사업목표	상위경영층, CIO
1-2년	중기	전술적	자원배분, 프로젝트선정	중간관리자 IS라인 파트너 위원회
6개월-1년	단기	운영적	프로젝트 관리, 회의시간, 예산 타깃	IT전문가, 현업부서팀장

<그림 7-1> 계획의 종류

3-5년에 걸친 장기계획은 대체적으로 구체적인 특정 프로젝트가 구상되기는 어렵다. 따라서 CEO/CIO가 계획할 때 상당한 유연성을 가질 수 있다. 장기계획은 이어지는 중기계획과 단기계획의 내용을 결정짓는다. 즉 중기계획과 단기계획에는 장기계획이 특정한 사항들의 실현방법들이 포함되어야 하기 때문이다. 예를 들어, 전사적 시스템인 ERP의 도입을 계획한다면 그에 따른 IT아키텍처와 인프라(예: 데이터, 애플리케이션, 네트워크 아키텍처) 업그레이드에 대한 계획이 포함될 수 있을 것이다.

1-2년을 바라보는 중기계획의 경우, 장기계획에서 특정되었던 사항들 중에 우선 1-2년에 걸쳐 시행해야 할 사항들이 포함되어야 할 것이다. ERP도입을 위해서는 현재의 시스템의 문제점과 사용자들의 요구사항들을 분석하고 조사할 필요가 있을 것인데 이러한 프로젝트 일정들이 중기계획에 포함될 수 있을 것이다.

6개월-1년을 바라보는 단기계획은 중기계획에서 특정된 프로젝트들 중에 단기적으로 수행해야 할 사항들에 대한 필요자원, 스케줄, 비용, 이익 등이 논의되어야 할 것이다. 현재 시스템의 문제점과 사용자들의 요구사항들을 분석하기 위한 TF팀의 구성과 이를 지원하기 위한 예산 그리고 스케줄 등이 단기계획에 포함될 수 있을 것이다.

계획 자체도 중요하지만 그 계획이 차질 없이 진행되고 필요시 신속하게 수정할 수 있는 것도 중요하다. 이를 위해 적절한 프로젝트관리시스템(PM시스템)을 도입하면 스케줄 조정, 비용 통제, 성과 측정 등의 작업을 효율적으로 할 수 있어 계획이 효과적으로 실행될 수 있을 것이다.

7.2 계획이 어려운 이유

계획은 다가오지 않은 미래에 실행할 것들을 구상해야 하므로 쉽지 않은 작업이다. 현재를 기점으로 앞으로의 경영환경, 기술환경, 기업의 역량은 계속 변할 것이고 예측이 어렵기 때문이다. 계획이 어려운 이유를 잘 이해하고 계획을 위한 적절한 방법론을 잘 활용하면 계획의 어려움을 어느 정도 극복할 수 있을 것이다. IT/IS 계획이 쉽지 않은 것은 다음과 같은 이유 때문이다.

1) 사업목적(business goal)과 시스템 계획(system plan)의 조율이 어렵다

다른 기업이 보유하고 있지 않은 전략적 시스템일수록 사업목적 그리고 세부적인 목표와 잘 조율된 시스템(정보자원)계획이 필요하다. 비록 최고경영자가 기업미션과 사업목적을 매우 민감하게 생각하더라도 정보부문 최고임원인 CIO가 최고경영진에 포함되어 있지 않다면 사업목적과 전략을 논의하는 회의에서 IS의 관점이 소외될 수밖에 없다. 따라서 중장기 사업계획을 수립할 때 CIO의 참여와 의견수렴의 조율이 필요하므로 계획이 복잡하고 장기화될 수 있다. 오늘날 효과적인 사업전략의 수립을 위해 CIO가 최고경영진에 포함되어 전략수립과정에 적극 참여하는 추세를 보이고 있다. 더구나 인터넷전자상거래가 증가함에 따라 CEO조차 IT에 관심을 가지고 시스템 계획에 직접적으로 참여하는 경향이 높아지고 있다.

2) 기술이 급속도로 변하기 때문이다

기술이 급속도로 변한다는 것은 계획을 포기하라는 것이 아니라 계속적으로 계획하고 그것을 수정해야 함을 의미한다. 연말에 몇 개월간 계획을 수립한 후, 다음 해에 그 계획을 집행하는 연 단위로 계획을 수립하는 일은 이미 시대의 추세에 맞지 않다. 오히려 계획과정은 현재 의사결정의 발판이 될 수 있는 미래에 대한 가장 적절한 비전과 미션을 계속적으로 만들고 이를 수정해 가야 하는 것이다. 그런 다음 특정 기술을 계속 관찰하면서 계획의 변경이 필요한지를 지속적으로 관찰해야 한다. 이를 위해 어떤 기업은 '첨단기술그룹technology focus group'을 두기도 한다. 예를 들어, 오늘날 급속하게 발전하고 있는 AI기술과 로봇기술은 분기별로 발전상황을 관찰하면서 이 기술이 우리 기업의 생산 및 서비스프로세스에 어떻게 적용될 수 있을지, 경쟁업체는 이 기술을 어떻게 활용하는지를 지켜봐야 할 필요가 있다.

3) 기업은 개별 프로젝트보다는 포트폴리오를 중시해야 하기 때문이다

최근에는 개별 프로젝트 선정이 아닌 포트폴리오[1] 개발에 더 중점을 둔다. 이 추세는

---

1) 정보분야에서 포트폴리오(portfolio)란 정보시스템을 구성하는 다수의 기술들과 애플리케이션들의 구성을 의미한다. 즉 개별 애플리케이션이 아닌 여러 애플리케이션의 적절한 조합으로 더 많은 시너지를 얻을 수 있기 때문이다.

IT/IS 프로젝트를 보다 다면적으로 평가해야 하기 때문에 보다 정교한 형태의 계획을 필요로 한다. 즉 이 프로젝트가 다른 프로젝트와 어떻게 맞물려가고 보완을 하며 어떻게 균형을 이루는지를 종합적으로 검토하는 것이 매우 중요해 지고 있다. 나중에 언급될 인터넷 가치 매트릭스Internet Value Matrix는 이러한 목적에 적합한 계획도구라 할 수 있다.

4) IT인프라개발에 필요한 예산 확보가 쉽지 않다

IT인프라(하드웨어, 소프트웨어, 데이터, 네트워크)의 구축이 중요하다는 사실은 모두가 인정하면서도 이를 위해 자금을 확보하고 투자하는 일은 대부분 기업들이 주저한다. 인프라의 구축은 흔히 대형 개발프로젝트가 진행되면서 수행되며 때로 막대한 예산이 소요된다. 즉 예산 확보가 어려운 사업들을 계획한다는 것은 쉽지 않다. 한편 주요 애플리케이션들을 업그레이드하면서 동시에 인프라도 같이 향상시켜 가야 하는 일도 무척 어려운 일이다. 최근 많은 기업들이 메인프레임 기반 아키텍처에서 클라이언트-서버로 변환하고, ERP를 구축하고, 궁극적으로는 인터넷과 연동되는 웹 환경으로 전환하면서 인프라에 대한 투자를 강화하고 있다. 이러한 프로젝트는 시간과 물질이 많이 소요되는 다년간의 과업이 될 것이다.

5) 공동 책임을 져야 하기 때문이다

특히 전사적 시스템이나 현업부서를 지원하는 프로젝트는 IS부서 단독으로 추진할 수 없다. 아울러 CIO가 단독으로 추진한 계획보다는 CEO, CFO, COO와 공동으로 추진한 계획이 보다 많은 호응을 얻고 추진하기도 쉽다. 이제 시스템 계획은 더 이상 IT(시스템)계획만이 아니라 사업(비즈니스)계획으로 보아야 한다. 여러 부서의 책임자들의 협업을 전제로 한 계획은 공동 책임을 져야 하므로 훨씬 더 어려울 수밖에 없다.

7.3 계획 방법의 변화

인터넷과 4차 산업혁명시대의 출현으로 전통적 계획 방법이 지닌 많은 가정들이 변하고 있다. 사업세계의 빨라진 속도는 시간에 대한 사람들의 생각을 변하게 하였으며, 계획하는 데 소요되는 시간과 경쟁업체의 움직임에 대응하는 시간에 대한 생각을 근본적으로 바꾸어 놓고 있다. 따라서 이러한 시간적 요인들은 기업이 계획과 전략수립에 대한 접근방법을 바꾸어 놓았으며 본 절에서는 이러한 변화를 설명하고자 한다.

1) 전통적 사업(Business)전략 및 정보(IS)전략 수립방법

전통적으로 사업전략과 이를 위한 정보전략 수립은 상당히 선형적으로 진행된다. 선형적인 사업전략 및 정보전략 수립과정은 다음과 같이 단계적으로 이루어지는 것이 특징이다(〈그림 7-2〉 참조).

(1) 경영자는 기업의 미션과 목표를 설정하고 이를 달성하는 데 필요한 사업전략을 수립한다. 즉 사업전략은 정보전략의 방향을 설정해 준다고 할 수 있다.

(2) 이 사업전략에 근거로 해서 IS중역은 IT/IS가 어떻게 사업전략을 지원할지를 결정한다. 사업별로 현업사용자 요구에 근거하여 애플리케이션 개발 등을 포함한 정보전략을 수립한다.

(3) 이 정보전략을 어떻게 수행할지를 설명한 구체적인 IT(실행)전략을 수립한다.

기업들은 이러한 사업전략(예를 들면 5년 계획)을 수립하기 위해 때로 1~2년이라는 긴 시간을 소요하기도 하는데, 만일 IT중역이 사업전략을 수립하는 최고경영진에 포함되어 있지 않다면 사업전략에는 정보전략이 고려되어 있지 않을 것이다. 그렇다면 사업전략이 나온 후 다시 정보부분을 반영하려 한다면 상당한 시간이 추가로 소요되어 전략수립에 큰 차질이 빚을 수 있다. 더구나 오늘날과 같이 인터넷으로 연결된 초연결사회에서 사업전략과 정보전략을 병행해서 수립하는 발 빠른 경쟁업체가 있다면 우리 기업에 더 치명적인 불이익을 가져다 줄 것이다.

이러한 선형적, 사업 및 정보전략 수립방법은 다음과 같은 오늘날 비현실적인 가정assumption을 전제로 하고 있기에 개선할 필요가 있다.

- 미래는 예측할 수 있다.

- 3단계를 거치면서 순차적으로 사업 및 정보전략을 수립하는 시간이 충분하다.
- IS부서는 무조건 사업(현업의 사업)을 지원하고 따라갈 뿐이다.
- 기업에 대한 넓은 시야를 가지고 있는 최고경영자만이 기업을 가장 잘 알 수 있다.
- 기업은 군대와 같아서 최고경영자가 명령을 내리면 직원들은 모두 따라간다.

그러나 사실 이러한 가정들은 오늘날 비현실적이며 더 이상 적용될 수 없다. 미래의 불확실성은 더욱 고조되고 있으며, 경쟁업체들은 보다 신속하게 사업·정보전략을 수립하고 있으며, IT/IS가 비즈니스모델의 핵심이어서 거꾸로 IT/IS가 사업을 주도해 가야 하는 경우도 많다. 따라서 오늘날에는 다음과 같은 보다 현대적 접근방법이 필요할 때가 있다.

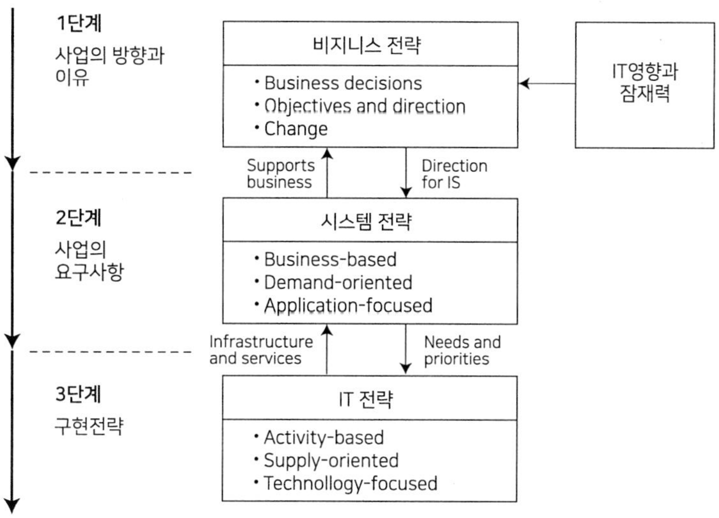

<그림 7-2> 전통적인 전략수립 방법

2) 현대적 접근방법: 감지와 대응(Sense-and-Respond)전략

(1) 하나의 대규모 전략을 세우기보다 다수의 소규모 전략을 동시다발적으로 전개한다

과거에는 최고경영자가 하나의 전사적 사업전략을 분명하게 드러내는 것이었다. 그러나 빠른 속도로 변하는 현대에는 이러한 전략이 갖는 위험이 매우 크다. 만일 한 전략에 모

든 것을 걸었는데 잘못되었을 경우 그 기업에 치명적일 수 있기 때문이다. 따라서 극단적인 경우에는 전사적 사업계획이나 전략을 만들지 않고 소규모 팀의 목표만 있는 경우도 있다.

예측이 어려운 불확실한 사업 환경에서는 미래를 한 걸음씩 한 걸음씩 감지와 대응방식으로 접근해야 한다. 즉 소규모 팀으로 하여금 새로운 기회나 가능성을 탐지하게 한 후 실험적으로 즉각적으로 실험을 하여 그 성과를 확인하는 방식으로 미래를 탐색해 나가는 것을 말한다. 따라서 환경변화가 빠른 업종일수록 실행조직의 규모를 작게 가져가야 성공할 수 있다.

즉 감지와 대응방식이란 〈그림 7-3〉과 같이 수많은 작은 실험적 사업들을 동시다발적으로 전개하며 미래에 이루어질 것으로 설정한 가설들이 맞아떨어지는 지를 수시로 점검하며 나아가는 것을 말한다. 예를 들어, 당일 내지 반나절 배달(택배)이라는 사업계획을 세웠다면 이것을 가능하게 하는 정보기술, 운송수단, 교통인프라에 대한 분석과 실현가능성을 탐색해야 할 것이다.

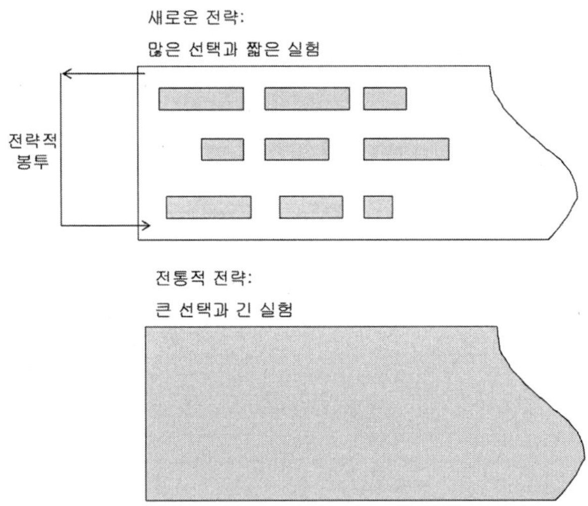

<그림 7-3> 감지와 대응방식의 전략수립

(2) 모바일직원을 중심으로 전략을 세운다

초연결시대에는 고객, 협력업체, 파트너기업과 긴밀하게 의사소통을 해야 한다. 급속하게 변하는 시대에 ZARA와 같이 시장과 긴밀하게 연계되는 전략을 세운다는 것은 시장(고객)과 밀접한 접촉이 가능한 전략을 세워야 한다는 것이다. 따라서 전략은 항상 이동하는 모바일직원, 즉 고객, 협력업체, 파트너기업과 늘 소통하는 직원(예: 영업사원, 콜센터 응답원, A/S요원, 웹마스터 등)을 중심으로 수립되어야 한다.

닥쳐올 기업의 미래를 가장 잘 감지할 수 있는 직원, 즉 젊은 직원들을 전략을 실행하고 수정하는 에이전트로 활용해야 한다. 모바일 인터넷 시대에는 인터넷을 자신의 의복처럼 자연스럽게 입고 지내온 젊은 직원들을 전략수립과 실행의 중심에 두어야 한다.

(3) 전략수립(실행) 가이드: 전략적 봉투(strategic envelope)

수많은 소규모 사업전략들을 중앙의 통제도 없이 마구잡이로 집행한다는 것은 더 큰 혼란과 조직자원의 낭비를 야기할 수 있다. 이를 위해 전략적 봉투strategic envelope라는 메커니즘을 만들어 활용해야 하는데, 이것을 만들고 적용하는 일이야 말로 최고경영자의 가장 중요한 책임 중에 하나라 할 수 있다. 즉 방향과 목표만을 정해준 후 최고경영자는 새로운 실험(시도)을 설계하고 추진하는 데 필요한 기본적인 파라미터parameter[2]를 지정하는 전략적 봉투를 준비하는 것이다. 다시 말해 소규모 전략들을 수립하고 실행하는 데 필요한 맥락context만을 지정해준 후 새로운 시도들이 이 봉투를 벗어나지 않는지를 계속 모니터링하는 것이다.

시장에서 일어나고 있는 추세의 변화를 감지하고 각각의 실험적 사업들이 잘 진행되고 있는지, 각 실험적 프로젝트들이 후속적인 지원을 충분히 얻고 있는지 아니면 추진력을 잃어가는지를 알기 위해서는 적절한 회의를 통한 지속적인 논의가 필요하다. 최고경영자가 이 전략적 봉투를 관리하는 방법은 다음 2가지가 있다.

전략 간담회

전략 간담회는 경영환경의 변화에 대해 정보를 공유하고 변화에 대한 대응책을 의논하기 위한 중역들의 모임이라 할 수 있다. 예를 들면, 운영담당 부사장의 책임하에 모바일 직원의 규모에 대한 현황과 대책을 보고하거나, 기술담당 이사가 기업에 응용될 수 있는

---

2) 제한사항을 포함한 기본지침과 가이드라인

미래의 첨단기술을 소개하는 일들이 있을 수 있다. 이러한 회의에서는 현재의 시장변화의 속도와 보조를 맞추거나, 시작되고 있는 새로운 경향을 포착하거나 새로운 프로젝트를 시작하거나 유망 분야에 대해 자원을 더 투입하는 등의 결정을 내릴 수 있다.

신규사업 실험자들과 정기적인 모임

현재 진행 중인 소규모 전략적 프로젝트에 참여하고 있는 팀장 및 구성원들과 만나는 정기회의에서는 사업의 추진현황, 성공가능성, 자원의 충분성, 사업의 중복성 등을 검토함으로써 프로젝트의 추진 속도를 앞당기거나 방향을 조정하거나 부족한 자원의 추가공급 등의 결정을 내릴 수 있다. 예를 들어, 소프트뱅크 손정의 회장은 자신의 비전펀드를 통해 쿠팡에 30억 달러를 투자했는데 아직도 이익을 내지 못하는 상황이다. 이때 비전펀드 실무진은 쿠팡의 신규사업 실험자들과 정기적인 모임을 가지며 사업의 혁신성과 현황을 면밀하게 분석할 것이다.(2019. 11. 18. 기준)

[사례] 실리콘밸리의 전설, 스티브 블랭크 인터뷰: 스타트업은 빠른 실행이 생명

스티브 블랭크Steve Blank·61는 억만장자가 된 실리콘밸리의 전설 중 하나다. 미시간대 입학 후 학업에 흥미가 생기지 않아 한 학기 만에 그만뒀다. 1978년 실리콘밸리에 처음 발을 디딘 뒤 지금까지 벤처기업 8곳 설립에 참여했고, 이 중 4곳을 상장시켜 갑부가 됐다. 그가 자신의 경험을 집대성해 지난해 펴낸 책 '기업 창업가 매뉴얼Startup owner's manual'은 젊은 벤처 지망자들에게 바이블로 통한다. 그가 벤처기업 창업과 관련해 강조하는 건 일명 '린 스타트업Lean Startup' 전략이다. 도요타 자동차의 '린 제조lean manufacturing'란 말에서 차용한 단어다. **요약하자면 아이디어가 있으면 머뭇거리지 말고 빠르게 최소 요건 제품(시제품)으로 제조한 다음 일단 내놓고, 시장의 반응을 보면서 다음 제품 개선에 반영하는 전략이다.** 짧은 시간 동안 제품을 만들고 성과를 측정해 다음 제품 개선에 반영하는 것을 반복해 성공 확률을 높이는 방식이다. 이는 몸집이 가벼운 벤처기업 생리에 딱 맞는 창업 전략이다. 그는 "스타트업(갓 창업한 회사)에는 스타트업에 맞는 방식이 있다. 대기업에서 통한 방식을 무조건 적용하면 안 된다"고 강조했다. 인터뷰 동안 그가 군데군데 설명한 전략은 앞에서 배운 '감지와 대응Sense-and-Respond전략'을 매우 닮았다. 이하는 기자와 블랭크의 일문일답이다.

Q. 린 스타트업 철학에 대해 좀 더 설명해 달라.

A. 스타트업은 대기업의 작은 버전이 아니라는 점에서 출발한다. 전통적인 MBA 과정은 대기업에서 배운 방식과 규칙, 과정을 전달하려 한다. 하지만 스타트업은 다르다. 스타트업에는 실행, 더 빠른 실행이 중요하다. 시작부터 남달라야 한다는 건 강박관념일 뿐 아무런 긍정적인 효과를 낳지 못한다. 스타트업의 '비전'이란 검증되지 않은 가설에 불과하며 고객 검증이 필요하다. 실패는 스타트업이 비즈니스모델을 탐색하는 과정에서 겪는 필수적인 과정이며, 스타트업이 실패를 두려워하면 실패할 수밖에 없다. **답은 현장에 있다. 고객과 접촉하는 가운데 기민하게 시제품을 보완하고 가설을 검증하는 것이 중요하다. 고객은 창업자의 계획대로 행동하지 않기 때문이다. 창업 희망자들에게 항상 '건물 밖으로 나가라'고 한다. 아무리 똑똑해도 고객 반응을 고객보다 잘 알 순 없다.**

Q. 미국에서도 유독 실리콘밸리가 혁신의 중심이 될 수 있었던 이유는 뭔가.

A. 독특한 문화 때문이다. 동부나 서부나 실리콘밸리 모태가 되는 군수 연구단지가 있었다. 다만 뉴욕·보스턴 같은 동부는 부모가 가까운 곳에 있어 자주 찾아가야 하는 등 보수적인 문화 속에 자리 잡고 있다. 반면, 스탠퍼드대를 가느라 서부로 온 젊은이들은 대개 부모와 멀리 있어 간섭을 덜 받고 자유분방한 생활을 하다 모험이 많은 생활을 하게 됐고 그게 혁신을 가능케 했다. 많은 대기업이 차고에서 아이디어를 짜내는 몇몇 젊은이보다 훨씬 많은 자원을 갖고 있는데도 혁신에 느린 건 전통을 고집하고 모험을 기피하는 문화 때문이다. 투

자가들이 기업 평가할 때 쓰는 핵심성과지표Key Performance Indicators는 어떤 실적을 냈는가를 기준으로 삼는다. 그러나 그런 숫자는 아웃소싱을 한다든가 단기 프로젝트를 한다든가 하는 식으로 상향 조정이 가능하다. 중요한 건 그 과정과 전략이다. 기업이 혁신을 한다고 치자. 실적 지표에는 오히려 부정적 영향을 미칠 수 있지 않나. 그런 게 혁신을 저해한다. 이런 지표들이 혁신을 못하게 정책적으로 막는 셈이다. 앞으로 누가 성공할지는 예측할 수 없는 법이다. 혁신을 이룬 회사들을 보면 항상 내부 문화를 역행한 사람들이 있다. 혁신을 위한 지표가 필요하다. 패스트 팔로어fast follower·빠른 추격자가 아니라 혁신이 목표라면 자유롭게 실험할 수 있는 환경을 조성해야 한다. 영화 제작사가 돈을 대고 분위기만 조성해 주고 모든 걸 지시하지 않는 것과 마찬가지다. 혁신을 위한 지표가 필요하다.

Q. 하지만 그동안 성공한 실적이 없는 젊은이에게 사업 아이디어만 좋다고 투자하면 위험하지 않나.

A. 위험을 그냥 감수하는 거다. 실리콘밸리엔 실패한 창업자를 부르는 말이 있다. 바로 '경험 있는 창업자experienced entrepreneur'다. MIT가 있는 보스턴이 아닌 실리콘밸리가 혁신의 중심이 된 이유가 그거다. 1970년대 보스턴의 벤처캐피털이 은행 같았다면 서부 벤처캐피털은 도박사 같았다. 동부 투자자가 확실히 결과가 보장되는 프로젝트를 원했다면, 서부에선 포트폴리오가 너무 좋은 사람은 위험을 감수하지 않는 사람이라 보고 부정적으로 해석했다. 실리콘밸리에는 투자한 10가지 중 9가지가 실패로 돌아가도 1가지만 성공하면 된다는 모험가적인 문화가 있다.

Q. 실리콘밸리의 혁신적인 문화가 끊이지 않고 계속 이어지는 이유는 뭐라고 보나.

A. 실리콘밸리엔 '페이 잇 포워드pay it forward' 문화란 게 있다(도움을 준 사람에게 되갚지 않고 다른 사람에게 갚는 것). 안면도 없는 사람에게서 도움을 청

하는 연락을 받고 도와주는 것을 사회적 책무라 생각한다. 실리콘밸리에서 반도체 산업이 태동할 때 실패를 경험하는 기업이 허다했다. 그때 페어차일드를 비롯하여 60여개 기업 엔지니어들이 같이 점심을 먹으며 자신들의 경험과 시행착오, 노하우를 나누는 문화가 생겼다. 인도, 중국, 러시아 출신 등 인종적 장벽을 경험한 기업인들도 연합을 결성해 서로 돕기 시작했다. 그 문화가 다음 세대에까지 이어졌다. 몇몇 기업 간부가 1주일에 한 시간씩 시간을 내 엔지니어들을 만나 조언을 주기도 했는데, 장발의 20대 청년이 당시 55세였던 인텔 창업자 로버트 노이스 연락처를 전화번호부에서 찾아 조언이 필요하다고 면담을 청했다는 일화는 유명하다. 그 젊은이가 바로 스티브 잡스였다. 지식은 유전을 통해 자동으로 다음 세대에게 전달되지 않는다. 그래서 학교가 필요한 것 아닌가. 실리콘밸리는 그런 의미에서 학교였다. 혁신을 원한다면 다음 세대에게 페이 잇 포워드 문화를 가르쳐야 한다.

성공한 창업자의 오만은 자기 자신의 능력으로 성공했다고 생각하기 때문에 생긴다. 어떤 아이디어든 결코 사회적 분위기와 주변 도움 없이 성공할 수 없는 만큼 성공한 사업가는 새로 시작하는 젊은이들을 도와야 한다. 오만해져선 안 된다.

Q. 뛰어난 창업자에게서 공통적으로 발견되는 성격이나 자질이 있나.

A. 훌륭한 예술가가 될 수 있는 자질이다. 뛰어난 화가나 음악가가 될 자질이 있는 사람은 창업가가 될 자질이 있다. 무에서 유를 만드는 사람들이고 새로운 걸 기도할 줄 아는 사람이고, 눈에 보이지 않는 아이디어가 창조됐을 때 어떨지를 내다볼 수 있는 능력이 있는 사람들이기 때문이다. 어릴 때 예술 감상하는 법을 가르치는 게 유익하다고들 하지만, 그걸로 커리어를 개발하고 돈을 벌 수 있다고는 생각 안 하는데, 돈 벌 수 있다. 스타벅스 이전에는 커피가 브랜드가 될 수 있다고는 아무도 생각 안 했다. 훌륭한 창업 아이디어들도 처음엔 우습게 보일 수 있다. 그런데 그게 혁신을 시작하는 단초다. 또 성공한 창업자 중에는 불우한 환경에서 자란 사람이 꽤 많다. 어수선한 분위기에서 자란 탓에

스타트업 같은 불안정한 환경은 그들에게 일상인 셈이다. 그런 성장 과정에서 살아남은 경험은 남다른 집중력과 투혼을 갖는 경향이 있다.

[자료원] 조선일보 Weekly Biz, "스타트업은 빠른 실행이 생명... 일단 제품 내놓고 반응 살펴야", 2014. 7. 12. http://weeklybiz.chosun.com/site/data/html_dir/2014/07/11/2014071101655.html

3) IS부서의 전략적 성향의 제고

IS부서가 기업의 전사적 사업전략의 수립프로세스에 참여하여 사업전략이 요구하는 정보(시스템)전략을 수립하는 데 기여를 하거나 때로 적절한 IT/IS를 활용하여 사업전략을 선도하기 위해서는 IS부서도 전략적 사고와 경영 마인드를 가져야 한다. IS부서가 전략적 사고를 갖도록 하는 방법들은 다음과 같다.

첫째, CIO는 IS부서가 다른 현업부서로부터 신뢰를 얻도록 해야 한다. 이를 위해서 현재 IS부서가 하고 있는 많은 일들 중에 가치가 낮고 외주업체에 맡길 경우 보다 비용·효과적으로 할 수 있는 일들은 가급적 아웃소싱을 하고, IS요원은 새로운 실험적 사업들을 시도하고, 정보(시스템)전략을 짜거나, 현업부서의 사용자들을 지원하는 새로운 역할을 지속적으로 찾아나서야 한다. 이는 2장 '2.3 새로운 역할들'에서 이미 설명하였다.

둘째, IS부서는 새로운 IT사업을 추진하기 전에 그 정보전략이 가져다 줄 잠재적인 미래를 테스트할 필요가 있다. 즉 가능한 새로운 미래를 열기 전에 새로운 IT의 가능성을 미리 테스트하는 일이 필요하다. 미래를 테스트하기 위한 2가지 방법으로는 i) 실험적 사업을 위해 가용자원을 지속적으로 제공하는 일과 ii) 신기술을 감시 보고하는 신기술사업단 focus technology group을 두는 일이다. 신기술사업단의 주 업무는 기업에 위협이나 기회가 될 수 있는 새로운 기술들을 끊임없이 탐색하여 CEO와 CIO에 보고하는 일이다.

특히 유무선 인터넷을 통한 전자상거래가 활성화됨에 따라 제대로 된 IT인프라의 구축은 매우 중요해지고 있다. 실험적 IT인프라에는 i) 데이터 정의의 일관성과 공통성을 유지하는 일, ii) 다양한 휴대기기를 이용한 모바일 전자상거래 표준을 만들어 정착시키는 일, iii) 전자상거래 보안과 개인정보보호를 위한 다양한 조치를 취하는 일, iv) ERP, SCM, CRM 등이 공동으로 운영될 수 있는 기술적 플랫폼을 설정하는 일들이 포함된다.

7.4 사업전략, 시스템 전략, 조직체계의 연계

앞서 전통적, 현대적 전략수립(계획)방법의 장단점을 설명하였지만 어느 방법이든 중요한 것은 기업의 전사적 사업전략, 시스템 전략 그리고 조직체계가 잘 연계되고 조율되는 것이다Pearlson & Sunders, 2013, 23.

2010년 BP는 인류 역사상 가장 규모가 큰 오일 유출 사고를 겪었고 이로 인한 기업이미지 회복을 위해 오염된 바다를 복구하는 데 천문학적인 돈을 쏟아 부었다. BP가 이 사고의 원인을 오랫동안 분석한 결과 내린 결론은 다수의 기업들과 작업팀이 관여된 연이는 실수로 말미암아 폭발이 일어났고 거대한 오일 유출사고가 발생하였다는 것이다. 안전수칙을 반복적으로 지키지 않는 것이 사고 원인의 핵심이지만, 사고의 원인을 시간대별로 분석해보면 망가진 조직체계가 IT/IS 실패와 맞물려 사고로 이어졌다는 것이 최종적인 분석결과이다.

이 사고는 오일 시추 장비를 위한 안전메커니즘을 설계할 때 사업전략, 정보시스템, 조직 체계가 잘 연계되어야 하는 이유를 잘 설명하는 사례이다. 고압으로 매탄가스가 시추장비 밖으로 유출되어 폭발했을 때 대부분 작업자들은 구명보트에 의해 구조되었다. 그러나 폭발은 어쩔 수 없었다 하더라도 시추 정보시스템과 조직의 통제메커니즘이 사고와 최악의 오일 유출을 막을 수 있어야 했다. 폭발 후 오일 방류를 막는 비상해체시스템을 포함한 자동화 시스템이 실패한 것이다. 조기모니터링시스템이 작동하고 있어 폭발 1시간 전에 오일의 흐름에 문제가 있음을 알렸지만 시추현장의 매니저와 엔지니어들은 사고 당일 일찍 그 테스트결과를 무시한 것으로 조사되었다. 이 사고로 BP의 조직문화, 프로세스, 리더십에 문제가 있음이 드러났다.

이 사례를 보면 현장의 총괄관리자general manager가 IT/IS에 관한 결정에 중요한 역할을 해야 함을 알 수 있다. 비록 총괄관리자가 깊은 기술적 지식을 필요하지 않더라도 작업환경과 관련된 기술이 잘못되면 초래될 심각한 결과를 이해하고 문제가 없는지를 끊임없이 질문할 수 있어야 한다. 경영자가 IT/IS 결정을 온전히 IT관리자들에게만 맡겨버릴 경우, 회사가 받을 불이익의 위험이 있음을 알아야 한다. 비록 IS부서가 정보를 전달하고, 교환하고, 가공하는 일을 책임지지만 때로 상황에 따라 부적절하게 작동되는 경우도 발생하는데, 특히 BP사고에서 그것을 목격할 수 있었다. IS부서는 고립된 섬이 되어서는 안 되며, 조직이 제대로 작동되는 데 필요한 인프라를 관리하는 부서다. BP사례는 또한 기업의 IT/

IS가 직원과 프로세스를 관리하는 방식과도 잘 연계되어야 함을 보여준다. 엔지니어와 작업자들이 상황 모니터링과 관련된 모든 절차를 따르도록 인사정책을 바꿀 필요가 있으며, 품질기준이 적절하고 벤더가 공급한 장비와도 잘 맞는지 확인하는 부가적 절차도 필요했다.

이러한 측면에서 아래 〈그림 7-4〉 '정보시스템 전략 삼각형Information System Strategy Triangle'은 정보(시스템) 전략과 사업전략의 연계성, IS가 조직에 미치는 영향을 이해하는 것을 도울 수 있다.

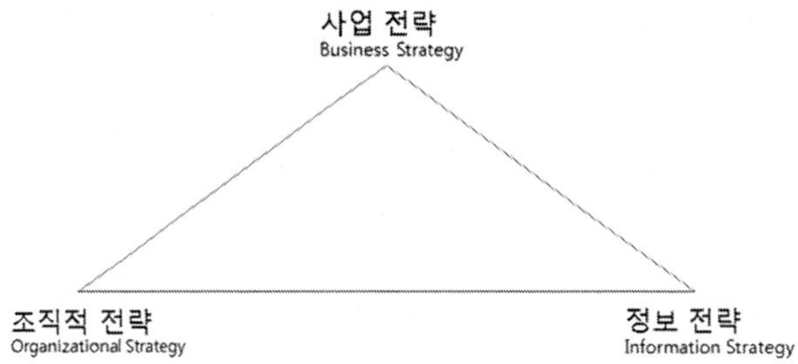

<그림 7-4> 시스템 전략 삼각형

자료원: Pearlson & Sounders (2013, 24)

성공적인 기업은 조직적 전략과 IS 전략을 주도하는 사업전략을 가지고 있어야 한다. 조직적 전략을 구성하는 조직구조, 고용정책, 협력업체 관리정책들, 정보전략을 구성하는 소프트웨어, 하드웨어, 네트워크, 기타 구성요소 모두는 경영목표, 경영전략과 전술을 포함하는 사업전략과 긴밀하게 연계되어야 할 뿐만 아니라 균형도 잘 이루어야 한다.

정보전략은 기업의 사업전략과 조직적 전략에 영향을 주기도 하고 받기도 한다. 지속경영에 필요한 세(3) 전략의 지속적인 균형을 위해서는 정보전략에 변화가 생기면 그것에 맞춰 조직적 전략의 변화는 물론 전반적인 사업전략의 수정도 따라야 한다. 만일 기업이 IT/IS를 활용하여 적극적으로 경쟁우위를 창출하는 사업전략을 수립하였다면 IS부서가 리더십을 갖도록 지속적인 혁신을 할 수 있도록 해 줘야 한다. 즉 세 전략에 하나라도 변화가 있으면 다른 2개가 끊임없이 재조정되어야 한다.

정보IS전략의 일환인 IT/IS자원을 배치할 때 원하지 않는 결과를 피하고자 한다면 사업 및 조직적 전략을 고려해야 한다. 예를 들면, 직원이 직무를 위해 스마트폰이나 태블릿

PC를 쓸 수 있게 하려면 직무명세, 업무 프로세스, 급여체계 등의 변화를 고려해야 한다. 그렇지 않을 경우 예상치 않았던 부작용을 겪게 되고 원하는 생산성의 향상도 기대할 수 없다.

7.5 7가지 계획 기법

어려운 정보자원계획을 좀 더 술술 풀어가기 위해서는 체계적인 방법론, 이론 그리고 기법의 적용이 필요하다. 본 절에서 설명할 계획 방법론은 다음과 같이 7가지이다.

1) 성장단계론Stages of Growth
2) 핵심성공요인Critical Success Factors
3) 경쟁적 힘의 모델Competitive Force Model
4) 가치사슬분석Value Chain Analysis
5) e-비즈니스 가치 매트릭스e-Business Value Matrix
6) 연관성 분석 계획법Linkage Analysis Planning
7) 시나리오 계획법Scenario Planning

1) 성장 단계론

놀란과 깁슨Nolan & Gibson, 두 학자는 많은 조직들이 새로운 기술을 도입한 후 조직 내에 확산되어 가는 데 있어 4가지 단계가 있다고 주장했다. 워드프로세스의 도입을 예로 들었지만 주변에 있는 많은 기술스프레드시트, 동영상편집기, 각종 SNS, 포토앱 등들이 이러한 과정을 거치면서 시장에서 성숙되거나 때로 중간에 소멸되거나 다른 기술과 통합되기도 하였다.

- 1단계: 초기 성공Early success

이 단계는 새로운 기술의 사용이 시작되는 단계이다. 비록 어려운 일이 있을 수도 있지만 초창기의 성공적인 기술 도입은 그 기술에 대한 흥미와 실험정신을 유발한다. PC혁명 후 워드프로세스와 프린트가 처음 출현했을 때 엄청난 초기 성공을 거둘 수 있었다. 기존의 타자기와 비교할 때 작업한 것을 저장한 후 다시 불러와 재작업을 할 수 있으며, 원하는 만큼 하드카피를 프린트할 수 있어 사무생산성을 획기적으로 향상시킬 수 있었기 때문이었다.

- 2단계: 확산Proliferation

초기 성공을 기반으로 그 기술을 바탕으로 한 새로운 제품이나 서비스가 시장에 나오면서 그것에 대한 흥미가 급격하게 상승하는 단계이다. 다양한 제품들을 써볼 수 있는 기회는 있지만 성장세가 통제 불능이 되기도 한다. 확산 단계는 사용자가 새로운 기술을 접해보고 학습하는 단계이기도 한다. 워드프로세스의 초기 성공으로 많은 소프트웨어 개발업체들은 다양한 자신의 버전을 제작하여 시장에 출시하기 시작하였다. 직원들은 이 편리한 워드프로세스를 사무실에 가져와 쓰기 시작하였지만, 너무 다양한, 그렇지만 파일형식 등이 호환되지 않는 워드프로세스가 사무실에 난무하기 시작하였고 통제가 어려운 지경에 이르게 되었다.

- 3단계: 통제Control of proliferation

지나친 확산과 성장은 결국 통제의 필요성을 낳게 된다. 경영진은 신기술을 사용하는 비용이 너무 지나치고 다양한 제품과 서비스를 이용하다 보면 낭비적인 요인도 있기 마련이다. 따라서 힘들지만 시스템을 통합하려는 노력을 시작하며, 제품과 서비스의 공급자들도 표준화 노력을 시작한다. 예를 들어, 기업들도 다양한 워드프로세스들 중에 1~2개만을 표준으로 정해 사용하기 시작하였고, 소프트웨어 개발업체들도 M&A를 통하여 스스로 시장점유율을 넓혀가거나, 업계 표준을 정해 상이한 패키지들끼리 호환성을 높이기 위한 노력을 하기 시작하였다. 오늘날 빅데이터의 시대에 데이터의 가공 및 분석 도구의 도입과 확산도 이와 비슷한 과정을 겪을 것으로 예상된다.

- 4단계: 성숙된 활용Mature use

이 단계에 이르면 특정 기술의 사용이 성숙하게 된다. 기술의 주도적인 디자인이나 스펙이 만들어지면서 다음에 올 신기술의 향방을 설정하기도 한다. 오늘날 국내에서는 아래아 한글과 MS 워드가 워드프로세스 시장의 대부분을 차지하고 있으며, 모든 조직에서 사무자동화도구로 매우 성숙된 사용단계에 이르러 있다. 기업 안에는 여러 개의 상이한 기술들이 각기 다른 단계에 있을 수 있는데, 예를 들어 전자결제시스템은 초기 성공 단계이지만 이메일은 성숙된 활용단계에 있을 수 있다.

성장단계론은 기술이 현재 조직의 학습커브learning curve에서 어느 수준에 도달해 있는지를 가늠하도록 돕고 그 수준에 맞는 기술개발 및 지원계획을 수립할 수 있다. 각 단계마다 주로 사용하는 핵심기술이 다르며 관리원칙이 다르므로 IT/IS전략을 수립할 때 고려해야 하는 요인들을 이해하는 데 도움을 줄 수 있다. 현재 멀티미디어음성, 동영상를 수신하는 소프트웨어(예: Windows Media Player)나 편집도구가 다양하게 출시되어 있는데 이 기술은 확산 내지 통제의 단계에 이르렀다고 볼 수 있다. 반면에 워드프로세스, 엑셀과 같은 사무자동화 프로그램은 성숙 단계에 있다고 볼 수 있다. 과도하게 비용을 증가시키는 기술은 통제해야 할 것이며, 사무생산성 향상에 크게 기여하는 도구가 있다면 성숙된 활용에 이르도록 표준화하고 지원을 아끼지 말아야 할 것이다.

2) 핵심성공요인(Critical Success Factors: CSF)

CSF는 최고경영자가 필요로 하는 정보를 파악하기 위한 방법의 하나로 사용되었다. 기업의 경영 상태는 몇 가지 핵심적인 영역 내지 지표현금흐름, 부채비율, 시장점유율 등를 잘 관찰하면 알 수 있으며, 이러한 영역(지표)들은 경영자에 있어서 핵심성공요인CSF이라고 할 수 있다. 대개 경영자가 관심을 갖고 지속적으로 모니터링을 해야 할 이러한 영역들은 열 개 이하에 지나지 않는다. 경영자의 CSF는 다음 4가지 소스로부터 도출할 수 있다.

(1) 현재 사업을 하고 있는 산업 또는 업종에 관한 요인들

정유업의 경우 국제유가의 변동이나 중동의 정세가 경영자들이 늘 관심을 두어야 할 지표라 할 수 있으며, 증권회사의 증권분석가에게는 미국이나 일본의 주가지수의 변동, 이자율, 부동산경기 등이 CSF라 할 수 있다.

(2) 기업 자체에 관한 요인들

기업이 해당 업종 내에서 차지하는 위치에 따라 CSF는 달라질 것이다. 경영자에게 매일의 현금흐름, 결재 어음의 규모, 재고수준, 생산량 등이 CSF가 될 수 있다. 어떤 업종에서는 대기업이나 경쟁업체가 취하는 일련의 전략적 행동이 중소기업이 관심을 가져야 할 CSF가 될 수 있을 것이다.

(3) 기업 환경

사회적 변화, 인구통계적 변화, 소비자 취향의 변화, 기타 정치, 경제적 요인과 같은 환경적 요소도 기업의 CSF가 될 수 있다. 예를 들어, 정유업의 경우 국제유가와 환율이 중요한 요인이므로 중동을 비롯한 국제적 정세가 CSF가 될 수 있다. 최근에는 전자상거래와 사이버무역의 발전으로 인터넷 관련 기술과 4차 산업혁명 주도 기술의 발전도 많은 CEO들에게 있어 CSF가 되고 있다.

(4) 일시적인 조직 요인

일시적으로 용납될 수 없는 재고부족, 노사분규, 제품결함에 대한 언론보도 등도 기업의 CSF가 될 수 있다.

이 CSF는 산업, 업종, 시장 내 위치, 중역의 직책, 시기 등에 따라 매우 다양하다. CSF를 조사하다 보면 기업의 미션mission, 목적goal, 목표objectives 리스트를 만들고 그 목적을 이루기 위한 미래전략을 찾을 수도 있다. 아울러 이런 요인을 정량화해서 측정할 수 있는 지표를 찾아내는 일이 쉽지 않지만 매우 필요하다. 어떤 요인은 객관적인 지표로써 쉽게 측정될 수 있지만 주관적 의견, 사회적 인식, 느낌과 같은 소프트한 요인들도 CSF를 발굴하는 데 활용될 수 있다.

CSF를 연구하다 보면 조직과 경영자가 미래에 필요한 IT서비스와 정보시스템에 대한 필요성을 파악할 수 있게 되고 이를 근거로 미래시스템을 계획하는 데 활용할 수 있다. 예를 들어, 잦은 불량으로 인해 고객의 불만이 증가하는 상황에서 자재관리와 공정관리에 필요한 자동화 시스템을 계획할 수 있을 것이다. 인건비가 계속 상승하는 상황에서는 AI를 비롯한 자동화기술의 필요성이 계속 증가할 것이다.

3) 경쟁적 힘의 모델(Competitive Force Model)

마이클 포터는 〈그림 7-5〉와 같이 5가지의 경쟁적 힘이 시장의 경쟁적 환경을 결정짓는다고 보았다. 정보자원(IT/IS)은 기업들의 경쟁적 지위에 영향을 미치는 다양한 경쟁적 힘에 영향을 미침으로써 경쟁의 판도를 바꾸기도 한다.

(1) 신규진입업체의 위협

대기업인 현대자동차를 예를 들어 이 기업의 경쟁적 특성을 이해해 보자. 현대자동차에게 있어 국내에서 잠재적 진입업체는 거의 없다고 봐도 무방하다. 자동차제조업은 엄청나게 많은 초기 투자와 기술력이 요구되기 때문이다. 그러나 경쟁이 글로벌화되면서 외국기업들이 국내시장에 진입함으로써 경쟁은 더욱 치열해지고 있다. 게다가 전기차(예. 테슬라 등)와 자율운행차(구글, 테슬라 등) 등의 출현은 신규진입업체의 위협을 더욱 다양하고 예측이 어렵게 만들고 있다.

높은 진입장벽은 기존의 기업들이 계속 경쟁적 우위를 유지할 수 있도록 돕는 요인이다. 유통(공급)채널 접근 제한, 기업의 대외 이미지, 정부의 규제 등이 이러한 진입장벽을 만든다. 마찬가지로 진입장벽을 만드는 데 정보자원을 활용할 수도 있다. 예를 들어, 구글의 검색 알고리즘은 강력한 경쟁적 우위의 원천이므로 구글은 다양하고 보다 효율적인 알고리즘의 개발로 계속 경쟁적 우위를 지켜가고 있다. 아마존, 월마트의 효율적인 첨단 물류시스템은 궁극적으로 운영비용을 낮춰 고객에게 저렴한 제품을 공급할 수 있게 하므로 강력한 진입장벽을 형성하는 데 기여한다. 이들이 주도하고 있는 소매시장에 진입하려는 어떤 기업이든 이러한 물류시스템과 정보시스템에 수백억 달러를 투자해야 하므로 쉽지 않은 일이다. 트위터는 마이크로블로깅microblogging 시장에 진입장벽을 세운 또 다른 사례이다. 다수의 타인과 트윗을 하기 원하는 모든 사람은 트위터의 문을 두드릴 수밖에 없다. 페이스북도 SNS 분야에서 비슷한 진입장벽을 친 사례이다. 아무튼 SNS서비스를 시작하기를 원하는 어떤 기업이든 이들이 쳐둔 진입장벽을 먼저 극복해야 하므로 이 분야의 신규진입업체의 위협은 상대적으로 낮다고 할 수 있다.

(2) 공급자의 힘(협상력)

공급자의 협상력이 크다면 공급자가 제공하는 제품이나 서비스를 필요로 하는 기업의 선택지가 줄어들고 궁극적으로 이익을 잠식할 것이다. 공급자는 때로 자신의 주문시스템이나 재고관리시스템을 통하여 고객을 묶어두려 한다. 예를 들어, 사용자가 자신의 데이터를 백업하고자 할 경우 많은 옵션이 있다. 즉 옵션이 많기 때문에 시장에 있는 모든 공급자의 힘은 낮을 수밖에 없다. 그러나 애플이나 구글은 자신의 운영체제로 쉽게 클라우드 서비스를 제공할 수 있다. 애플과 구글의 운영체제는 고객들이 자신들의 클라우드 서비스만을 사용하도록 묶는 효과가 있어 이들의 힘(협상력)은 매우 크다고 할 수 있다.

선택할 수 있는 공급자가 적거나, 공급자 제품의 질이 완제품을 만드는 데 매우 중요하거나, 공급자 입장에서 구매량이 미미할 때 공급자의 힘은 극대화된다. 예를 들어, 철강회사는 자동자제조사들이 강력한 첨단 품질관리시스템을 갖게 됨에 따라 힘을 잃게 되었다. 자동차제조사가 품질수준에 미치지 못하는 제품을 스스로 거부할 수 있게 되었기 때문이다. 한편 현대자동차 입장에서 원자재와 부품을 공급하는 업체들은 대체적으로 규모가 작아 협상력이 약한 편이다.

기업들은 인터넷을 통해 더 많은 고객이 자신의 웹사이트를 방문토록 하고, 더 많은 고객정보를 모아 더 많은 정보와 편리한 서비스를 공짜로 제공하려는 노력을 한다. 이로 인해 힘이 약해진 정보공급자들은 콘텐츠를 개발하고 공급하는 새로운 방법을 찾아야 했다. 많은 인터넷 기반 기업들이 후방 M&A를 통해 자신의 정보를 더 만들어내고 그것을 다른 인터넷사이트에 되팔아 공급자의 힘을 유지하려 노력하고 있다. 재정이 든든한 기업은 아예 콘텐츠제공업체를 M&A[3]하여 더 빨리 정보제공능력을 확보하기도 한다. e-Bay는 PayPal을 인수하여 인터넷 전자지불기능을 더욱 강화하였고, 아마존은 Zappos라는 신발 소매채널을 인수하기도 하였다.

일반적으로 대기업은 개인이나 자영업자들이 개인적으로 대응할 수 없을 정도의 강한 힘을 가지고 있다. 이런 상황에서 힘의 균형을 이루기 위해 불공정거래 등을 감시하기 위한 정부의 노력이 지속되고 있으며, 소비자권익보호와 관련된 시민단체의 역할이 증가하고 있다.

(3) 구매자의 힘(협상력)

세 번째 경쟁적 환경에 영향을 미치는 요인은 고객 또는 구매자의 힘(협상력)이다. 구매자는 좋은 품질의 제품을 낮은 가격에 편리하게 구매하기를 원한다. 그런 측면에서 이마트, 홈플러스, 월마트 등과 같은 많은 대형 점포를 가진 소매업체는 구매자의 힘을 현저히 약화시킬 수 있다. 대형할인점들은 좋은 위치에 점포가 있을 뿐만 아니라 제품공급자로부

3) M&A는 Merger & Acquisition의 약자로 기업인수합병을 의미한다.

터 유리한 조건에서 구매함으로써 저렴한 가격으로 일반고객에게 판매할 수 있다. 따라서 대형할인점은 공급자와 개인 소비자 모두를 향해 강한 협상력을 가졌다고 할 수 있다.

전환비용switching cost이 높으면 자연스럽게 구매자가 공급자를 바꿀 힘은 약화된다. 따라서 공급자는 이 전환비용을 높임으로써 계속 자신에게 머물게 하고 구매자의 힘을 약화시킨다. 아마존을 비롯한 강력한 인터넷전자상거래 업체들은 어디서나 몇 번의 클릭만으로 손쉽게 쇼핑을 가능하게 함으로써 소비자들이 오프라인 매장으로 가는 길을 막고 있다. 인터넷전자상거래 업체들은 보유한 고객정보를 가지고 보다 편리하게 쇼핑하고 결제할 수 있는 길을 만들어 고객이 다시 방문하도록 계속 유도한다. 애플의 iTunes나 구글의 Play스토어 등은 디지털 상품(앱, 음원, 소프트웨어 등) 중계사이트라 할 수 있다. 이들은 편리한 인터페이스와 방대한 콘텐츠를 무기로 소비자가 쉽사리 떠날 수 없게 하는 강력한 플랫폼 인프라을 가지고 있기에 스타와 노래를 제작하여 공급하는 기획사보다 더 큰 협상력을 가지고 있다.

한편 내기업이 주도하는 상황에서 구매자의 협상력은 마냥 약해질 것이라고만 할 수 없다. 웹 기반 마켓플레이스B2B 전자상거래, 인터넷 경매사이트, 비교쇼핑에이전트의 발전은 고객과 구매자에게 더 많은 정보를 제공하여 협상력을 높여준다. 때로 구매자소비자의 단결된 힘이 강력한 힘을 발휘하기도 한다. 2007년 페이스북은 자신이 소유하고 있는 44개의 사이트를 통해 고객들이 자신의 정보를 친구들과 공유할 수 있는 Beacon이라는 서비스를 출시했다가 소비자들의 강력한 항의에 부딪쳐 철수한 적이 있었다. 사생활침해, 보안, 통제에 불안을 느낀 소비자단체가 페이스북의 전략에 제동을 걸었던 것이다. 따라서 기업은 때로 확장되는 고객과 구매자의 힘에 적절하게 맞설 수 있는 전략을 세워야 할 것이다.

(4) 대체재의 위협

시장에서 대체재의 잠재력은 구매자의 대체의욕, 대체재의 가성비, 구매자가 부담해야 하는 전환비용에 달려있다. 정보자원을 잘 활용하면 이러한 대체재의 위험을 줄일 수 있다. 인터넷경매 사이트 이베이(옥션)는 주요 수입원인 소기업들을 위해 특별한 서비스를 제공하기 위해 IT를 활용하였다. 한때 고객들이 불평하고 판매자가 비용에 대해 의문을 제기할 때 이베이는 모든 판매자가 자신의 판매사이트를 구축할 수 있는 ProStores라는 서비스를 내세웠다. 이베이 경영자는 많은 판매자들이 다른 웹사이트에 가게가 없다는 것을 알았고 그래서 그러한 서비스를 통해 고객(판매자)들을 자신의 사이트에 묶어 둘 수 있었다.

경쟁에서 이기기 위해서는 대체재를 내어놓기보다 더 나은 서비스를 제공하는 것이 정석이다.

위협이 될 수 있는 대체재가 나올 원천은 다양하다. 내부 혁신의 결과물이 때로 자신의 수입을 깎아 먹는 수도 있다. 삼성전자가 갤럭시폰 신모델을 출시하고 기존의 고객이 자신의 폰을 업그레이드함으로써 매출이 오를 수도 있지만, 거꾸로 구모델의 매출을 잡아먹을 수도 있을 것이다. 즉 위협은 과거 제품을 무용지물로 만들어버리는 새로운 혁신에서 올 수도 있다. 디지털 카메라, MP3 플레이어, CD 플레이어 모두 스마트폰이나 음원판매웹사이트에 의해 모두 무용지물이 된 사례이다. 증가하는 오픈형 소프트웨어와 앱들이 웹기반 서비스를 제공하지 않은 소프트웨어 개발업체나 유통업체에 큰 위협이 될 수 있다.

현대자동차와 같은 대기업에게 있어서도 대체재의 위협은 많다. 전기자동차, 수소자동차, 자율운행차, 카셰어링비즈니스, 공공교통수단 등이 단기간에는 큰 위협이 되는 것은 아니지만 이러한 대체위협을 소홀히 다룰 경우 장기적으로 현대자동차(특히 화석연료로 구동되는 자동차)도 어려움을 겪을 수 있다.

(5) 기존 경쟁사 간 경쟁적 강도

해당 산업에서 비즈니스를 접는 데 드는 비용이 매우 크거나, 업종의 성장력이 하강하거나, 제품의 차별화가 어려워지면 해당 업종 내 경쟁사 간의 경쟁적 강도는 높아질 수밖에 없다. 이러한 상황에 처한 기업들은 시장점유율을 방어하기 위해 경쟁사가 갖는 경쟁적 이점에 집중해야 한다. 따라서 경쟁적 강도가 높은 업종에서는 기업들이 경쟁업체의 전략적 행동에 매우 신속하게 반응한다. 소셜미디어의 강자 페이스북은 시장에서 높은 경쟁적 우위를 점하고 있기에 경쟁업체들은 목표고객, 인터페이스 설계, 기타 기능 등을 다르게 하여 고객을 뺏기 위해 안간힘을 쓴다. 이들은 제2의 페이스북이 되겠다는 일념으로 치열한 경쟁을 치른다. 그럼에도 페이스북은 지속적인 혁신, 큰 규모의 고객을 기반으로 계속 진입장벽을 만들어 경쟁업체들을 앞서가고 있다.

기존 국내 자동차제조사 간의 경쟁은 그다지 치열하지 않았지만 FTA 등 자유무역협정이 체결되고 국민소득이 증대하면서 수입차의 상대적 경쟁력이 향상되고 있어 향후 이 경쟁은 더욱 치열해질 것이다.

결론적으로 기업은 정보자원을 활용하여 잠재적 신규진입업체를 제압하고, 공급자와 구매자의 힘을 축소시키며 대체재에 대한 위협을 감소시켜 나가야 할 것이다. 기업이 잠재적 신규진입자를 제압하기 위해 자주 택하는 방식이 M&A인수합병이다. 거대 소프트웨어 회사인 Microsoft는 지금까지 자사와 유사한 소프트웨어를 만드는 기업이나 새로운 소프트웨어 기업들을 인수합병함으로써 소프트웨어 시장을 주도해 온 대표적인 기업이다.

기업은 때로 EDI를 중심으로 한 SCM공급망관리시스템을 구축함으로써 공급자나 구매자와의 유대성을 강화하여 다른 경쟁업체의 진입을 사전에 차단하기도 한다. IT기반 전략적 제휴는 이러한 경쟁적 구도를 바꿀 수 있다. 이제 경쟁구도는 개별기업 대 개별기업에서 가치사슬망value-chain 대 가치사슬망으로 변하고 있다. 즉 기업이 단독으로 잘하기보다 가치사슬망으로 묶여 있는 협력업체, 파트너와 협력적 전략을 수립할 때 더 효과적으로 경쟁할 수 있는 것이다.

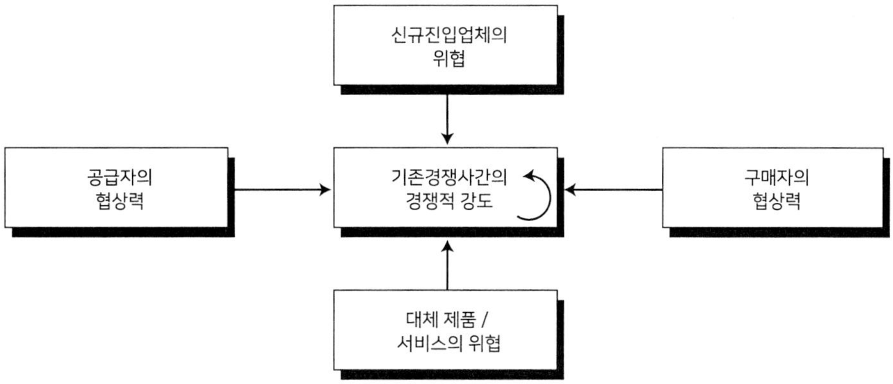

<그림 7-5> 마이클 포터의 경쟁적 힘(competitive force)의 모델

본원적 전략

마이클 포터 교수는 기업이 위에 설명한 다섯 요인의 힘을 이해한 후 경쟁적 우위를 창출하기 위해 선택할 수 있는 본원적 전략generic strategy을 i) 비용우위전략, ii) 차별화 전략, iii) 집중화 전략으로 나누었다. 물론 기업들은 이 중에 한 가지만이 아닌 2개 이상의 전략을 섞어 구사할 것이다.

- 비용우위전략

기업들은 원가와 비용을 절감하여 제품과 서비스의 가격을 낮게 책정함으로써 경쟁업체를 이길 수 있다. 기업들은 비용우위를 얻기 위하여 규모의 경제와 경험효과를 극대화하며, 생산프로세스의 효율성 제고, 제품디자인의 개선 등 경영혁신을 부단히 추구해야 한다. 오늘날 대부분 대형할인점들은 자신들의 강한 구매자 협상력을 바탕으로 대량구매를 통한 규모의 경제를 추구하며, 이를 바탕으로 낮은 가격을 책정하여 경쟁우위를 유지하려 하고 있다.

동일한 업종의 기업들이 표준화된 프로세스와 기술(흔히 SAP과 Oracle의 전사적 시스템예: ERP, SCM, CRM 등)을 도입함에 따라 점점 서로가 인수합병을 통해 덩치를 키움으로써 규모의 경제의 이익을 누릴 수 있다. 표준화된 IS로 인한 공유서비스shared service의 출현은 두 기업의 합병과정에서 발생하는 조정비용을 줄여주고 덜 경쟁적인 시장환경을 조성해주기 때문이다.

- 차별화 전략

많은 소비자들은 가격보다는 차별적인 가치를 제공하는 제품에 더 열광한다. 즉 경쟁업체와는 차별화된 제품과 서비스를 공급함으로써 경쟁업체를 이기려는 전략이다. 애플은 스마트폰을 개발할 때 디자인과 기능면에서 끊임없이 차별화를 추구해 온 기업이다. 특히 iTunes라는 인터넷장터를 만들어 자신의 iPod, iPhone, iPad의 구매자들이 손쉽게 소프트웨어애플리케이션와 다양한 콘텐츠를 구매할 수 있도록 하여 서비스를 계속 차별화해 왔다. Amazon을 선두로 많은 전자상거래업체들은 고객의 과거 구매기록을 근거로 고객의 취향에 맞는 제품들을 같이 추천하는 개인화personalization 서비스를 하고 있는데 이것 역시 차별화 전략이라 할 수 있다. 쿠팡처럼 빠른 배송으로 경쟁 전자상거래업체와 차별화하는 경우도 있다.

- 집중화 전략

집중화 전략은 세분화된 아주 작은 시장에 집중하는 전략이다. 시장을 세분화하는 기준은 연령, 성별, 직업, 지역, 취미, 특수 상황 등 매우 다양할 것이다. 임신부, 출산 후 3년 미만의 주부, 은퇴자 등이 집중화 전략의 대상이 될 수 있을 것이다. 이러한 집중화 전략은 비용우위를 강조하는 저가시장에서도 가능하고, 차별화우위를 강조하는 고가특수제품시장에서도 가능하다.

경영자는 포터의 모델들을 이용하여 경쟁적 힘competitive force에 영향을 미치는 요인들을 분석하고, 자사가 이 힘을 기르기 위해 정보자원을 활용하는 방법을 탐색하고, 이러한 힘이 긴 세월에 걸쳐 어떻게 변해가는지를 파악할 수 있다. 경쟁적 힘이 변할 때마다 이러한 변화가 사업전략과 IS전략 수립에 반영되어야 하며, 사업부서 또는 전사적 차원의 경쟁적 우위를 만들기 위해 정보자원을 적극 활용해야 한다.

4) 가치사슬분석(Value Chain Analysis)

마이클 포터가 1985년에 제시한 가치사슬분석도 IT계획에 유용하게 활용될 수 있다. 가치사슬Value Chain이란 기업이 생산하는 제품과 서비스에 가치를 부가하는 기업의 모든 활동을 말하며 이 활동들은 사슬처럼 연결되어 있다고 하여 '가치사슬'이라 불렀다. 이 가치사슬 개념은 맥킨지McKinsey 컨설팅사가 개발한 비즈니스 시스템을 마이클 포터 교수가 훨씬 정교하게 발전시킨 것이다. 가치사슬은 5개의 핵심활동과 4개의 지원활동으로 구성되어 있다(〈그림 7-6〉 참조).

핵심활동

- 납입물류inbound logistics

  필요한 자재를 제조지점까지 이동시켜 조업을 준비하는 과정을 말한다. 제품 생산에 필요한 원자재의 조달에 있어 중요한 역할을 담당할 수 있는 정보기술로서 EDIElectronic Data Interchange, 전자우편, 자동주문시스템, 재고 및 창고관리시스템, RFID 전자태그기술 등을 들 수 있다.

- 조업operations

  유입된 원료 및 자재를 공정에 투입시켜 완제품을 만들어내는 생산(서비스)활동을 말한다. CAD/CAMComputer Assisted Design/Computer Assisted Manufacturing은 효율적이고 정확한 제품 설계와 이를 제조공정데이터로 변환해 주는 공장자동화 기술들이다. CIMComputer Integrated Manufacturing은 CAD/CAM, CNC기계, 로봇, 자동화 프로그램으로 구성된 스마트자동화 시스템이다.

- 출납물류outbound logistics

완성된 제품을 창고에 보관하고 판매지점까지 운송하는 과정이다. 주문시스템, 재고관리시스템, 배송관리시스템 등으로 구성된다. 특히 공급망관리SCM 시스템을 도입하여 고객과 공급업체의 시스템들과 통합되면 주문과 생산 그리고 출하와 배송에 이르는 전 과정에 대한 정보를 협력업체들과 공유함으로써 전 프로세스의 효율성을 극대화할 수 있다.

- 마케팅 및 판매marketing and sales

광고 및 판촉을 포함하여 제품이 고객에게 전달되는 과정을 말한다. 정보기술이 마케팅과 판매활동을 지원하는 부분은 매우 다양하다. 마케팅 및 판촉 전략을 수립하기 위해서는 고객접점(현장)에서 생성되는 거래정보를 정밀 분석할 필요가 있다. POS를 통해 확보되는 거래데이터를 적절하게 DB화하고 데이터마이닝이나 OLAP기법 등을 이용하여 DB를 분석하여 소비자들의 새로운 구매패턴과 트렌드를 찾아낼 수도 있다. 오늘날 CRM[4]은 고객관계관리를 위한 종합적인 전략이자 고객서비스 프로세스의 혁신전략이라 불린다.

- 서비스

고객이 제품을 구입한 후 제품과 관련하여 필요로 하는 모든 서비스 기능을 제공하는 활동을 말한다. 정보기술은 판매된 제품이나 서비스에 대해 지원함으로써 고객과의 관계를 창출, 유지, 향상을 도모할 수 있다. 다수의 택배회사는 택배주문이 시작된 후 고객이 궁금해 할 수 있는 배달정보를 SNS를 이용하여 실시간으로 제공하고 있으며, 삼성전자나 LG전자와 같은 기업들은 가전제품이 배달 설치된 직후, 서비스에 대한 만족도를 조사하는 전화를 자동으로 건다.

지원활동

- 조직적 인프라

핵심 활동들에 대한 통제 및 조정관리기능을 제공하는 기업활동이다. 기업의 조직

4) 고객관계관리, Customer Relationship Management를 의미한다.

체계, 네트워크 그리고 이를 기반으로 하는 그룹웨어, 전자결제시스템, 이메일 시스템 등이 이에 해당된다.

- 인적자원관리

인력의 선발 및 고용, 교육연수 및 능력개발에 이르기까지 포괄적으로 인적자원관리 기능을 말한다.

- 기술개발

제품 기술과 제조공정의 효과 및 효율성을 증대시켜 주는 기술에 대한 R&D 과정을 말한다. 오늘날 일부 기업들은 인터넷을 이용하여 R&D기능을 아웃소싱하는 경우도 많다. P&G는 신제품과 기존 제품의 업그레이드에 대한 아이디어를 외부의 전문가나 과학자들로부터 40% 이상을 얻고 있다. 이러한 네트워크는 다음에 설명할 가상가치 사슬과 관련이 있다.

- 구매(조달: procurement)

제품에 투입되는 원자재, 부품 그리고 서비스와 사무에 필요한 MRO Maintenance, Repair, Operation 자재를 확보하는 업무이다. B2B e-마켓플레이스 전자장터, 인터넷주문시스템, SCM 공급망관리 시스템 등 효율적인 구매활동을 돕는 IS들이 즐비하다.

가치사슬모델은 i) 경영활동에 드는 비용을 줄이거나 ii) 제품과 서비스에 더 많은 가치를 부가함으로써 구매자가 더 비싼 가격을 지불하게 함으로써 경쟁력을 높일 수 있음을 말해준다. 진정한 경쟁적 우위를 점하기 위해서 기업은 조직 밖에 있는 요소들에 대한 정확한 정보를 확보하는 것이 중요하다. 즉 자사의 활동비용을 더 낮추기 위해서는 경쟁업체의 원가구조를 잘 알고 있어야 가능할 것이다. 특정 부서나 활동에 드는 비용을 줄여 이윤을 일시적으로 늘릴 수는 있지만, 경쟁업체보다 전체적인 비용을 낮추지 못한다면 그 우위는 오래가지 못할 것이다.

마찬가지로 고객이 원하는 것에 대한 정확한 정보가 있어야 기업은 정확한 가치를 자신의 제품과 서비스에 녹여 넣어 경쟁적 우위를 확보할 수 있다. 제품의 디자인이 중요한지 아니면 신속한 서비스가 더 중요한지를 판단하여 가치가 높은 곳에 더 집중해야 한다.

오티스 엘리베이터는 신속한 고객서비스A/S가 중요한 가치를 준다고 판단하여 Otisline System을 개발하였다. 이 시스템은 고객의 서비스요청전화가 접수되는 대로 수리에 필요한 기술을 가진 A/S요원을 바로 호출하도록 설계되어 고객 엘리베이터의 작동이 멈춰있는 시간을 최소화하는 것을 목표로 삼았다. 시스템은 서비스요청내용을 구체적으로 정확하게 고객서비스 DB에 저장한 후 해당 고객을 담당하는 기술자를 즉각적으로 호출할 수 있다. 이러한 신속한 소통을 통해 기술자는 수리에 필요한 부품과 지식이 무엇인지 즉각 알 수 있어 A/S에 필요한 준비를 사전에 할 수 있었다.

많은 전자상거래사이트가 컴퓨터 업그레이드용 메모리를 판매한다. 그런데 특히 crucial.com이라는 사이트는 판매하기 전에 메모리 옵션을 선택하는 일을 돕는 자동화 프로그램을 제공하고 있다. 대부분 사이트에서는 고객이 직접 자신의 컴퓨터에 맞는 메모리 사양을 선택해야 하는 번거로움이 있지만 crucial.com은 "Crucial System Scanner Tool"이라는 도구를 통해 고객 컴퓨터의 구성요소, 사양, 용량 등을 스캔한 후 호환에 문제가 없는 메모리 상품을 추천해준다. crucial.com은 자신의 주문프로세스에 구성·사양 탐색기를 결합하여 고객서비스프로세스에 가치를 더 부가함으로써 경쟁적 우위를 가질 수 있었다.

기업들은 가치를 창출하는 모든 경영활동을 보다 효율적으로 수행할 수 있도록 IT/IS를 적절하게 적용해야 하며 그 결과 전반적인 제조 및 서비스 원가를 최소화하고 고객의 필요에 신속하게 대응함으로써 경쟁적 우위를 확보할 수 있다. 특히 개방형 인터넷(네트워크)을 중심으로 구축되는 가상가치사슬의 구축은 기업들에게 중요한 IS전략이 될 수 있다.

가상가치사슬Virtual Value Chain

레이포트와 스비오클라는 물리적 제품과 장소를 의미하는 물리적 시장market place과 정보가 물리적 제품과 장소를 대체하는 사이버 시장market space을 구분하였다. 인터넷을 기반으로 하는 상거래 세계에서 우리는 어떻게 기업들이 사이버 시장에서 가치를 창조할 것이며, 어떻게 사이버 시장과 물리적 시장에서 가치를 창조하고 이들을 상호보완할 수 있을지를 생각해야 한다.

전통적인 가치사슬에서는 정보를 가치의 원천으로 보기보다는 지원적 요소로 생각한다. 그러나 사이버 시장에서 고객을 위한 새로운 가치를 창출하기 위해서는 정보를 적절하게 이용할 수 있어야 한다. 예를 들면, 미국의 택배회사 FedEx는 물류추적시스템을 개발하여 고객이 스스로 자기 물품의 현 위치를 조회할 수 있도록 정보를 공개하였다. 사이버 시장에서 가치를 창조하는 일은 정보가 전달되고 공유되는 가상적 가치사슬에도 적용된다. 사슬의 각 단계마다 정보를 통한 가치가 5가지 방법으로 추가된다. 즉 정보를 모으고gather, 조직하고organize, 선택하고select, 합성하고synthesize, 분배distribute하는 일이다.

가상가치사슬에서 기업이 정보를 이용하여 가치를 더하는 일은 3단계를 거치면서 계속 발전해 간다.

- 운영operation 상황을 투명visible하게 볼 수 있다.

  기업은 정보를 통하여 실제(물리적) 시장의 운영상황을 잘 알고 있어야 한다. 직원이 실제 운영상황에 대한 정보에 접할 수 있게 하면 실제 가치사슬망에 있는 모든 활동들을 더 잘 조정할 수 있게 되고 그로 인해 경쟁적 우위를 얻을 수 있다. 프리토레이사미국의 스낵 제조회사는 영업사원으로 하여금 매장에서 바로 제품 정보, 경쟁사의 제품 및 판촉활동을 휴대용 단말기를 이용하여 입력할 수 있도록 하고 있다. 이러한 정보를 통해 기업은 수요변동에 따라 생산스케줄을 더 잘 맞출 수 있게 되고, 더 효율적인 배달 루트를 정할 수 있으며, 현지에 보다 적합한 판촉이벤트를 기획할 수 있게 된다.

- 실제 활동을 가상 활동으로 대체한다.

  예를 들면, 가상디자인팀은 전 세계에 흩어져 있는 디자인팀의 구성원들을 가상공간에서 묶어주고 협력해서 디자인을 할 수 있도록 돕는다. 즉 시간과 공간이 이들의 재능과 기술을 묶는 일에 더 이상 제약조건이 되지 못한다. 각자가 작업한 것을 서로 공유하고 의견을 올릴 수 있는 인터넷 게시판, 이메일, 화상회의시스템 등이 이들에게 유용할 것이다.

- 가상공간에서 고객과의 관계를 형성한다.

  기업은 가치가 고객에게 잘 전달되도록 정보의 흐름을 잘 설계하여야 한다. 즉 가상공간을 근거로 한 새로운 고객관계를 구축하여야 한다. 여러 해에 걸쳐 USAA미국의 군인보험공제회사는 고객퇴역군인에 대한 정보를 모아 그것을 직원들이 접근할 수 있게 함으로써 더 나은 고객서비스를 제공할 수 있었다. 예를 들면, 고객별 리스크 프로파일을 만들어 고객에 꼭 맞는 맞춤형 보험 상품을 개발할 수 있었다.

사이버 시장Market space은 물리적 시장과는 다른 여러 가지 독특한 경제규칙을 가지고 있다. 첫째, 디지털 자산은 결코 소진되지 않고 여러 형태로 적은 비용으로 재사용될 수 있다. 둘째, 새로운 차원의 범주의 경제economies of scope의 이익이 있다. 회사 규모가 작더라도 고정비용이 적기 때문에 넓은 시장을 대상으로 큰 기업과 대등하게 경쟁할 수 있다. 마지막으로 사이버 시장에서는 거래비용이 낮기 때문에 과거에는 동일한 비용으로 얻을 수 없었던 정보를 모을 수 있도록 해 준다.

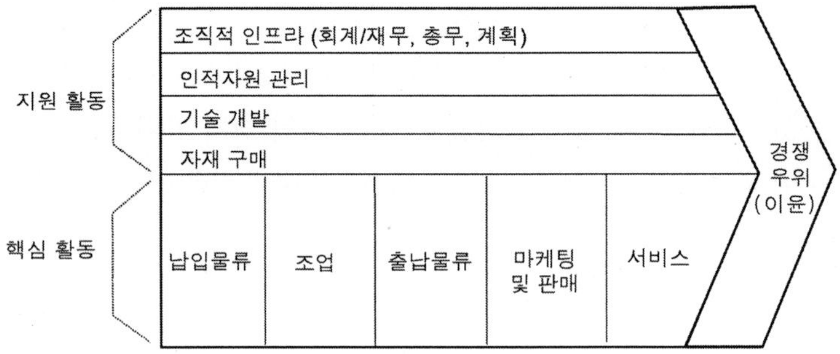

<그림 7-6> 가치사슬

5) e-비즈니스 가치 매트릭스(e-Business Value Matrix)

기업들은 제한된 자원을 다양한 사업과 IT프로젝트에 적절하게 분배해야 한다. 특히 CIO는 대기 중인 수많은 프로젝트들의 우선순위를 정하는 일에 큰 어려움을 겪고 있는데 포트폴리오 분석 방법이 큰 도움을 줄 수 있다. IT프로젝트의 우선투자순위를 결정하기 위해 미국의 Cisco사[5)]가 개발한 포트폴리오 분석 방법을 'e-비즈니스 가치 매트릭스'라고 부른다. Cisco는 관심을 가져야 하는 여러 프로젝트가 자사에 대해 가져다주는 가치value를 평가하여 다음 4가지 범주로 분류하였다.

- 새로운 근간들New fundamentals
- 운영적 탁월Operational excellence

5) 네트워크 장비 제조업체

- 합리적 실험Rational experimentation
- 급진적 혁신 전략Breakthrough strategy

각 프로젝트의 가치는 〈그림 7-7〉처럼 i) 사업을 향한 중요성, ii) 아이디어의 참신성이라는 2가지 관점에서 높고/낮음으로 평가하였다. 4(네) 범주의 프로젝트의 특징은 다음과 같다.

	사업을 향한 중요성	아이디어의 참신성
새로운 근간들	낮음	낮음
운영적 탁월	높음	낮음
합리적 실험	낮음	높음
급진적 혁신 전략	높음	높음

<그림 7-7> e-비스니스 가시 매트릭스

(1) 새로운 근간들(New fundamentals)

사업을 운영하는데 핵심부문이 아닌 비용overhead부문에서 새로운 업무방식을 구현하는 데 필요한 프로젝트를 말한다. 프로젝트의 위험도는 낮은 편이며, 생산성의 향상에 초점을 두는 프로젝트이다. 이러한 프로젝트는 운영방식(프로세스)을 개선함으로써 현저한 비용절감효과를 가져다줄 수 있다(예: 웹기반 보고서, 전자결제시스템). 이러한 프로젝트는 3-6개월 이내에 현격한 생산성의 향상을 보여줄 수 있도록 신속하게 관리되고 집행되어야 한다. 이러한 프로젝트는 흔히 IS부서의 주도하에 사용자들의 적극적인 참여 없이 신속하게 진행되며, 업무방식이 바뀌는 프로젝트이므로 기업문화의 변화도 수반되어야 한다.

(2) 운영적 탁월(Operational excellence)

운영적 탁월을 추구하는 프로젝트는 정보의 공유와 신속한 접근을 통한 프로세스 리엔지니어링을 필요로 하며 중간 정도의 위험도를 가진 프로젝트를 말한다. 즉각적인 효과나 보상을 기대하기는 어렵지만 일반적으로 고객만족의 증대와 운영적 유연성의 향상이라는 목표를 달성하는 데 필요한 프로젝트이다. 이러한 프로젝트는 구성원들에게 성과를 쉽게 보여줄 수 있기에 IS부서의 신뢰성을 높이는 데 크게 기여를 할 수 있는 프로젝트이다(예: 중역정보시스템). 이러한 프로젝트의 기간은 대략 12개월이며, 추진 프로젝트팀은 여러 부서에서 차출되는 직원들로 구성된다.

(3) 합리적 실험(Rational experimentation)

합리적 실험은 새로운 기술이나 아이디어를 실험하는 프로젝트여서 위험도가 매우 높다. 실험하고자 하는 개념(아이디어)이 옳은지를 검증하는 일이 주 목적이어서 몇 개월 정도 단기간에 끝낼 수 있어야 한다. 경쟁업체를 앞지르는 경쟁적 우위를 갖고자 하는 기업은 이러한 프로젝트를 적어도 몇 개는 진행시켜야 할 것이다. 예를 들면, 드론을 이용한 물류관리, 3D프린터 이용 시제품 개발, AI기반 고객센터 등이 여기에 해당된다.

이러한 프로젝트는 실험적이므로 실패하더라도 기업에 큰 타격을 줄 정도는 아니지만 성공할 경우에는 큰 사업적 기회가 될 수 있다. 이러한 인큐베이터 프로젝트는 단기간에 수행되는 실험형 사업이며 예산도 단계적으로 증액시켜 가야 한다. 풀타임 직원을 팀원으로 하여 프로젝트에 전념하게 할 필요가 있으며, 책임자가 반드시 IT부서 출신일 필요는 없다. 오히려 다양한 배경의 직원들을 모아 팀을 구성하는 것이 낫다. 그리고 실패하더라고 프로젝트 참여 직원들에게 책임을 물어서는 안 된다.

(4) 급진적 혁신 전략(Breakthrough strategy)

급진적 혁신 전략은 기업이나 그 업계에 엄청난 파급효과를 가져다 줄 수 있는 프로젝트이며, 많은 상상력이 요구되며 위험부담이 높은 프로젝트이다. 예를 들면, 초창기 e-Bay 인터넷경매회사는 사고파는 행위에 있어 세계적인 혁신을 일으킨 기업이었으며, 델컴퓨터도 온라인주문시스템의 구축을 통하여 PC 등 하드웨어 유통에 혁명을 일으킨 업체이다. 많은 기업들이 파트너 기업들과 엑스트라넷을 기반으로 한 SCM(공급망관리시스템)을 구축함으로써 엄청난 운영적 효율성도 얻을 수 있었다. 2018년 마켓컬리, SSG, 쿠팡 등의 전자상거래업체들은 새벽배송 서비스를 경쟁적으로 시작하였다. 주로 식자재를 배달하므로 냉장차 등 물류인프라에 많은 투자를 해야 하는데, 만일 실패 시 큰 타격을 줄 수 있는 급진적 혁신 전략이라 할 수 있다.

기업 내에서 소규모 벤처(스타트업)회사로 출발하지만 엄청나게 많은 투자를 요구할 수도 있다. 필요한 인재를 사내 여러 부서로부터 차출하며 차출된 구성원이 긴밀하게 협력할 수 있도록 지원해야 한다. 일반적으로 이러한 조직은 독립적으로 운영되며 최고경영자CEO, CFO에게 직접 보고하는 체계를 갖게 된다.

기업들은 자신의 IT포트폴리오를 분석해 보고 취약한 영역을 찾아 이 분야에 우선순위를 높인 사업 및 IS계획을 수립할 수 있을 것이다. 3장에서 미드사는 1990년대에 자신들이 보유하고 있는 시스템들의 특성을 중심으로 포트폴리오 분석을 하였다. 그 결과 자신들이 보유하고 있는 시스템들이 주로 효율적인 내부운영과 전통적 제품과 프로세스를 지원하고 있다는 사실을 알았고, 향후 노력을 i) 운영의 구조적인 변화를 주는 방향(비즈니스 리엔지니어링)과 ii) 공급자와 고객을 연결하는 네트워크의 확장(SCM의 확충)에 더 치중하기로 결정하였다.

[사례] 시스코의 e-비즈니스 가치 매트릭스

미국의 시스코Cisco는 네트워크 장비 제작과 판매에 있어 세계 최고인 회사이다. 시스코는 IT프로젝트 포트폴리오 관리를 위해 앞에서 설명한 e-비즈니스 가치 매트릭스e-Business Value Matrix를 활용하였다. 새로운 근간들New fundamentals, 운영적 탁월Operational excellence, 합리적 실험Rational experimentation, 급진적 혁신 전략Breakthrough strategy에 해당하는 시스템의 예를 들어보자.

새로운 근간들(New fundamentals)

중역들에게 있어 출장비 정산과 보고서 작성은 매우 성가신 일이다. 시스코는 15명으로 구성된 팀(그중에 8명은 IT부서에서 차출)을 만들어 쉽게 쓸 수 있는 온라인 출장정산 및 보고시스템Metro을 구축하였다. Metro는 출장비를 정산하는 방식을 근본적으로 바꾼 시스템이라 할 수 있다.

직원이 출장비를 정산하려면 그냥 웹사이트에 들어가서 보고서를 작성하기만 하면 된다. Metro는 직원이 회사의 출장방침을 준수했는지 확인을 해주며, 환율 조회를 위해 경리부서와 자문을 해주기도 한다. 일단 제출된 보고서는 결제라인에 있는 상사에게 돌게 되고 그 과정에서 보고서의 목적, 출장비용, 출장방침의 준수여부를 설명해 준다. 결제과정에서 문제가 없으면 2-3일 안으로 출장비를 직원의 계좌에 지불해 준다. 이 시스템은 매우 편리해 많은 직원들이 이 시스템을 빨리 받아들였다.

운영적 탁월(Operational excellence)

시스코의 중역들은 해당 부서의 성과를 일목요연하게 볼 수 있는 중역정보시스템 서비스를 받고 있다. 중역정보시스템의 각 메뉴들은 기업의 데이터웨어하우스와 연결되어 있다. 중역정보시스템은 중역에게 꼭 필요한 정보를 24시간 업데이트하여 제공하며, 중역이 원할 때 신속하게 상세정보에도 접근할 수 있도록 도와준다. 그래서 언제라도 자신이 책임지고 있는 부서의 성과(수입, 지출, 시장점유율, 이율 등)를 확인할 수 있다.

합리적 실험(Rational experimentation)

정보가 물 흐르듯 하게 하고, 보다 정교한 전략적 기술을 구사하기 위해 시스코는 Delta Force라는 시스템을 만들었다. 애플리케이션과 최종사용자 사이에는 항시 갭이 있기 마련이다. 경영자는 자신의 복잡한 문제해결을 위해 정교한 모델로 구성된 시스템을 원하지만 IT개발자는 정작 그러한 시스템을 제공하기 어려워 하고, IT개발팀이 힘겹게 만든 시스템이지만 용도가 경영자에게 딱 맞지 않는 경우가 비일비재하다. 그래서 시스코는 지속적으로 실험적 시스템을 시도해 오고 있다. 예를 들면, IPTV(스마트TV)를 통해 전 직원들이 온라인으로 회의를 할 수 있는 시스템을 만들었다. 만일 시스템이 유용한 것으로 증명이 되면 신제품교육을 할 때 활용할 수 있을 것이다.

급진적 혁신 전략(Breakthrough strategy)

시스코는 앞에서 배운 가상가치사슬SCM의 구축을 급진적 혁신 전략으로 보았다. 26개의 공장이 시스코 제품을 생산하고 있는데 시스코가 소유하고 있는 것은 5개에 지나지 않는다. 따라서 '감지와 대응Sense-and-Respond 전략'을 구사하기 위해 시스코는 자본을 설비에 너무 묶이지 않도록 하고, 효과적인 공급망supply chain구축을 통해 경쟁력을 확보해야 한다. 쉽지는 않겠지만 시스코가 시도하는 가상가치사슬망 또는 가상제조시스템이 만일 잘못된다면 시스코는 심각한 타격을 받을 수 있다. 그렇지만 이 프로젝트가 성공할 경우에는 시스코에 엄청나게 큰 이익을 가져다 줄 수 있기 때문에 시도를 하는 것이다.

6) 연관성 분석 계획법(Linkage Analysis Planning)

연관성 분석 계획법은 전자적 채널을 이용하기 위한 전략을 구축할 목적으로 다른 조직들과 맺고 있는 연결고리를 분석하는 방법이다. 연관성 분석 계획은 다음과 같은 3단계를 거친다.

(1) 다양한 관련 조직들과 파트너들의 힘의 역학구조power relationship를 규명한다.
(2) 공급자, 고객, 전략적 파트너를 포함한 '확대기업extended enterprise'그림을 그린다.
(3) 제품이나 서비스의 정보부분을 전달하는 전자채널을 계획한다.

(1) 힘의 역학구조를 정의한다.

기업 간 전자적 링크electronic link를 만들기 위한 전략을 수립하기 위해서는 먼저 기업과 연관을 맺고 있는 공급자, 고객, 경쟁업체, 정부기관들 사이에 존재하는 힘의 역학구조를 이해할 필요가 있다.

이를 위해 프리모직 등은 마이클 포터의 '5가지 경쟁적 힘의 모델'에서 나온 i) 경쟁의 강도, ii) 공급자의 협상력, iii) 구매자의 협상력, iv) 대체재의 위협, v) 신규 경쟁업체의 진입 위협이라는 5개 경쟁적 요소에다 기술, 인구통계, 글로벌 경쟁 환경, 정부의 규제 등을 추가한 모델을 제시하였다. 프리모직 등이 제시한 2단계는 다음과 같다.

① 파워(권력)를 가진 조직을 찾는다. 즉 협상력이 더 크거나 미래에 위협이 될 수 있는 링크를 가진 조직이 있는지를 확인한다.
② 기업이 직면하고 있는 미래의 위협과 기회를 찾는다.

이어 구체적인 분석은 다음과 같은 과정을 밟는다.

① 먼저 기업이 타 조직들과 관계를 맺고 있는 모든 연관관계linkage를 찾는다.
② 각 연관관계를 어느 조직이 통제하고 있는지 알아본다.
③ 아무도 통제하지 않고 있는 그러나 중요한 연관관계를 찾아 통제하는 방법을 찾는다.

21세기에 성공하는 기업들은 이렇게 찾아낸 연관관계를 전자적 채널로 연결하고 이를 통제하는 기업일 것이다.

(2) "확대기업"을 그린다.

전 단계에서 얻은 해답을 근거로 '확대 기업'그림을 그려야 한다. "확대 기업"이란 자신의 기업과 그 기업과 거래를 하는 모든 조직들, 즉 공급업체, 유통업체, 고객, 주주, 정부기관 등을 모두 포함하는 조직개념이다(〈그림 7-8〉참조).

'확대기업'을 그려봄으로써 경영자는 확대기업의 개념을 이해할 수 있게 되고 그 속에 존재하는 다양한 관계를 관리할 필요성을 느끼게 된다. '확대기업' 관리를 위한 두 가지 원칙은 다음과 같다.

① 기업의 성공은 직원, 관리자, 공급자, 제휴업체, 유통채널 등을 포함하는 모든 개체들과의 관계에 의해 좌우된다.
② 재화와 서비스 비용의 70%는 정보 콘텐츠가 차지하므로 전략적 도구로써 정보를 전자채널을 통해 관리하는 일이 매우 중요하다.

확대기업에서 관련 조직들이 모두 성공하기 위해서는 상생에 필요한 윈-윈win-win 전략을 구사해야 한다. 예를 들면, 공급자는 구매자에게 JITjust-in-time방식으로 부품을 공급을 해 줌으로써 재고비용을 줄이는 데 기여하는 한편, 구매자는 부품이 공급되는 즉시 전자적으로 현금을 지불함으로써 유동성의 이익을 제공한다.

(3) 전자채널(electronic channel)을 계획하라.

전자채널이란 오늘날 제품이나 서비스에 가치를 부여하는 정보와 지식을 생성하고, 유통하고, 제시하는 데 사용되는 전자적 링크, 즉 네트워킹을 말한다. 전자채널은 마케팅, 사무, 유통, 고객서비스와 같은 부문에서 필요한 제품·서비스의 정보의 창출에 초점을 둔다. 이 전자채널을 지배하는 기업은 틈새시장niche market이 부상할 때마다 신속하게 그 시장에 접근할 수 있기 때문에 21세기의 성공적 기업이 될 것이다. 인터넷의 확산으로 세계는 보다 좁아지고 빨라지면서, 가장 긴 효율적인 전자채널을 확보한 기업이 21세기에 경쟁적 우위를 확보할 것이다.

연관성분석계획법을 이용하면 자신뿐만 아니라 관련 조직들까지 전체를 볼 수 있는 시각을 가질 수 있어 보다 복잡하게 얽혀 있는 다양한 이슈들을 발견할 수 있으며, 그런 확대기업의 성공에 결정적인 영향을 미치는 전자채널의 확대와 통합에 필요한 각종 노력들을 계획할 수 있다. 오늘날 개방형 인터넷은 이러한 전자채널의 구축과 확대에 매우 우호적인 기술적 인프라가 되어주고 있다.

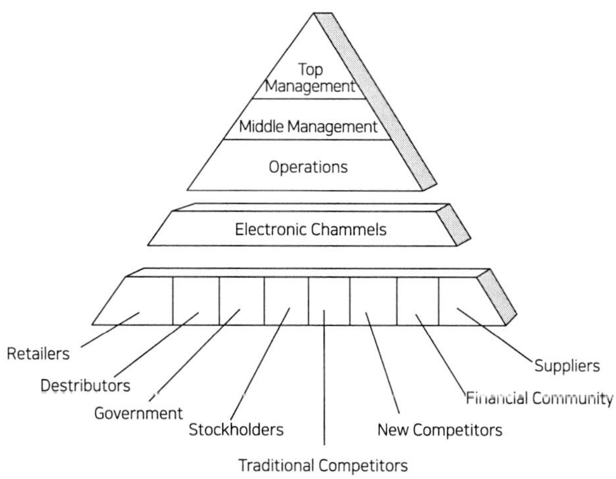

<그림 7-8> 확대기업

7) 시나리오 계획법

시나리오란 연극이나 영화를 만드는 데 필요한 대본에서 나온 용어로서 미래에 경제나 국가 그리고 사업 환경이 어떻게 전개되어 갈지를 얘기하는 스토리라 할 수 있다. 시나리오가 있으며 사람들은 실제로 변화하는 삶의 다양한 관점을 보다 잘 이해할 수 있고, 그로 인해 시나리오에 서술된 미래에 도달하는 길을 쉽게 모색할 수 있다.

시나리오 계획법은 미래를 예측하려는 것이 아니라 달라질 미래를 결정짓는 힘(요인)을 탐색하고 이러한 변화가 일어날 때 선택해야 하는 행동을 사전 예측함으로써 실행을 돕는다.

우리는 과거의 자료를 정교하게 분석하여 장기계획을 수립하는 방법을 잘 알고 있지만 이러한 방식은 커다란 추세변화를 동반하는 확률이 낮은 이벤트(변화)를 예측하는 데는 적합하지 않다. 그래서 시나리오 기법이 필요하다. 시나리오 계획법은 다음과 같은 4단계를 거친다.

(1) *해결해야 하는 문제와 분석에 포함되는 시간대를 정의한다.* 이때 CIO가 던질 수 있는 질문의 하나는 "지금부터 10년까지 정보시스템은 어떻게 관리되어야 할 것인가"이며, IS 요원의 질문은 "성공적인 커리어개발을 위해 지금 내가 갖추어야 하는 기술은 무엇인가"가 될 수 있다.

(2) *해결해야 하는 문제에 지대한 영향을 미칠 주요 트렌드를 찾는다.* 일반적으로 시나리오 기획자는 이런 트렌드를 사업 환경, 정부와 규제, 사회적 트렌드, 기술적 트렌드, 글로벌 환경이라는 카테고리를 이용하여 분류한다. 도출된 트렌드들은 각각이 미칠 영향력이나 영향의 방향성 측면에서 검토되어야 할 것이다. 영향력을 측정하기도 어렵고 때로 상충되는 트렌드는 '불확실한' 트렌드로 분류하여야 할 것이다.

(3) *몇 가지 불확실한 요인을 찾는다.* 이러한 불확실한 요인은 불확실성의 강도에 따라 '높음', '낮음'으로 나누고 각각에 대해 별도의 시나리오를 만들므로 4개의 시나리오를 도출하게 된다. 이 단계는 현실적으로 일어날 수 있는 확률이 가장 높은 시나리오만이 아닌 예상 밖으로 전개될 수 있는 독특한 미래 상황도 고려해 넣기 위해서이다.

(4) *시나리오를 쓴다*. 각 시나리오는 불확실성과 일어날 가능성에 근거하여 쓰여진다. 일어날 가능성을 시나리오에 반영하기 위해서 시나리오 기획자는 미래의 진로를 바꿀 수 있는 '촉발 사건triggering event'을 포함한다. 촉발 사건의 예는 세계적으로 충격적인 사건(9.11 테러 사건, 한미 FTA 통과, 금융위기), 어떤 그룹이 내린 행동(법원의 주요판결), 사업적 사건(엔론, 월드콤 등 거대기업의 파산)이 될 수 있을 것이다. 시나리오는 과정의 결과와 어떻게 그 결과에 이르는지를 서술한다.

경영자는 이렇게 개발된 시나리오들을 손에 들고 자신의 현재 전략이 각각의 경우에 유효한지를 고심해야 한다. 현재보다 나은 전략은 없는지를 고심하고 트렌드의 변화를 감지하는 데 필요한 측정기준도 설정해야 한다.

[사례] 로열더치쉘 '에너지 위기 극복' 시나리오 경영

'시나리오 경영'이란 말을 들어 보았는가? 어디로 튈지 모르는 불확실한 상황에서 미래에 닥칠 몇 가지 큰 방향을 그려 보는 일이다. 영화를 찍기 전에 미리 시나리오를 써두는 것과 마찬가지다. 단 시나리오가 한 가지가 아니라 여러 가지라는 데 차이가 있다. 나아가 각 시나리오가 현실이 된다는 가정하에 벌어질 구체적인 상황을 예상하고, 그에 걸맞은 대안을 고민해 보는 일이다. '이 경우엔 이렇게, 저 경우엔 저렇게' 식의 미래 전망이 무슨 의미가 있느냐며 냉소冷笑하는 사람도 있다. 그러나 어떤 식이든 미래를 미리 예상해 보는 작업은 의미 있다. 돌발 상황이 닥치더라도 미리 예상해 본 범주 안에 있다면 당황하지 않고 대응할 수 있기 때문이다.

40여 년간 시나리오 경영 기법으로 톡톡히 효과를 본 회사가 바로 로열더치쉘이다. 에너지산업처럼 전쟁·천재지변·정치적 소요·사회적 격변 등 다양한 외부 요소들의 영향을 받는 산업에서 중요한 전략적 결정을 내리는 데 시나리오 분석은 빠뜨릴 수 없는 핵심 요소이다. 네덜란드의 에너지 기업 로열더치쉘Royal Dutch Shell은 1970년대에 시나리오 분석을 통해 두 차례의 오일쇼크 가능성을 예측하고 성공적으로 대응했다. 그 결과로 1970년대 초 업계 5위권에서 1970년대 후반 2위로 뛰어올랐다. 이 회사엔 1971년 피에르 벡Wack이라는 미래학자의 주도로 시나리오 분석팀이 만들어졌으며, 현재 정치·경제·사회·과학 등 각 분야의 세계적 전문가 12명이 일하고 있다. 쉘의 전략 두뇌 집단이다.

이 사례는 두 부분으로 나뉜다. 첫째는 '시나리오 경영 전문가' 공초운Khong Cho-Oon 쉘 수석 정치분석가와 인터뷰이며, 둘째는 쉘이 실제로 어떠한 과정을 거치면서 시나리오를 작성하는 지를 설명한다.

Part I

Q. 쉘이 시나리오 작업에 뛰어든 계기는 뭔가요.

A. 1970년대 초 쉘의 일부 경영진은 미래의 불확실성에 대해 불안감을 느끼면서 장차 사업에 악영향을 미칠 수 있는 것이 있다면 어떤 것이 있을지 알고 싶어 했습니다. 그래서 미래학자들의 미래 전망 기법을 도입해 앞으로 일어날 수 있는 일에 대한 다양한 방향성에 대해 몇 가지 시나리오를 내놓기 시작했죠. 1970년대 초에 나왔던 한 가지 시나리오는 에너지산업이 직면할 수 있는 가장 큰 도전 과제 중 하나로 에너지 공급이 차질을 빚는 상황을 제시했습니다. 그 원인 중 하나로 지목한 것이 중동中東의 불안정한 정세였습니다. 그런데 실제로 1973년도에 첫 번째 중동 전쟁이 발발하면서 시나리오에 나왔던 에너지 공급 차질오일 쇼크이 빚어졌습니다. 시나리오를 심각하게 받아들이고 미리 대비했던 쉘은 위기를 잘 넘겼고, 경쟁 기업들을 젖히고 올라섰습니다. 시나리오의 덕을 톡톡히 본 것이죠. 그 이후에도 쉘의 시나리오는 상당히 성공적이었습니다. 2000년대의 유가 상승 가능성과 1990년대의 반反 세계화 움직임도 예측했죠.

Q. 시나리오 작업은 어떻게 합니까?

A. 우선 제가 이끌고 있는 12명의 전문가들이 서로 분야를 나눠 관련 정보를 모읍니다. 주로 각 분야의 사람들을 인터뷰하는데, 대화 상대가 워낙 많아서 일일이 언급하기가 힘들 정도입니다. 그들과 함께 워크숍도 자주 갖습니다. 12명 팀원이 각각 인맥도 다르고 정보 소스도 달라서 정말 다양한 정보들이 모입니다. 다양한 내부 모델링 작업을 통해 구체적인 수치도 산출해 보죠. 올해 발표한 2050년까지의 장기 에너지 시나리오의 경우는 약 2년여의 시간이 걸렸습니다. 특정 국가나 주제에 초점을 맞춘 세부적인 시나리오에 대한 작업도 했지요. 이런 세부 시나리오는 몇 개월 만에 만들 수도 있습니다.

Q. 시나리오 작업을 잘 하는 비결은 무엇인가요?

A. 첫째, 서로 다른 의견을 존중할 수 있어야 합니다. 합리적인 사람이라면 항상 비슷한 생각을 할 것 같지만, 실제로는 전혀 그렇지 않습니다. 같은 일에 대해서도 저마다 다른 시각이 있을 수 있다는 것을 받아들이고, 적극적으로 포용해 통합하는 포괄적인 시각을 가져야 합니다. 둘째, 시나리오 토론 과정에 핵심 경영진이 참여해야 합니다. 시나리오 분석은 예상의 정확성이 중요하겠지만, 경영진이 시나리오를 보고 구체적으로 뭔가 행동에 나서는가가 더 중요합니다. 시나리오 분석 결과를 사후 보고 받는 것만으로는 기업 고위층이 뭔가 영감을 받기 힘듭니다. 직접 시나리오 토론 과정에 참여하면 스스로 열린 사고를 가지게 되고, 시나리오의 의미를 더 잘 이해하게 됩니다. 셋째, 한번 결론이 난 사안이라고 하더라도 끊임없이 의문을 던지고 도전해야 합니다. 미래의 가능성은 항상 열려 있으니까요.

시나리오는 도전적이어야 합니다. '지금 하던 대로 계속하라'거나 '미래는 지금 하고 똑같을 것'이라는 시나리오는 의미가 없습니다. 시나리오를 만들 때는 모든 것이 불확실해 보입니다. 하지만 단 하나 확실한 것이 있습니다. 미래에 변화가 있을 것이라는 사실이죠.

쉘은 에너지 기업인 만큼 에너지관련 시나리오를 짠다. 시나리오의 배경엔 세 가지 전제가 있다. 첫째, 인구 증가와 경제 발전으로 에너지 소비가 지속적으로 증가하고 있다. 둘째, 에너지가 고갈되고 무기화되면서 에너지 수급 불균형의 우려가 커진다. 셋째, 이산화탄소 배출량 증가로 인한 환경 문제가 날로 심각해지고 있다.

이 세 가지 전제를 중심으로 장차 어떤 일이 벌어질 수 있을까? 쉘은 두 가지 시나리오를 내놓았다. 하나는 이전투구泥田鬪狗·scramble 시나리오이고, 다른 하나는 청사진blue print 시나리오이다.

전자는 세계 각국이 에너지 확보 경쟁을 벌이며, 위의 세 가지 에너지 문제에 저마다의 방식으로 대처하다가 심각한 에너지 위기를 겪게 될 경우를 가정한다. 이 경우 지구 온난화는 가속화되고, 국가 간 갈등은 첨예해질 것이다. 후자는 반대로 탄소 배출량 절감을 위한 국가 간 공조 체제가 등장할 경우를 가정한다. 탄소 배출권 거래가 활성화되고, 다양한 형태의 신재생 에너지와 청정 연료가 보급된다(현재 이 시나리오가 진행되는 듯 하다.).

비관적인 시나리오와 낙관적인 시나리오를 하나씩 내놓고, 둘 중 어느 쪽도 될 수 있다니 싱겁게 느껴진다. 시나리오 분석의 태생적 한계일 것이다. 하지만 각 시나리오에 따라 전개될 상황을 구체적으로 묘사해 보는 데 의의가 있다. 그런 작업을 통해 상식과는 다른 통찰력을 얻을 수도 있다.

예를 들어 쉘이 두 시나리오에 따라 2050년의 신재생 에너지 사용량을 예측했다. 그랬더니 청사진 시나리오보다 이전투구 시나리오 쪽의 신재생 에너지 사용량이 약 40% 많은 것으로 추정됐다(아래 그림 참조). 상식적으로는 그 반대이어야 하는 것 아닐까? 바로 그런 점 때문에 시나리오 분석 방법이 필요하다. 상식으로는 놓치기 쉬운 부분을 훨씬 더 현실적으로 보여준다. 이전투구 시나리오는 각국이 에너지 국수주의적인 정책을 추진하는 시나리오이다. 따라서 에너지 위기가 닥칠 때 각국 정부는 신재생 에너지에 대한 보조금을 대거 투입해 신재생 에너지의 비중을 크게 끌어올린다. 청사진 시나리오의 경우도 물론 신재생 에너지 사용이 늘어나지만, 그 속도는 상대적으로 느리다.

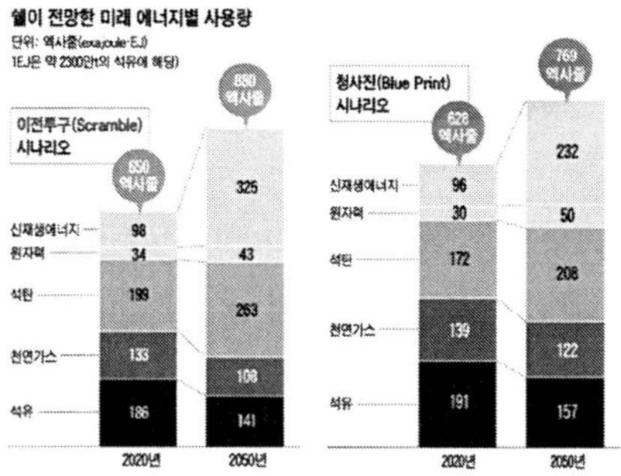

그렇다고 해서 이전투구 시나리오가 더 좋다는 의미는 결코 아니다. 전체적인 에너지 소비량 예측을 보면 청사진 시나리오 쪽이 이전투구 시나리오에 비해 14% 정도 적다. 국가 간 협력을 통해 에너지 소비량이 줄어들고, 에너지 소비 효율성도 높아지기 때문이다. 물론 이산화탄소 배출량도 훨씬 적다.

어느 시나리오로 가든 원자력의 비중이 전체 에너지의 4.9~6.5%(청사진 쪽이 6.5%이다) 정도로 매우 낮게 예측된 점도 특이하다. 국제원자력기구(IAEA)는 2050년의 원자력 비중을 최대 11.9%로 예측했다. 원자력 같은 특정 에너지가 만병통치약이 될 수는 없다. 원자력 발전에 쓰이는 우라늄은 매장량이 희소한 자원이기 때문이다. 시나리오에서 원자력의 비중을 낮게 보는 이유 중 하나이다(*신기하게도 2017년 문재인 정부의 원전폐기정책을 예측한 듯하다*).

▸ 시나리오 경영이란?

미래에 대한 불안감이 높은 상황에서 위험 요인을 최소화하기 위한 계획기법이다. 정치·경제·사회적 변화 요인과 이것이 기업에 미치는 영향을 여러 갈래의 각본으로 작성하고, 각각의 상황에 대한 대응책을 만들어 본다. 1990년대 초반 일본에서 큰 호응을 얻었고, 우리나라에서는 1996년 이건희 삼성그룹 회장이 신년사에서 언급하면서 널리 알려졌다.

[자료원] 조선일보 Weekly Biz, "다가올 에너지 위기 '시나리오 경영'으로 대비하라", 2011. 1. 10.
http://weeklybiz.chosun.com/site/data/html_dir/2011/01/07/2011010701109.html

제8장 팽창하는 컴퓨팅의 세계와 4차 산업혁명

제8장 팽창하는 컴퓨팅의 세계와 4차 산업혁명

컴퓨터와 IT의 활용과 영향력은 〈그림 8-1〉과 같이 계속 팽창해 왔다. 1970년대, 1980년 중반까지는 기업의 전사적 시스템enterprise system을 통하여 사무실에 있는 직원on-site employee들을 주로 지원하였다. 1980년 중반부터 LAN근거리통신망과 EDI전자문서교환시스템이 구축되면서 사적인 폐쇄형 네트워크를 통하여 공급업체와 고객기업이 자사의 컴퓨터시스템에 접근하는 일을 허용하기 시작하였다. 1980년 후반부터 이동식 소형 컴퓨터가 출현함에 따라 IS부서는 그들의 직원이 어디에 있더라도 회사의 컴퓨터에 접근할 수 있도록 해주었다. 개방형 인터넷과 WWW월드와이드웹의 확산으로 인해 회사 정보시스템에 일반 소비자들까지 접근할 수 있게 되었다. 오늘날 모바일 고객들은 무선으로 기업의 컴퓨터 시스템에 접근하여 상거래를 할 수 있으며, 이제 e-비즈니스 환경에서 모바일 고객들을 안전하게 서비스하는 일이 IS부서의 중요한 책임이 되었다.

개방형 인터넷이 모든 고객고객, 공급업체, 파트너 등을 통합하면서 데이터처리의 핵심적인 인프라가 되었음을 6장 '인터넷 중심 컴퓨팅'에서 이미 설명하였다. 이제 IT/IS는 더 이상 단일 고객을 대상으로 하지 않는다. 직원(모바일, 사무실), 공급업체, 파트너, 고객 등 모든 내·외부 고객은 인터넷, 인트라넷, 엑스트라넷을 통하여 서비스될 수 있다. 사무실에 있는 직원이나 이동 중인 직원은 인트라넷BtoE에 의해서 서비스되며, 공급업체와 파트너는 웹사이트나 엑스트라넷BtoB을 통하여 업무를 볼 수 있다. 한 장소에 머무는 고객이나 모바일 고객은 PC나 모바일 기기를 통하여 BtoC 웹사이트에 접속하여 서비스를 받을 수 있다. 오늘날 기업 컴퓨팅을 이루는 3가지의 핵심기술은 다음과 같다.

- 인터넷
- 모바일 및 무선 컴퓨팅
- 풍부한 미디어 컨텐츠

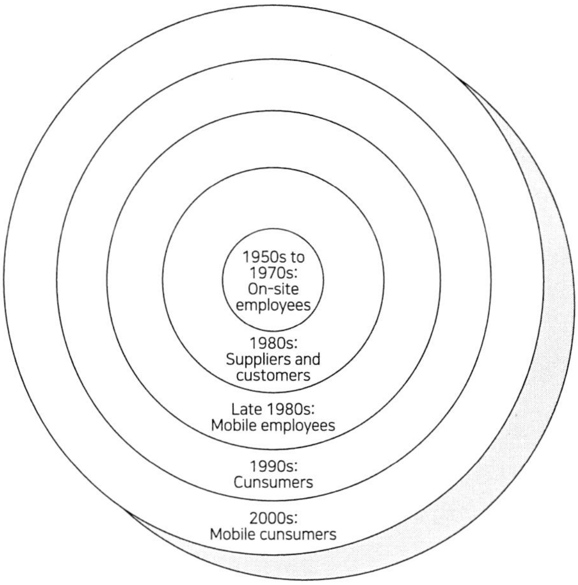

<그림 8-1> 팽창하는 기업 컴퓨팅 서비스 사용자

8.1 낙타형 기술도입 모형

시장조사기업인 양키그룹과 Find/SVP는 미국의 1억 가구家口가 최신 기술을 받아들이는 순서를 기준으로 〈그림 8-2〉와 같이 낙타형 기술도입 모형을 제시하였다. 텐트는 신기술과 신제품을 만드는 기업과 연구소 그리고 그것을 열망하는 소비자그룹을 의미한다.

1) 50만 가구는 신기술을 갈구하며 계속 냄새를 맡는 혁신적 그룹이다.
2) 5백만 가구는 신기술을 비교적 빨리 도입하는 초기 소수 도입자들이다.
3) 3천-3천5백만은 신기술을 초기에 도입하는 다수 도입자들이다.
4) 4천-5천만은 신기술을 나중에 도입하는 다수 도입자들이다.
5) 1천-1천5백만은 신기술에 역행하는 그룹이다.

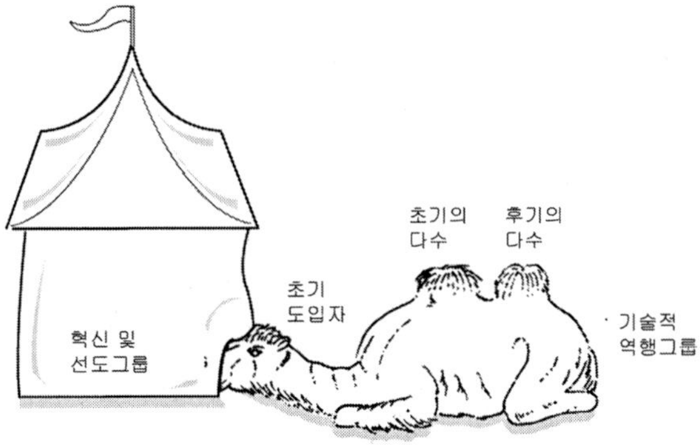

<그림 8-2> 낙타형 기술도입 모형

1) 혁신 및 선도그룹

이 그룹은 새로운 기술을 절대적으로 열망하는 그룹이다. 이러한 그룹의 사람들은 대다수가 열정과 비전이 자산이라 할 수 있는 소프트웨어, 하드웨어, 정보서비스 등 첨단 IT 기업에서 일하고 있다. 규모가 큰 IS부서는 신기술을 감시하고 그 기술을 언제 어떻게 실험할지를 결정하는 첨단기술그룹advanced technology group을 두고 있다. 중소기업의 경우, 이러한 집단이 기업을 주도하게 되면 가용자원을 순식간에 다 써 버리는 낭패도 발생할 수 있다. 첨단 IT AI, 드론, VR, 3D프린터 등와 정보서비스앱, SNS, 결제시스템 등가 출시되면 아직 그 안정성과 시장성이 검증되지 않았음에도 가장 먼저 사용하거나 동참하는 창조적 소비자들도 이 그룹에 포함된다.

약간의 예산으로 이러한 그룹들의 활동을 지원하되 이들로부터 신기술의 가능성을 배워가는 것이 중요하다. IS 예산중에 1-3%정도를 이러한 R&D 프로젝트에 쓰는 것이 적절하다. 그러나 이들의 아이디어에 큰 투자를 하기 전에 반드시 시장테스트를 거치는 일이 필요하다.

2) 초기 도입자(초기 고객들)

이 그룹은 혁신 및 선도그룹 못지않게 신기술과 신제품을 우선적으로 받아들이는 그룹이다. 모바일 기기스마트폰, 태블릿PC 등를 활용하여 인터넷을 통해 접근할 수 있는 수많은 사이트에 접속하여 최신 정보를 얻고, 유용한 IT서비스나 앱app이 있으면 즉시 활용하며 기업의 마케팅 행사 등에 적극 참여하는 소비자 그룹이라 할 수 있다. 조직 내에서도 새로운 시스템이나 정보서비스가 도입되면 가장 먼저 활용해 보고 문제점을 찾아 개선사항을 요청하고, 사용하지 않은 동료들에게 도입을 권하는 그룹이라 할 수 있다.

기업들이 이러한 그룹의 내·외부 사용자들의 참여와 의견을 무시하면 중요한 시장의 기회를 놓칠 수도 있으므로 적절하게 관리될 필요가 있다. 이러한 그룹은 IS부서의 지원과 격려가 필요하지만 조직과 부서 전체를 압도하도록 내버려 두어서는 안 된다. 즉 몇 가지 초기 성공사례에 주목함으로써 새로운 프로젝트나 서비스의 개발과 구현 그리고 보완에 힘을 얻도록 하는 정도로 두어야지 조직의 자원을 지나치게 낭비하도록 두어서는 안된다. 이 그룹에 속하는 사용자와 소비자의 반응과 의견은 '초기의 다수(최초의 큰 물결)'를 이끌어내는 전략에 활용하기 위해 면밀하게 관찰될 필요가 있다.

3) 초기의 다수: 최초의 큰 물결

두 차례의 대규모 소비(도입) 물결 중에 첫 번째 경우에 해당되는 그룹이다. 이 그룹은 신기술을 사용할 의도는 있으나 누군가의 동기부여와 지원을 필요로 하는 사람, 부서 또는 기업들을 말한다. 따라서 이들은 스스로 신기술과 제품의 효용과 장단점을 평가하고 선택할 수 있는 개척자도 아니며 모험가들도 아니다. 이 그룹은 최신의 기술용어, 수많은 무선기기와 서비스, 인터넷을 무선으로 이용할 수 있는 각종 옵션들, 보안문제 등에 대한 충분한 지식이 부족하여 소비결정에 자신감이 결여되어 있는 그룹이다.

이 집단이 취하는 선택과 행동은 향후 '후기의 다수(신기술에 대한 회의론자)'가 신기술을 도입하는 데에 큰 영향을 미칠 수 있다. 신기술이 사업과 시장의 성공에 미치는 영향은 이러한 초기의 다수가 그 기술을 어떻게 받아들이느냐에 많이 좌우된다. 따라서 IS부서는 이 그룹이 기업, 고객, 경쟁적 상황을 어떻게 판단하는지 이해할 필요가 있으며, 이들이 업무를 처리하거나 문제해결을 위해 활용될 수 있는 신기술(예: AI 애플리케이션, 데이터의 처리 및 분석도구, 웹서비스 구축, 단톡방 운영, 화상통화 등)에 친밀감을 갖도록 하는 데 필요한 전략을 세울 필요가 있다.

IS부서는 내·외부 고객이 신기술을 쉽게 수용할 수 있도록 편리한 UI/UX를 구축하며, 여러 가지 옵션을 제공하는 데 민감해야 하며, 이러한 옵션들에 대한 자세한 설명과 교육을 제공할 필요가 있다. 이때 IS부서가 스스로 던져야 할 질문들은 다음과 같다.

- 직원들은 모바일용 전자결제 및 이메일 서비스를 필요로 하는가?
- 직원들은 업무용 단체 톡방의 운영을 원하는가? 원한다면 어떠한 추가적 기능을 필요로 하는가?
- 새벽 택배배달 시 고객들의 겪는 애로사항과 이를 해결하기 위한 기술적 대안은 무엇인가?

이러한 그룹을 위한 신기술에 투자하기 위해서는 신기술의 불편함으로 인해 개인과 그룹이 겪을 수 있는 시간과 노력의 낭비를 충분히 고려해서 신기술의 비기술적 측면을 이해할 필요가 있다. 이를 위해 현업 사용자와 고객들이 일을 처리하는 방법과 절차에 대해 충분히 이해할 필요가 있다.

4) 후기의 다수(신기술에 대한 회의론자)

후기의 다수(개인, 부서, 기업)는 신기술을 두려워하지 않으나 수반되는 위험과 비용을 심각하게 생각하는 그룹이다. 이들은 신기술에 대한 충분한 정보를 확보한 후 신기술이 자신들을 위해서 무엇을 해 줄 수 있을지에 대한 확실한 사전지식을 바탕으로 결정하는 그룹이다. 이들이 던지는 일반적인 질문은 '이 신기술을 통하여 얻을 수 있는 진정한 이익은 무엇인가?'이다.

이 그룹을 위해서 IS부서는 신기술이 제공하는 기회를 설명할 때 기술의 도입에 수반되는 위험과 비용에 대한 객관적인 정보를 충분히 제공해 주어야 한다. 이 그룹에게는 기술의 도입에 따른 개인정보 보안 등 핵심적인 문제들에 충분한 관심을 보여야 하며 그들의 수준에 맞춰 적절하게 설명할 수 있어야 한다. 가령 미국의 Lands' End사의류유통업체의 경우, 전통적인 오프라인 방법으로 제품의 정보를 얻고 구매할 수 있지만, 인터넷을 통한 온라인 방법은 추가적인 정보를 얻고 보다 편리하다는 식으로 설명할 수 있다. 실제 Home Depot 미국의 건축자재 대형소매점 체인의 온라인 사이트에는 실제 인근 오프라인 가게에서 파는 물건만을 전자카탈로그에 게시한다. 즉 기업의 웹 사이트를 독립된 온라인 스토어로 가동하는 한편, 지역의 전통적인 오프라인 스토어가 기존 고객과 맺고 있는 관계와 그 지역에서 갖고 있는 명성을 희생하지 않고 고객에게 더 많은 정보를 제공하는 보조적인 수단으로 활용하는 것이다.

5) 기술적 역행그룹

이 그룹에 속한 사람, 부서, 기업들은 신기술에 저항하는 그룹이다. 예를 들어, 이 그룹은 스마트폰을 가지지 않거나, SNS나 모바일뱅킹을 일절 하지 않는 그룹이다. 오히려 이러한 신기술이 가져올 개인정보보호, 보안, 통제, 경쟁으로의 노출과 같은 부정적인 측면에 비중을 둔다. 미국의 경우, 부동산업계와 출판업계가 이러한 그룹으로 분류된다. 대형 부동산업체는 전국에 막대한 중계인망을 구축하는 데 이미 많은 고정비용을 쏟아 부었으며, 법적으로 보호를 받는 매물에 대한 광대한 자료를 보유하고 있다. 출판업체 역시 지역별로 미디어와 광고부문을 독점하고 있다. 이 업계에서 드물지만 간혹 틈새시장niche market을 겨냥한 혁신적인 사업이 시도된 적이 있었다. 예를 들면, 몇몇 부동산업체는 중개인이 매물을 돌아볼 때나 집으로 퇴근할 때 차 안에서 모바일 기기로 매물 정보에 접근할 수 있도록 하였다. 일부 출판업체도 인터넷을 통해 디지털 책(정보)을 다운받을 수 있도록 하고 있지만 매우 조심스럽다. 일반적으로 이러한 업체들은 신기술이 자신이 가진 콘텐츠나 지적재산권을 무력화할지 모른다는 의구심을 갖고 있기 때문이다.

IS부서나 IT벤처기업은 이러한 그룹이 사업을 목적으로 신기술을 활용하는 일에 대한 부담감을 갖지 않도록 하기 위해서 사업의 특성상 정당화될 수 있는 그들의 두려움을 이해할 필요가 있다. 이러한 그룹의 사람들에게는 신기술로 인한 광범위한 변화가 비즈니스 모델과 삶의 전반에서 일어나고 있음을 교육할 필요가 있지만 적지 않은 시간이 소요될 것이다. 이러한 교육이 선행된 다음에 IS부서나 벤처기업은 이들로 하여금 신기술의 잠재성을 탐색하도록 도울 필요가 있다.

8.2 사용자 지원

앞서 설명하였듯이 정보센터의 키워드는 내·외부 사용자 '지원'이라는 단어일 것이다. 센터는 훈련을 위한 교육프로그램을 기획하고, 헬프데스크 요원을 충원하고, 문제해결과

컨설팅 서비스를 제공하여야 한다. 센터의 주목적은 현업의 최종사용자와 고객이 기업의 시스템과 애플리케이션을 쉽게 다루고, 필요시 자신만의 애플리케이션을 쉽게 개발하고 개인화할 수 있도록 돕는 일이다.

1) 사용자 지원

오늘날 사용자는 과거와는 매우 다른 지원환경에 둘러싸여 있다. 오늘날 다수의 사용자는 어릴 적부터 스마트폰과 같은 모바일 기기를 이용하여 앱을 사용하고 전자상거래를 익숙하게 해온 세대여서 비교적 신기술을 쉽게 받아들이는 편이다. 그러나 이러한 개인의 정보기기를 다루는 일과 회사의 전사적 시스템이나 애플리케이션 그리고 DB를 다루는 지식은 많이 달라 이런 부분에 대한 지원과 교육은 여전히 필요하다. 특히 오늘날 사용자가 접하는 정보시스템 관련 문제는 한 시스템이나 부서에 국한되지 않으며, 기술적으로 과거에 비해 훨씬 복잡해져 전문적 엔지니어가 필요할 수도 있다. 즉 사용자 지원환경은 수요주도형demand-pull으로 바뀌고 있다. 이는 때로 지원스텝이 제공할 수 있는 서비스의 수준을 능가하는 고차원적 기술을 요구하는 문제가 많기 때문이기도 하다.

결론적으로 오늘날 헬프데스크help desk는 도움을 주는 방법도 여러 장소에서, 여러 단계로, 다양하게 제공되어야 하며, 도우미도 멀티 플레이어가 되어야 한다. 이를 위해서 다음과 같은 지원전략을 따라야 한다.

- 사용자가 필요한 솔루션에 쉽게 접근할 수 있는 환경을 조성해야 한다.
- 기술적 코디technical coordinator를 양성해서 부서별로 배치한다. 기술적 코디는 IS부서가 아닌 사업부나 기능 부서에 소속되어 해당 부서의 직원들의 IT지원을 돕는 행정직원이라 할 수 있다. 예를 들면 일반직원 50명마다 기술적 코디 1명을 두는 방식이다.
- 이 장의 마지막에 소개할 '멀티미디어'에서 알 수 있듯이 동영상은 오늘날 소통을 위한 중요한 대안적 매체가 되고 있다. 동영상 포탈 유튜브에는 각종 IT/IS 관련 기술적 문제해결을 돕는 다양한 동영상들이 탑재되어 있고 쉽게 검색할 수도 있다. 위에서 언급한 모든 형태의 사용자 지원을 위해 동영상을 적극적으로 활용할 수 있다.

2) 사용자 교육·훈련

일반적으로 사용자를 대상으로 교육을 할 때 개념의 이해를 다루는 교육education보다는 기술skill이나 노하우를 가르치는 훈련training을 더 강조하여 왔다. 그러나 정보나 애플리케이션에 접근하는 도구로써 인터넷과 웹 브라우저가 보편화됨에 따라 이제 브라우저를 이용한 정보접근에 대한 교육은 더 이상 의미가 없어졌다. 대신 사용자가 전체적인 정보자원과 아키텍처를 이해하도록 넓은 관점에서 시스템에 접근하는 교육이 필요하다. 따라서 월드와이드웹WWW의 구조와 응용, 정보접근과 분산처리의 개념, DB의 개념과 활용방법, 그룹지원을 위한 SNS 활용, 마케팅과 영업을 위한 웹 애플리케이션의 개발과 활용, 데이터처리 및 의사결정지원도구의 교육 등이 필요하다. 사용자를 위한 5가지 교육과 훈련의 유형은 다음과 같다.

- 시스템 개념의 교육
- 신속하게 시작하기quick start
- 기억 되살려주기refresher aids
- 가설(전제)의 설명explanation of assumption
- 어려움을 극복하기 위한 도움

(1) 시스템 개념의 교육

개념교육의 목적은 사용자가 시스템에 대한 전체적인 관점을 갖도록 하는 것이다. 즉 정보시스템이 어떻게 데이터를 처리하고 저장하며 업무와 문제해결에 어떻게 활용할 수 있는가에 대한 교육이다. 예를 들면, 정보시스템의 전체 아키텍처, 전사적 시스템과 부서별 애플리케이션, 분산처리의 구조, DB의 활용과 백업, 공유서비스의 이해와 활용, 보안절차와 개인정보관리지침 등일 것이다.

이러한 개념교육으로 사용자는 다양한 네트워크인트라넷, 익스트라넷, 인터넷로 연결된 전체 시스템에 대한 관점을 가질 수 있으며, 데이터에 접근하여 필요에 따라 가공하고, 원거리에 있는 각종 전산자원3D프린트, 서버 등에 접근하며, 협조가 필요한 사람을 찾아 접촉하고, 프로젝트, 행사 그리고 이벤트를 지속적으로 조율할 수 있는 방법과 도구를 터득하게 된다.

(2) 신속하게 시작하기(quick start)

사용자는 새로운 하드웨어, 애플리케이션, 각종 공유서비스를 활용하는 방법을 신속하게 배울 필요가 있다. 이를 위해 사용자가 먼저 전체 시스템에 대한 그림을 가질 수 있도록 교육하고 그런 다음에 시스템 전반에 일관되게 적용할 수 있는 절차global procedure를 알려줄 필요가 있다. 일단 사용자가 전체적인 것을 이해하고 나면 자신이 배워야 할 것이 무엇인지 신속하게 알게 된다.

(3) 기억 되살려주기(refresher aids)

많은 사용자들에게 일상적으로 사용하지 않는 시스템이나 간헐적으로 수행하는 업무들이 많이 있다. 때로 이러한 일을 하는 절차와 필요한 소프트웨어를 활용하는 방법을 잊어버리는 경우가 잦다. 이때 사용자의 기억을 신속하게 되돌리는 데 도움을 줄 필요가 있다. 대부분의 소프트웨어는 클릭을 통해 도움말을 제공받을 수 있는 헬프 기능이 제공되고 있으며, 잊었던 절차를 되돌리는 데 필요한 간단한 튜토리얼tutorial이나 시연 동영상을 제공하면 좋을 것이다.

(4) 가설(전제)의 설명(explanation of assumption)

수리적 모델링 기능이 있는 소프트웨어스프레드시트, 각종 계량 모형 분석 툴를 이용하여 과거 데이터를 분석하고 미래를 예측하는 사람들은 해당 모델을 사용할 때 전제가 되는 가설(가정)을 충분히 이해하고 사용해야 한다. 그렇지 못한 경우 그 모델을 잘못 적용하거나, 분석결과를 오해하고 잘못 해석하는 오류를 범할 수 있다.

모델들을 다루는 많은 소프트웨어들은 그 모델의 가설(전제)에 대한 충분한 설명이 생략된 경우가 많은데, 이는 사용자가 기초적 통계 지식이 있는 것으로 전제하기 때문이다. 따라서 모델링이 중요한 패키지에 대한 교육을 할 때 수리 및 통계에 대한 기초교육을 제공하면 좋을 것이다. 특히 빅데이터 시대를 맞아 데이터분석 요구가 증가하는 오늘날, 어떤 데이터가 있으며 어떻게 경영에 활용할 수 있을지를 사용자가 의식적으로 데이터와 모델링도구를 살펴볼 필요가 있기 때문이다.

한편 최근 모델링 소프트웨어들은 모델링을 할 때 전제가 되는 가정들을 한눈에 파악할 수 있는 '파라미터 스크린' 또는 '가정 리스트'를 제공하는 데 이를 활용할 필요가 있다.

(5) 어려움 극복하기 위한 지원

때로 여러 부서의 다수의 사용자가 해결하지 못하는 공통의 문제가 있을 수 있는데 이를 위해 24시간 도움을 제공하는 스텝을 배치하거나 동영상을 제공하는 기업도 있다. 웹사이트의 FAQ를 통해 사용자나 고객이 자주 묻는 질문에 대한 답변이 항시 제공할 수도 있다.

8.3 인터넷

오늘날 새로운 작업 환경을 조성하는 3가지의 핵심기술 중 하나는 개방형 월드와이드 웹WWW 인터넷 환경이다. 여기에서는 인터넷의 2가지 측면, 즉 인터넷 시대의 사고방식과 인터넷 공동체를 다루고자 한다.

1) 인터넷시대의 사고방식(mindset)

인터넷 시대의 사고방식을 다음 4가지로 규정할 수 있다.

- 커뮤니케이션이 1:1로 개인화된다. 따라서 전통적 대량시장mass market은 더 이상 존재하지 않는다.
- 고객과의 접촉은 상호 대화적이어서 일방적 메시지전달은 더 이상 존재하지 않는다.
- 고객서비스 시간은 고객 기준이어야 한다.
- 기업문화는 bottom-up방식이지 더 이상 top-down방식이 아니다.

(1) 커뮤니케이션이 1:1로 개인화된다.
따라서 전통적 대량시장(mass market)은 더 이상 존재하지 않는다.

인터넷을 통한 커뮤니케이션 플랫폼은 더 이상 top-down방식의 매스 마케팅이 아닌 긴밀한 개인적인 특성을 갖게 되었다. 기업과 개인의 블로그와 SNS는 디자인, 기능, 활용 등에 있어 개인화, 개성화가 구현될 수 있으며, 기업의 목적과 의도, 개인적 취향을 그대로 살릴 수 있다. 정규 출판업계에서 환영받지 못했던 작가들은 자신만의 웹진과 글을 인터넷에 출간하여 수입을 창출할 수 있으며, 유튜브 등 동영상 포탈을 통해 1인 미디어 시대가 활짝 열렸다. 이제는 누구든지 스마트폰과 삼각대만 있으면 자신의 영상을 올려 타인과 공유할 수 있고 수익도 창출할 수 있다. 수천, 수만의 1인 미디어가 있다는 것은 그만큼 다양한 사회적 이슈와 사람들의 취향을 인터넷을 통해 자유롭게 표출할 수 있다는 것을 의미한다.

따라서 기업에게 있어 광고와 홍보를 위한 중요한 대안적 매체가 바로 인터넷이다. 블로그, SNS, 유투브 동영상 등을 통해 기업들은 다양한 형태의 마케팅 및 광고활동을 하고 있다.

(2) 고객과의 접촉은 상호 대화적이어서 일방적 메시지전달은 더 이상 존재하지 않는다.

인터넷이라는 개방형 플랫폼에서는 고객과의 커뮤니케이션이 상호작용이 활발한 양방향 소통이 가능하다. 때로 고객이 기업과의 대화를 주도하기 때문에 일방적으로 메시지를 대중에게 전달하는 TV방송과는 전혀 다르다. 고객은 인터넷쇼핑몰에서 물건을 구매한 후 즉시 제품에 대한 만족과 불만족을 표현할 수 있다. 자동차 수리나 인터넷 연결서비스를 받은 후 며칠이 지난 후 서비스에 대한 질을 평가해 달라며 문자가 날아온다.

일부 창조적 고객은 제품을 사용해 본 후, 제품을 어떻게 향상시킬 수 있을지 해당 기업의 홈페이지의 게시판에서 제안함으로써 기업의 경영활동에 좀 더 깊숙이 참여할 수 있다. 어떤 기업은 고객이 제품의 디자인과 구성요소를 결정하는 일에도 참여할 수 있도록 하고 있다. 오늘날 소비자들은 과거에 비해 보다 지적이며, 참여적이며, 솔직하다는 특징을 가진다.

인터넷을 대화의 채널로 적극 활용하는 부서나 그룹은 고객의 필요, 생각, 선의와 같은 숨어 있는 코드를 읽을 수 있다. 댓글과 사용후기 등 비정형적인 빅데이터 분석을 통해 고객이 자사의 제품과 서비스에 대해 생각하고 있는 것에 대한 통찰력도 얻을 수 있다.

(3) 고객서비스 시간은 고객 기준이어야 한다.

홈페이지, 블로그, SNS 등을 통하여 고객은 기업에 더 가까이 다가갈 수 있다. 콜센터의 상담원이 상품이나 가격에 대한 문의를 1:1로 하나씩 처리하는 것(때로 모든 상담원이 상담을 할 때 고객은 기다려야 한다)과 블로그와 SNS를 통해 수백 명의 간단한 문의사항을 일거에 처리해 주는 것을 비교할 때 후자의 서비스가 보다 고객기준의 시간에 서비스를 제공했다고 볼 수 있다. 오늘날 인공지능AI 콜센터는 24시간 내내 고객이 기다리지 않고 접근할 수 있어, 첨단 기술은 고객이 원하는 서비스를 보다 빨리 받을 수 있는 환경을 조성하고 있다.

오늘날 고객들은 모두 바쁘게 살아가는 사람들이다. 그런 면에서 인터넷과 모바일 애플리케이션은 고객이 여러 가지 문제를 언제나 어디서나 신속하게 처리할 수 있도록 돕는다. 따라서 현업 부서들이 인터넷을 사업에 활용하려 한다면 IT부서는 다음과 같은 질문을 먼저 던져야 한다. “우리 부서의 인터넷 활용 전략은 고객과 더 긴밀하게 양방향 소통을 돕는 것일까?”

(4) 기업문화는 bottom-up방식이지 더 이상 top-down방식이 아니다.

인터넷은 몇 명의 전문가가 다수에게 지식을 나누어 주는 장소라기보다 우리 모두가 조금씩 알고 있는 지식을 수평적으로 공유하는 집단지성collective intelligence의 공간이다.

IS부서도 이제 “내가 모든 것을 아는 전문가니 나를 따르라”는 식의 top-down 방식으로는 더 이상 조직을 이끌 수 없다. IS부서는 고객(다른 부서)으로부터 어떠한 서비스가 언제, 어디에서 필요한지에 대한 의견을 청취한 후 서비스를 결정해야 한다. 따라서 전통적인 IS 개발방식, 즉 테스트, 이전migration, 수용, 유지보수 순으로 IS를 도입하는 방식은 더 이상 통하지 않는다. 이제 현업 사용자나 외부고객들이 필요한 정보를 얻을 수 있는 경로는 매우 다양하다. 인터넷에서 비용도 저렴하고 유지보수비용이 적게 드는 서버를 찾을 수 있고, 성공사례를 읽을 수도 있으며, 여러 대안의 비용을 비교할 수 있는 기능들도 있다. 따라서 IS부서는 단순히 IT기업의 카탈로그를 인터넷 홈페이지를 통해 전달한다는 생각을 버리고 보다 긴밀하고 지속적인 전자적 대화채널이메일, SNS 등을 제공하고 활용해야 한다.

고객의 소리를 중계자 없이 직접 듣는다는 것은 매우 가치 있는 도전이다. 인터넷과 같은 데이터의 황금어장을 제대로 이용하기 위해서는 이메일, 블로그, SNS를 대화의 도구로 생각하고, 고객의 피드백을 직접 받을 수 있도록 피드백 수신체계를 새롭게 디자인할 필요가 있다. 거기에는 데이터를 체계적으로 수집하고 추후 그것을 활용하는 방법도 포함된다.

가상 공동체Cyber Community

인터넷 공동체와 동의어로 쓰이는 단어들은 매우 많다. 온라인 공동체, 버츄어 채팅

룸, 3D 버츄어 세계, 전자 공동체 등이다. 오늘날 인터넷에서 형성되는 가상 세계는 물리적 세계와 공존하며 물리적 세계의 단점을 보완해 준다. 가상세계에서는 새벽 2시에 어떤 개인적인 문제(특수 질병을 가진 가족)를 이야기할 수 있는 공동체를 형성할 수도 있고, 가상적 이미지아바타, 개인적 분신 등를 만들어 자신을 대변하게 할 수도 있다.

웹 2.0 정신을 가장 잘 구현한 것이 인터넷을 플랫폼으로 하는 가상공동체이다. 최근 네티즌들은 블로그, SNS 등을 적극 활용해 수많은 가상 공동체를 만들어 개인의 비즈니스 플랫폼으로 그룹의 소통의 장으로 활용하고 있으며, 이에 기업들도 인터넷을 기반으로 한 가상 공동체를 다양한 경영활동에 적극 활용하고 있다. 아래에 4종류의 가상공동체를 상세히 설명하고자 한다.

- 거래 공동체communities for transaction

거래 공동체란 제품과 서비스의 구매, 판매, 교환을 목적으로 형성된 전자상거래 공동체를 말한다. 경매사이트, e-마켓플레이스, 역경매사이트, 온라인교환사이트 등이 다양한 거래 공동체의 예이다. 특히 BtoBBusiness to Business의 일종인 e-마켓플레이스(전자거래장터) 사이트의 경우 제품이나 서비스의 판매자와 구매자 모두가 멤버십으로 가입을 한 후, 거래를 할 수 있어 일종의 거래를 목적으로 형성되는 공동체라 할 수 있다.

- 동호회 공동체communities of interest

동호회 공동체는 공통의 관심사가 될 수 있는 주제요리, 원예, 투자, 스포츠, 브랜드 등를 중심으로 형성된 공동체로서, 정보교환과 오락이라는 두 마리 토끼를 동시에 잡을 수 있는 공동체라 할 수 있다. 기업이 고객관계관리를 목적으로 구축하여 제품과 서비스에 대한 정보를 제공하고 고객끼리의 관계형성을 돕기도 하며(별도로 브랜드 커뮤니티라 부름), 개인이 순수한 목적으로 구축하기도 한다. 개인이 구축한 동호회 공동체가 성공적으로 운영될 경우, 관련 업체들이 스폰서로 나서면서 광고와 홍보의 채널이 되기도 한다. 유튜브 같은 동영상 포탈은 이러한 공동체를 형성하는데 보다 강력한 흡입력을 갖고 있다.

- 관계구축형 공동체communities of relationship

관계구축형 공동체는 인간의 특별한 경험과 체험(알코올, 도박중독, 희귀 질병, 고위험 스포츠 경험, 정치적 목적 등)을 중심으로 형성되는 공동체여서 가입 조건이 까다로우며

결속력이 강한 공동체이다. 이러한 공동체는 회원 상호 간에 속마음까지 털어놓을 수 있는 곳이어서 개인적인 유대감이 강하다는 특징이 있다. 동호회 공동체처럼 관계구축형 공동체도 동영상이라는 1인 미디어를 중심으로 매우 광범위하게 형성되어 있다.

- 환상추구형 공동체communities of fantasy

일상적, 현실적인 것을 떠나 환상과 비현실적인 것을 추구하고 즐기는 사람들을 중심으로 형성되는 공동체이다. 온라인 멀티 플레잉 게임, 아바타 제작 등이 여기에 해당된다.

결론적으로 현재 수없이 많은 공적, 사적인 사이버공동체가 인터넷 공간에 형성되어 있으며 위의 4 범주로 분명하게 분류할 수 없는 것들도 많다. 이러한 사이버공동체는 사람들이 물리적인 이동과 모임 없이도 쉽게 가입하고 소통하고 그리고 탈퇴할 수 있어 그 생성과 소멸이 쉼 없이 이루어지고 있다. 이 공동체 안에는 셀 수 없이 많은 문자와 문서, 이미지와 동영상 등이 공유되고 있어 데이터분석가들에게는 매력적인 비정형적 데이터의 보물섬이면서, 한편으로는 그 공동체를 벗어나 유출되면 사회적, 개인적으로 큰 파장이 일 수 있는 은밀한 개인정보의 바다라 할 수 있다.

8.4 모바일·무선 컴퓨팅

사는 방식과 일하는 방식에서 사람들이 점점 모바일이 되어가는 것은 의심의 여지가 없다. 포켓사이즈의 스마트폰, 태블릿PC 등은 오늘날 이동성portability의 대명사가 되어 사람들은 자신의 많은 일과 휴식 그리고 엔터테인먼트를 이 기기를 통해 해결하고 있으며, 기업들은 마케팅과 광고와 같은 다양한 경영활동과 고객과 소통하기 위해 스마트폰을 적극 활용하고 있다. 이에 모바일·무선컴퓨팅은 오늘날 핵심IT기기가 되었다. 모바일·무선 컴퓨팅이 오늘날 정보처리에 있어 핵심기술이 될 수 있었던 것은 아래 두 가지의 역동적인 힘이 있었기 때문이다.

- 컴퓨터의 소형화
- 초연결사회의 도래

1) 컴퓨터의 소형화

오늘날 강력한 컴퓨팅 파워가 노트북, 태블릿PC, 스마트폰 등 소형 정보기기 안에 집적되었다. 이제 유선의 PC의 시대는 저물고, 스마트폰과 같은 모바일 기기가 우리의 삶을 지배하는 시대가 되었다. 무선네트워크의 속도가 LTE에서 5G로 옮겨가는 과도기에 사람들은 소형 모바일 기기를 통해 처리할 수 있는 일들은 더욱 확대되고 있다. 언제나 어디서나 쇼핑과 게임을 즐기고, 이메일을 관리하며, 가상공동체에서 활동하며, 업무를 처리할 수 있게 된 것이다.

2) 초연결사회 및 스마트시대의 도래

오래전에 가트너 그룹은 모든 종류의 정보기기를 연결하는 인터넷 인프라를 슈프라넷supranet이라 이름을 지었지만, 오늘날 모든 사물에 프로세스와 센서를 장착함으로써 사람-사람, 사람-사물, 사물-사물 간의 소통이 가능한 시대가 되었다. 소형프로세서, 사물인터넷IoT, Internet of Things, 센서기술 등으로 규정되는 초연결사회super-connected society에는 모든 사물에 컴퓨터프로세서와 센서가 부착된다. 임베디드 소프트웨어가 일반화되고 사람과 사물 간, 사물과 사물 간의 소통이 일상화된다. 생산되는 모든 제품에는 전자태그가 부착되고 이 제품이 조립라인을 이동할 때마다 그리고 완성된 후 물류센터로 이동할 때까지 이 제품에 관한 모든 정보는 RFID서버에 자동 기록되는 스마트 팩토리가 한 예가 될 수 있다. 자율운행자동차에는 수백 개의 센서, 슈퍼컴퓨터 그리고 액추에이터actuator가 장착되어 있다. 자동차는 도로를 주행할 때 센서를 통해 끊임없이 도로 정보를 받아들이고, 소프트웨어는 이를 분석한 후, 적절한 대처 명령을 빛의 속도로 각 부품의 엑츄에이터에 내린다.

사물인터넷을 통해 사물들에 탑재된 컴퓨터의 소프트웨어들은 서로 소통할 필요가 있다. APIApplication Program Interface는 사물들에 내장된 소프트웨어들끼리 소통하는 데 필요한 표준 인터페이스를 제공함으로써 이러한 작업을 효율적으로 해 준다.

8.5 풍부한 미디어 콘텐츠(멀티미디어)

초연결사회에 스마트기기를 통해 유통되는 정보의 양은 엄청나게 증가하고 있다. 사람과 사람 간의 소통의 양도 증가할 뿐만 아니라, 사람과 기계 간, 기계와 기계 간 주고받는 정보의 양 역시 기하급수적으로 증가하고 있다. 이러한 상황에서 소통과 정보전달의 효율성과 효과성은 결코 간과할 수 없는 문제이다.

사람이 문제를 보다 잘 이해하고 더 나은 판단을 하기 위해서는 가장 자연스런 방법으로 정보를 제공받는 것이다. 때로는 상황을 서술한 문서보다는 상황을 보여주는 사진이나 동영상 자료가 더 효과적일 수 있다. 오늘날 풍부한 미디어 콘텐츠멀티미디어는 기업은 물론 공적·사적 시스템의 인터페이스를 보다 풍요롭게 만들고, 사람들로 하여금 보다 나은 판단과 결정으로 이끌고 있다.

멀티미디어에 대한 정의는 매우 다양하다. 멀티미디어를 시간기반미디어음성, 애니메이션, 비디오와 공간기반미디어텍스트, 그래픽스, 이미지의 합성으로 정의하기도 하며, 일부는 동영상 비디오Full-motion video로 정의하기도 한다. 한편 WWW웹이 출현하고, 네트워크의 속도가 점점으로 빨라짐에 따라(3G → LTE → 5G) 풍부한 콘텐츠를 전송하고 구현할 수 있는 훌륭한 인프라는 갖추어져 있다. 대신 오늘날 콘텐츠의 경쟁력은 내용의 질과 창의성에 달려있다. 풍부한 멀티미디어 콘텐츠를 통해 사람들은 보다 효율적으로 대화하고 공감하며 문제의 핵심에 쉽게 다가 설 수 있게 된 것이다. 따라서 멀티미디어는 아래 두 영역에서 큰 의미를 가진다.

- 사람으로 하여금 복잡한 환경에 잘 대처하도록 해 준다.
- 보다 지식이 많은 사용자를 만들어 낸다.

1) 복잡한 환경에 잘 대처하도록 해 준다.

경영과 기술 환경은 점점 복잡해지고 있어 다양한 형태의 정보를 명료하게 전달하는 일이 보다 중요해지고 있다. 기업은 목적고객에게 제품과 서비스를 잘 설명하기 위해 차별적 특징을 보다 정확하고 효과적으로 전달할 수 있어야 한다. 업무가 보다 효율적으로 처리되기 위해 수많은 의사결정변수를 제대로 관리함으로써 특정 구간에서 병목현상이 발생하지 않도록 해야 한다. 영업사원이 비즈니스를 더 잘 수행할 수 있도록 하기 위해서는 고객에 대한 다양한 최신의 정보와 효과적인 홍보매체를 제공해야 한다. 결론적으로 직원들이 복잡한 환경에 보다 잘 대처할 수 있도록 하기 위해서 멀티미디어를 활용하는 방법이 아래와 같이 2가지가 있다.

- 인터랙티브interactive. 대화식 멀티미디어 웹사이트
- 데이터의 비주얼화visualization. 시각화

(1) 인터랙티브(interactive) 멀티미디어 웹사이트의 구축

기업은 자신의 홈페이지에서 멀티미디어를 통해 내·외부 고객에게 보다 효과적으로 정보를 전달하고 있다. 많은 기업들이 정적인 텍스트보다는 사진, 동영상, 애니메이션을 통해 제품과 서비스 그리고 제조공정 등을 소개하고 있다. 퇴직하는 내부 직원을 위해 애니메이션과 동영상을 제작하여 퇴직연금에 대한 이해도를 높이며, 대화식 애플리케이션을 제공하여 직원이 퇴직금과 관련된 각종 옵션들을 달리해서 자신이 받게 될 연금을 쉽게 계산해 볼 수 있도록 도울 수도 있다.

(2) 정보 비주얼 시스템(information visualization system)

가격 대비 컴퓨터의 성능이 급격히 향상됨에 따라 컴퓨터 시뮬레이션과 비주얼 시스템의 활용이 증대되고 있다. 예를 들면, Xerox PARC는 웹페이지에서 활용 가능한 hyperbolic tree눈에 드러나는 나무 구조라 불리는 공간적 사용자인터페이스spatial user interface를 구현하기 위해 3D-그래픽스, 애니메이션, 인간의 지각능력을 이용하였다. 이 기술로 구현된 인터페이스는 아이콘들을 계층적으로 구성한 거미줄 같은 네트워크로 표현하여 개념의 이해를 돕는다.

오늘날 빅데이터 분석도구들은 대부분 첨단 데이터 시각화 도구를 갖추고 있어 분석결과를 단순한 표 양식이 아닌 다양한 차트로 변환하여 보여준다. 예를 들어, 데이터 시각화 분석툴인 태블로Tableau는 다양한 크기, 형식 및 주제의 데이터를 빠르게 분석한 후, 그것을 그래프, 다이어그램, 분석표 등으로 별도의 프로그래밍 없이 유연하게 전환해 준다.

2) 보다 지식이 많은 사용자를 만들어 낸다.

(1) On-demand training(온 디맨드 훈련)

사용자가 필요할 때 언제라도 엑세스할 수 있는 훈련이 On-demand training이다. 오늘날 다양한 분야의 교육 콘텐츠는 주로 멀티미디어로 구축된다. 예를 들어, 자동차진단시스템은 기술자로 하여금 문제를 진단하고 수리하는 일을 훈련시킬 수 있다. 개발된 전문가시스템은 자동차 문제를 분별하기 위해 수행해야 하는 실험사항을 제안해 주고, 그래프, 도식, 지시사항 출력을 통하여 피교육자에게 실험하는 일을 거들어 주기도 한다.

한국연구재단으로부터 연구비를 처음 받은 연구자는 '사이버 연구윤리교육'을 의무적으로 이수해야 한다. 대화식 애니메이션으로 구축된 교육과정을 통해 연구자는 도덕적 판단이 요구되는 다양한 상황을 제시받고 행위에 대한 법적, 도덕적 판단의 기준을 배울 수 있다. 아이들의 교육에 게임을 시각화한 교육자재가 활용된다는 것은 널리 알려져 있다.

(2) 시뮬레이션을 통한 훈련

최근에는 가상 시뮬레이션을 통한 훈련이 기존의 전통적 교육을 보완하는 수준이 아닌 완전히 대체하는 수준에까지 이르고 있다. 자동차 운전교육을 하거나, 전투기를 조종할 파일럿을 양육할 때 비주얼 시뮬레이션 연습 소프트웨어를 활용하는 것은 널리 알려진 사실이다.

8.6 IT/IS관리에 대한 시사점

앞서 언급한 3가지 기술, 인터넷, 모바일·무선컴퓨팅, 멀티미디어는 속도speed와 범주scope 그리고 질적인 면에서 앞으로도 계속 진보할 것은 분명하다. CIO/CTO는 이러한 기술과 4차 산업혁명 주도 기술들AI, 로봇, 사물인터넷, 3D 프린트, 드론, 빅데이터, 클라우드 등의 현재와 미래를 진단하고 예측하기 위해 특별한 TF팀을 구성할 필요가 있다. TF팀은 기술들의 현재를 분석하고 향후 기업 비전의 성취, 프로세스 혁신, 고객서비스 개선, 비즈니스모델의 개선과 창출을 위해 어떻게 활용될 수 있을지를 지속적으로 연구해야 한다.

IS부서는 잠재적 신기술을 무시하거나 피해서는 안 되며, 그것들의 도입과 투자를 오히려 독려하고 적극적으로 가이드guide할 수 있어야 한다. 이러한 신기술을 조직의 정보서비스의 새로운 기회, 새로운 업무 환경과 시장을 조성하는 계기로 바라보고, 이것들이 적시에 잘 도입되어 시너지를 창출할 수 있는 환경을 조성해야 한다.

기업에 유입되는 모든 형태의 데이터는 적절히 관리되고 최대한 활용되어야 한다. 초고속 인터넷, 소형화된 모바일 기기, SNS 등으로 연결된 초연결사회에서 생성되는 비정형적 데이터의 양은 폭발적이다. IoT사물인터넷와 센서, 공장 및 물류설비의 스마트화로 생성되는 데이터 역시 엄청나다. CIO/CTO는 이러한 빅데이터의 활용을 통한 비전을 세우고, 이를 위한 체제적인 아키텍처와 인프라에 대한 투자계획을 세울 필요가 있다.

참고문헌

고일상, 안병혁, 이재정, 이종호, 정경수, 최무진, 한영춘, 스마트시대의 정보시스템, 이프레스, 2014, 2017.

김대수, 컴퓨터개론, 생능출판사, 2017.

김성태, 최경성, 유양호, 김혜정, NCS기반의 공급망관리, 경문사, 2017.

김영렬, 강태구, 박진서, SAP R/3 MM모듈 활용 ERP 구매관리 시스템, 경문사, 2014.

김정섭, 유한주, 김수욱, 김승철, 공급사슬관리, 3판, 한경사, 2012.

김진태, 비즈니스 프로세스 관리시스템의 기능평가에 관한 연구, 동아대학교 석사학위 논문, 2005.

노형진, 이애경, 제4차 산업혁명의 핵심동력: 장수기업의 소프트파워, 한올출판사, 2018.

백광현, 정보통신기술 경영, 경문사, 2018.

서영호 외, 4차산업혁명시대의 경영정보시스템, 한경사, 2017.

신문식, 김효정, 고객관계관리의 이해, 범한, 2015.

신미향, "고객기업의 정보시스템부서 역량이 IT아웃소싱 성과와 신뢰에 미치는 영향", 대한경영학회지, 24(3)(통권 86호) 2011년 6월, 1605~1624.

이강태, 경영을 살리는 IT IT를 살리는 경영, KMAC, 2015.

이강태, 경영을 살리는 IT IT를 살리는 경영 2, KMAC, 2017.

임세헌, 박연우, SCM과 유통정보관리, 한올출판사, 2018.

슈밥, 클라우스, 4차 산업혁명, 송경진 역, 새로운현재, 2016.

한국금융연구원, Fintech 3.0: 핀테크혁명과 금융의 미래, 2016.

현대경제연구원, IT경영전략, 21세기북스, 1998.

"애플리케이션 프로그램 최적화 전략, ㈜메타마이닝 마이그레이션 팀장 김광석 (2009.3.1. 이메일)

함채원, 컴퓨터개론, 성원콘텐츠, 2014.

Baltzan, P., Business Driven Information Systems, 비즈니스정보시스템(고석화 외 역, 생능출판사), McGraw-Hill & Irwin, 2012.

Barney, J. B. and Hesterly, W. S., Strategic Management and Competitive Advantage: Concepts and Cases, 신형덕 역, Pearson, 2013.

Broadbent, M., Weill, P. and St. Clair, D., "The Implications of Information Technology Infrastructure for Business Process Redesign" MIS Quarterly, (1999), 23(2), 163.

Carmel, E. and Tjia, P., Offshoring Information Technology, Cambridge, UK: Cambridge University Press, 2005.

Carr, N. G., Does It Matter?, Boston, MA: Harvard Business School Press, 2004.

Druker, P., "The Theory of Business," Harvard Business Review, (Sept/Oct, 1994), 75, 95-105.

Emeshwiller, J., Solomon, D. and Smith, R., "Lay is Indicted for His Role in Enron Collapse," The Wall Street Journal, July 8, 2004, A1.

Feeny, D. F., & L. P. Willcocks, "Re-designing the IS function around core capabilities," Long Range Planning, 1998, 31(3), 354-367.

Goo, J., Kishore, R., Rao, H. R. and Nam, K.(2009)."The Role of Service Level Agreements in Relational Management of Information Technology Outsourcing: An Empirical Study," MIS Quarterly, 33(1), 119-145.

Hammer, M. and Champy, J., Reengineering the Corporation, Harper Business, New York, 1993.

Kentish, S., Zara (Oct. 18, 2011), http://unilifemagazine.com.au/special-interest/zara.

Laudon, K. C. and Laudon, J. P., Management Information System, 14th ed., Pearson (번역본: 경영정보시스템, 김우주 등 역, 시그마프레스, 2017).

Loh, L., & N. Venkatraman(1992), "Determinants of information technology outsourcing: A cross-sectional analysis," Journal of Management Information Systems, 9(1), 7-24.

Lyne, J., "Eight Trends that are Changing Network Security," SOPHOS, May, 2012.

McAfee, A. and Brynjolfsson, E., "Investing in the IT that Makes a Competitive Difference," Harvard Business Review, July-Aug 2008, pp. 98-107.

McNurlin, R. H., Barbara, C., Sprague, R. H. Jr. and Bui, T., Information Systems Management in Practice, 8th ed., Pearson, 2009.

Overby, S. (September 1, 2003) "The Hidden Costs of Offshore Outsourcing," CIO Magazine, 7, http://www.cio.com/article/29654/The_Hidden_Costs_of_Offshore_Outsourcing (accessed on Oct. 14, 2017).

Pearlson, K. E. and Sunders, C. S., Strategic Management of Information Systems, 5th ed., International Student Version, Wiley, 2013.

Piccoli, G., Information Systems for Managers: Text and Cases, John Wiley & Sons, 2012.

Rainer, R. K. Jr. & Prince, B., Introduction to Information Systems, 경영과 정보시스템 (양정식, 함유근, 김대호 역, 한경사), Wiley, 2017.

Rittinghouse & Ransom, Cloud Computing: Implementation, Management, and Security, 클라우드 컴퓨팅 (김태극 외 역), 한경사, 2011.

Schwab, K. et al., The Fourth Industrial Revolution, Foreign Affairs, 2016 (한글판: 4차 산업혁면의 충격, 흐름출판).

Symantec Intelligence Report, Oct. 2015.

Turban, et al., Information Technology for Management: Transforming Organizations in the Digital Economy, 6th ed., Wiley, 2008.

Wade, M. and Hulland, J. (2004)."Review: The Resource-Based View and Information System Research: Review, Extention and Suggestions for Future Research," MIS Quarterly, 28(1), 107-142.

Weill, P. (2004). "Don't Just Lead, Govern: How Top-Performing Firms Govern IT," MIS Quarterly Executive, 3(1), 4.

Wingfield, N.(Sept. 9, 2011),"Virtual Products, Real Profits," Wall Street Jounrnal, A1, 16.

"국산SW로 아시아 제패 노린다...'메타마이닝'", 2013. 7. 24. http://www.digitaltoday.co.kr/news/articleView.html?idxno=38134

찾아보기

ㄴ

ㄷ

ㄹ

ㅇ

ㅈ

ㅊ

A

B

C

D

E

F

G

H

I

J

K

L

M

N

O

P

Q

R

S

T

U

V

W

X

Y

Z